优质高职院校建设指南

主　编　周建松

副主编　郭福春　孔德兰　陈正江

浙江工商大学出版社
ZHEJIANG GONGSHANG UNIVERSITY PRESS

图书在版编目(CIP)数据

优质高职院校建设指南 / 周建松主编. —杭州：
浙江工商大学出版社，2017.6(2017.12 重印)
ISBN 978-7-5178-2287-5

Ⅰ. ①优… Ⅱ. ①周… Ⅲ. ①高等职业教育－学校管理－中国－指南 Ⅳ. ①G718.5－62

中国版本图书馆 CIP 数据核字(2017)第 160197 号

优质高职院校建设指南

主　编　周建松　　副主编　郭福春　　孔德兰　　陈正江

责任编辑	刘　韵	
责任校对	丁兴泉	
责任印制	包建辉	
出版发行	浙江工商大学出版社	
	(杭州市教工路 198 号　邮政编码 310012)	
	(E-mail:zjgsupress@163.com)	
	(网址:http://www.zjgsupress.com)	
	电话:0571-88904980,88831806(传真)	
排　　版	杭州朝曦图文设计有限公司	
印　　刷	虎彩印艺股份有限公司	
开　　本	710mm×1000mm　1/16	
印　　张	21.5	
字　　数	280 千	
版 印 次	2017 年 6 月第 1 版　2017 年 12 月第 2 次印刷	
书　　号	ISBN 978-7-5178-2287-5	
定　　价	64.00 元	

编 委 会

前　言

Foreword

教育部《高等职业教育创新发展行动计划(2015—2018 年)》(教职成〔2015〕9 号)发布后,各省积极参与创新发展行动计划各项具体任务的落实,并相继启动了优质高职院校、骨干专业等建设项目的遴选工作,优质高职院校建什么和怎么建也成为各高职院校关注的重点。

我们认为,优质高职院校是国家从提高高等教育质量和加快发展现代职业教育两大重点任务这一历史方位出发推出的一项重大工程,它承继国家示范性高职院校建设的经验,但又不同于国家示范性高职院校建设计划,其着眼点应在学校整体办学水平。因此,优质高职院校建设应该是综合的、全面的,应体现出办学实力和办学水平的各方面,同时,也应有鲜明的特色和特点。

作为全国首批示范性高职院校建设立项单位和全国高职教育研究会会长单位,浙江金融职业学院在 2016 年组织编撰《高等职业教育创新发展行动计划精解》的基础上,学校党委书记、全国高职教育研究会会长周建松组织研究团队,围绕优质高职院校建设的重点与路径,从坚定正确的办学方向等十五个方面开展了系统研究,并形成了相对成熟的研究成果,并汇编成册;同时收录了《中国教育报》公开发表的全国 21 位高职院校党委书记、校长关于优质高职院校建设的阐述以及三个典型省份关于优质高职院校建设的政策文件,供创建优质高职院校参考。

由于优质高职院校建设尚在探索和实践之中，各省各校也有不同实践视角，本书也主要是结合浙江金融职业学院创建优质高职院校的实践基础编写而成，内容难免有不周或偏颇之处，还望各位专家和广大同人不吝赐教。

在本书编撰过程中，我们得到了教育部职成司王继平司长、王扬南副司长、周为副司长、谢俐副巡视员、葛维威副巡视员、林宇处长的大力支持，吸收了杨进、马树超、董刚、胡振文等专家的意见或引用了公开发表的论著，在此表示深深的谢意。

我们愿与全国高职同行一起，志存高远、脚踏实地、创新工作，努力为创建中国特色世界水平的高职教育而不懈奋斗！

编者

2017 年 6 月

目 录

Contents————————————

优质高职院校建设重点与路径

2015 年 10 月,教育部《高等职业教育创新发展行动计划(2015—2018 年)》(以下简称《行动计划》)发布后,各省级教育行政部门积极参与、认真部署,各项行动计划和具体工作正在稳步推进。截至目前,已有广东、河北、浙江、安徽、江西、湖南、海南、重庆、四川、贵州、云南、陕西、山东等 20 多个省区市都印发了本省区市落实行动计划的实施方案,并相继启动了优质高职院校、骨干专业等项目遴选工作,其中,优质高职院校成为最为关注的重点,乃至焦点。优质高职院校建什么,怎么建,更在广泛讨论和探索之中。本文拟从国家示范性高职院校建设计划的回顾开始,结合实际和思考,就优质高职院校建设进行探讨。

一、从示范到骨干,再到优质高职建设之路

在我国高等职业教育发展的道路上,最为敏感并具有影响力的要数 2005 年提出,2006 年正式全面启动的国家示范性高等职业院校建设计划。尽管在此之前,国家发改委、财政部、教育部也曾实施过示范

性职业院校建设项目,也给予了一定的经费支持,但从 2005 年《国务院关于大力发展职业教育的决定》正式明确并作为国家重点投入的建设项目,其影响力之大,涉及面之广,也许是迄今为止对高等职业教育发展最为关键的推手,由此带动的骨干高职院校建设项目,更使高职教育影响力进一步提升,优质高职院校恐怕也是由此而起,或者说是国家示范性高职院校建设计划十年后的"再"。

(一)示范性高职院校建设

《国务院关于大力发展职业教育的决定》第十五条明确指出:加强示范性职业院校建设,即实施职业院校示范性建设计划,在整合资源、深化改革、创新机制的基础上,重点建设高水平的培养高素质技能型人才的 1000 所示范性中等职业学校和 100 所示范性高等职业院校。该项政策旨在大力提升这些学校培养高素质技能型人才的能力,促进他们在深化改革,创新体制和机制中起示范作用,带动全国职业院校办出特色、提高水平。据此,教育部、财政部率先于 2006 年在高等职业教育领域进行了行动,发布了《教育部　财政部关于实施国家示范性高等职业院校建设计划,加快高等职业教育改革与发展的意见》(教高〔2006〕14 号)(以下简称《意见》)。《意见》明确提出,要选择办学定位准确、产学结合紧密、改革成绩突出、制度环境良好、辐射能力较强的高等职业院校,进行重点支持,带动全国高等职业院校办出特色、提高水平,并将总体目标明确为:通过实施国家示范性高等职业院校建设计划,使示范院校在办学实力、教学质量、管理水平、办学效益和辐射能力等方面有较大提高,特别是在深化教育教学改革、创新人才培养模式,建设高水平专兼结合专业教学团队,提高社会服务能力和创建办学特色等方面取得明显进展。同时也进一步明确了具体任务:包括重点支持 100 所学校,直接让 10 万在校生受益,重点建设 500 个专业,4000 门课程,1500 种教材等。为保证目标的实现和任务的完成,《意见》又规定了示范建设的主要内容：一是提高示范院校整体水平；二是推进教学建设和教学改革；三是加强重点专业领域建设；四是增强社会服务能力建设；五是创建共享型专业教学资源库。进而又规定了入选院校的条件：一是领导能力领先；二是综合水平领先；三是教育教学改革领先；四是专业建设领先；五是社会服务领先。

应该说，国家示范性高职院校的建设内容还是广泛的，但重点是围绕特色和水平而展开，比较注意领导能力、管理水平和服务能力提升，体现了改革理念，但在具体实施过程中，考虑到示范性和可监测性，示范建设重点抓了基于校企合作、工学结合专业人才培养模式改革和重点专业建设，并以教育教学改革为切入点来具体落实专业建设的改革、特色和创新，为整个高职教育改革创新奠定了基础。应该说以443个专业人才培养方案和建设过程总体报告公开上网接受验收和监测的做法，不仅考验了学校，也培养和造就了专业带头人，更彰显了示范建设的初步成效。

（二）骨干高职院校建设

为贯彻落实《国家中长期教育改革和发展规划纲要（2010—2020年）》提出的创新高等职业教育办学体制机制，深化教育教学改革，提高人才培养质量和办学水平，全面提升服务经济社会发展能力的要求，在国家示范性高职院校实施近4年的基础上，教育部、财政部决定扩大重点院校数量，加快高等职业教育改革与发展，为此，印发了《教育部　财政部关于进一步推进"国家示范性高等职业院校建设计划"实施工作的通知》（教高〔2010〕8号）（以下简称《通知》）。根据《教育部　财政部关于实施国家示范性高等职业院校建设计划，加快高等职业教育改革与发展的意见》，示范性建设院校在探索校企合作办学体制机制、工学结合人才培养模式、单独招生试点、增强社会服务能力、跨区域共享优质教学资源等方面取得了显著成效，引领了全国高职院校的改革与发展方向。据此,教育部、财政部决定,新增 100 所左右骨干高职建设院校,推进地方政府完善政策,加大投入,创新办学体制机制,推进合作办学、合作育人、合作发展,增强办学活力,以提高质量为核心,深化教育教学改革、优化专业结构、加强师资队伍建设、完善质量保障体系,提高人才培养质量和办学水平,深化内部管理运行机制改革,增强高职院校服务区域经济社会发展的能力,实现行业企业与高职院校相互促进,区域经济社会与高等职业教育和谐发展。具体内容包括:一是校企合作体制机制建设;二是政策支持与投入环境建设;三是专业建设与人才培养模式改革;四是师资队伍与领导能力建设;五是社会服务能力建设。

必须明确的是,从《通知》要求看,国家骨干高职院校建设并不是一个独立的计划,而是国家示范性高职院校建设计划的扩展和延伸,但名称上用了骨干高职院校建设字样,同时在要求上也有所不同,其目标和内容也非常具有综合性。当然,其更强调了校企合作体制机制,强调了政策支持与投入环境建设,从实际情况看,骨干高职院校虽然延续了示范性高职院校的传统,注重了重点专业乃专业群建设,但也丰富了内容,特别是把合作办学和体制机制建设摆到了重要位置,甚至放在了验收工作的重点内容之一。从中我们进一步认识到,校企合作确实是高职教育的重点,专业建设是高职教育的龙头。

(三)优质高职院校建设

骨干高职院校在建设过程特别是在验收结束后,人们一直在讨论一个问题,作为高水平高职院校的建设项目,还有没有一个更高层次的名称和项目或者有没有接续项目?于是,卓越学校、特色学校等等曾经引起广泛讨论。有学者认为,卓越是指在示范和骨干建设基础之上,特色是循着示范骨干之路走下去,在一些省区市,据此也进行了探索。特别是在 2014 年全国职业教育工作会议以后,贯彻落实全国职业教育工作会议的举措和政策陆续出台，人们对此更寄予了愿望。2015年10月，教育部发布《高等职业教育创新发展行动计划（2015—2018年）》，人们翘首以待的项目——优质专科高职院校正式提出。根据《行动计划》，优质高职院校的基本内涵和要求为：坚持以示范建设引领发展，鼓励支持地方建设一批办学定位准确，专业特色鲜明，社会服务能力强，综合办学水平领先，与地方经济社会发展需要契合度高，行业优势突出的优质专科高职院校，持续深化教育教学改革，大幅提升技术创新服务能力，实质性扩大国际交流合作，培养杰出技术技能人才，增强专业教师和毕业生在行业企业的影响力，提升学校对产业发展的贡献度，争创国际先进水平。

　　应该说，《行动计划》对优质高职院校的建设目标，含义和内容表达得还是较为清晰的，其中鼓励支持地方、省级教育行政部门的概念更十分明确，坚持以示范引领发展的观念也十分清晰，在内容上也有一些实质性要求，如持续深化专业教学改革，大幅度提升人才培养质量，实质性推进办学体制机制创新，等等，这些都是在示范骨干项目基础上的进一步发展，而定位准确、特色鲜明、办学水平优秀等仍然是建设的重点，争创国际先进水平则是一个新的提法。

二、优质高职院校建设的地方探索与实践

　　教育部在《行动计划》中已经比较明确地表达了优质高职学校的创建建设目标和机制，除了明确200所的数量指标和总体要求外，在项目和任务中，又进一步明确了省级教育行政部门做为负责单位，并表达了鼓励支持地方建设的信号，正因为这样，一些省级教育行政部门适应新形势和新要求已经开始行动，在此，我们择要对有关省份的政策文本做一分析和解读。

（一）广东：《关于实施广东省一流高职院校建设计划的通知》

广东省教育厅、财政厅发布《关于实施广东省一流高职院校建设计划的通知》（粤教高函〔2016〕155号）（以下简称"广东方案"），明确一流高职院校建设计划的依据是落实《行动计划》。广东省一流高职院校建设计划指导思想是：以邓小平理论、"三个代表"重要思想、科学发展观为指导，贯彻落实习近平总书记重要指示精神，服务五位一体总体布局和四个全面战略布局，以立德树人为根本，以服务发展为宗旨，以促进就业为导向，以打造广东高职教育品牌为目标，以综合改革、教师队伍建设、高水平专业建设、加强科学研究和社会服务为重点，建设15所左右全国一流、世界有影响的高职院校，推动我省高职院校全面提升办学水平、人才培养质量和服务发展能力，为我省实现三个定位、两个率先总目标提供坚实的技术技能人才保障和强有力支持、技术支撑。

"广东方案"进一步明确建设的基本原则是：一是服务发展，即主动面向经济社会发展的重点领域，服务创新驱动发展战略、智能制造发展规划、自贸区建设等重大发展战略，助力产业转型升级；二是改革驱动，即以协同创新、协同育人，以学生受益、学校发展为根本出发点，全面推进综合改革，突破制约学校办学水平、人才培养质量提高的体制机制障碍，加快构建充满活力、富有效率、更加开放，有利于学校科学发展的体制机制；三是争创一流，即支持部分办学实力强、社会认可度高的高职院校，汇聚优质资源、打造一流师资、建设一流专业、培养一流人才、产出一流成果，全面增强高职院校的国内和国际竞争力，全力创建全国一流、世界有影响的高职院校。

"广东方案"还明确了重点建设任务即深化重点领域综合改革，加强教师队伍建设，推进高水平专业建设，加强科学研究和社会服务等四个方面，其中重点领域综合改革包含了体制、内部管理、分配制度等诸多内容，在专业建设方面也提出了本科层次职业教育的实现形式，提出了服务发展、精致育人、强化特色、争创一流的要求,内容虽然只分为四个方面,但实质上十分丰富并具有很大的前瞻性。

(二)浙江:《关于在高职院校实施优质暨重点校建设计划的通知》

2016 年 9 月 25 日,浙江省教育厅、浙江省财政厅发布《关于在高职院校实施优质暨重点校建设计划的通知》(浙教高〔2016〕144 号)(以下简称"浙江方案")。"浙江方案"明确提出要落实浙江省人民政府确定的"重点高校建设计划"和高职教育"三名工程",结合《行动计划》提出的"优质高职院校"建设要求,决定在高职院校实施优质暨重点校建设计划。

"浙江方案"明确了建设目标,即按照强化特色、培育优势的要求,支持一批办学基础好、服务能力强、与地方发展需要契合度高、行业优势明显的学校进行优质高职院校建设,重点是深入开展育人模式创新,加强优势特色专业和高素质人才队伍建设,增强人才培养质量和技术创新服务能力。在此基础上,选择若干所办学基础扎实、优势特色鲜明,改革意愿强烈且有明显成效的院校进行重点建设,打造具有较大国内外影响力的高职教育名校,引领和促进全省高职院校提升办学实力和综合竞争力,力争有若干所高职院校跻身全国前 30 位,力争有一批学校跻身全国 200 所优质高职院校行列,确保浙江高职教育在全国的领先地位,为全省经济社会发展提供更强大的综合服务能力。

"浙江方案"也明确了建设的基本原则,即学校为主、多方支持、竞争择优、动态管理、分类建设、重点突破。同时,"浙江方案"还明确各建设院校要履行建设主体责任,不同类型的学校要科学定位、错位发展、办出特色、办出水平,同时强调,建设期间实行动态管理,以增强项目计划建设的绩效。

"浙江方案"还明确了建设的主要内容,主要体现在以下五个方面:一是推进管理体制创新,包括章程建设、学校治理体系建设、产教融合机制建设、混合所有制改革、现代学徒制人才培养等;二是加强优势特色专业建设,围绕我省主导与优势产业布局,重点选择若干专业和专业群,改善条件、深化改革,提高人才培养质量,同时,改善实训条件,开发教学资源,建设共享型教学资源和精品资源共享课,推动教学创新;三是加强双师型教师队伍建设,实际上是要系统提高教师队伍素质,建立青年教师培养制度,培养和造就一批学术水平高、业务能力强、师德高尚、行业有影响力的专业带头人、骨干教师和教学名师;四是促进技术技能积累与服务,重点是推动与行业共建工艺和产品研发中心、公共实训平台、技能大师工作室等,引导教师面向行业企业开展技术革新与发展,为产业转型升级服务,增强学生的技术创新意识和能力;五是提升国际交流与合作水平,包括引进来、走出去,建立与国际先进标准对接的专业标准和课程体系,或联合共建专业、实验室或实训基地,为适应"一带一路"建设和走出去战线培养学生和员工,鼓励招收留学生和出国办学。

(三)山东:《关于实施山东省优质高职院校建设工程的通知》

山东是经济大省,也是职教大省,山东省教育厅和财政厅于2017年2月15日发布了《关于实施山东省优质高职院校建设工程的通知》(鲁教职字〔2017〕4号)(以下简称"山东方案")。"山东方案"提出充分发挥优质教育资源的示范引领作用,加快发展现代职业教育,启动实施山东省优质高等职业院校建设工程。

"山东方案"明确了指导思想即遵循职业教育发展规律,坚持整体设计、重点突破、示范引领、创新发展的原则,以立德树人为根本、以提高质量为核心、以专业建设为重点,建设一批办学定位准确、专业特色鲜明、产教融合紧密,与地方经济社会发展需要契合度高,社会服务能力强,综合办学水平领先的优质高职院校,引领全省高等职业教育改革发展,推动具有山东特点、走在全国前列的现代职业教育体系建设。

"山东方案"也明确优质高职院校建设的目标,即通过实施优质高等职业院校建设工程,促进项目建设院校持续深化教育教学改革,深入推进产教融合,大幅度提升技术创新服务能力,实质性扩大国际合作,培养高素质技术技能人才,提升学校对经济社会发展的贡献度,使之具有一流的专业、一流的师资、一流的管理、一流的条件、一流的社会服务。

"山东方案"还明确了优质高职院校建设的内容,包括九个方面的内容:一是体制机制创新,除了校企合作、产教融合机制外,还包括集团化办学、特色二级学院、学校内部治理结构、内部考核办法等;二是一流专业建设,围绕专业建设要素,系统进行建设和推进;三是高水平师资队伍建设,包括教师的专业能力、实践创新能力、信息技术应用和教学研究能力,同时提高具备双师素质的专业课教师比例,落实教师培养体系;四是技术技能积累与社会服务,提高院校广泛开展企业职工培训和社区教育,提高对区域经济和行业发展的贡献度;五是信息化建设与应用,包括信息化环境、条件和教师信息技术素养;六是国际交流与合作,主要提高职业教育国际交流能力和水平,提高职业教育国际影响,服务国家"一带一路"建设;七是质量管理与保证体系建设,落实教育部关于建立职业院校教学工作诊断与改进制度的有关要求,全面开展教学诊断与改进工作,构建内部质量保证体系,切实发挥学校的教育质量保证主体作用;八是特色文化建设,重点是充分发挥学校文化育人整体功能,营造良好的文化环境和一训三风建设,弘扬和传播中国优秀传统文化等;九是从学校实际出发的特色项目,这也就是自选动作。

除了广东、浙江、山东三省以外,陕西、湖南等许多省区市围绕优质高职院校等相关的建设项目也正在启动,其内容各有不同,也各有特色,但总体上看,上述三省的方案具有一定的代表性,反映了全国各省区市优质学校建设的大致情况,同时该三省的方案亦具有一定的先进性。

三、关于优质高职院校建设重点和途径的思考

笔者通过回顾国家示范建设、骨干建设的历程,在研究教育部关于优质高职院校建设的要求和部分省份优质高职院校建设政策文本的基础上,审视优质高职院校建设的应有重点和基本路径。

(一)优质高职院校建设的时代背景

应该说,我们今天提出优质高职院校建设计划,与十二年前即2005年提出开展国家示范性高职院校建设,条件和时机都有很大的差别。2005年,正是新高职发展初期,我们刚刚从1980年开始的十八年老高职走来,从1998年开始的新高职才经历了七年左右的时间,高等职业教育的定位、地位、特征尚在探索之中。正因为这样,当初开展示范高职建设主要是为了局部创新、带动整体发展,也许还有点超前,但我们千万不可忽视决策者的良苦用心和积极作为,更不可抹杀十年示范高职建设的历史作用,在中国高等职业教育发展史上,示范高职建设一定是浓墨重彩的一笔。一方面,在高等职业教育作为一个类型和层次确立之初就启动示范建设有利于提升全社会特别是各级党委和政府对高职教育的关注和重视,应该说具有十分重大的普及作用,对调动和积聚各方资源支持和促进高等职业教育建设和发展意义更加重大。另一方面,在高职教育怎么办、高职院校怎么建尚未十分定论的情况下,示范建设通过项目试点,对突破"压缩饼干式"人才培养模式、落实校企合作体制机制、落实专业建设为龙头的基本地位、落实双师型教师队伍建设机制、落实校内外实训基地建设模式等作用非常明显。因而我们可以这样说,事实上,示范建设的作用在于唤起重视、促进定型。

截至 2015 年底,全国已有 1359 所高职院校,近 1000 万在校学生,国家对高等职业教育的投入政策等也已十分明确,高等职业院校的办学条件也大为改善。站在今天的时代背景上认识优质高职院校建设,应该说,人们对发展高等职业教育的重要性已普遍认同,对高职院校类型、层次、属性、定位的认识已逐步清晰。正因为这样,我们确实需要通过工程和项目引领,建设一批定位准确、特色鲜明、水平较高的国内一流、国际知名的高职院校,重点建设一流水平的优秀高职院校建设乃是工程和项目计划的重点。关于这一点,我们无须讳言,也就是说,在实现高等职业教育质量和水平整体提升的同时,我们需要建设一批高水平并具有引领和示范作用的优质学校,这是当前优质高职院校建设的时代背景,而探寻优质高职院校建设的时代背景和历史定位,能更加有效地推动优质高职院校项目实施。

(二)优质高职院校建设的历史方位

分析开展优质高职院校建设的历史方位,有助于我们进一步认识优质高职院校建设的重点及要求。如前所述,今天我们开展优质高职院校建设必须按照一流要求,要建一批标杆性学校。怎么才算标杆,我们要看清楚我们所处的时代,从历史方位去分析。党的十八大以来,以习近平同志为核心的党中央提出了一系列治国理政的新理念新思想新战略。在高等教育领域,提出了牢牢把握意识形态主导权,坚持和加强党的领导,加强和改进高校思想政治工作,坚持立德树人、德育为先等要求,强调素质教育与专业教育有机融合等,同时也提出要培养"四有"教师和"四有"学生,使大学生真正成为中国特色社会主义的合格建设者和可靠接班人。习近平总书记在对职业教育的批示中明确强调要将其作为国民教育的重要组成部分,成为青年成才成长的重要通道,要坚持服务发展,促进就业的方向,坚持产教融合校企合作,坚持工学结合、知行合一;强调人人皆可成才、人人尽展其才,为"两个一百年"

的中国梦和中国民族伟大复兴提供坚强人才保障。

高等职业教育兼具高教性和职教性双重属性,我们必须从国家全面提高高等教育质量和加快发展现代职业教育的两大重点任务这一历史方位出发,研究优质高职院校建设的原则和重点内容。基于这样的认识,笔者以为,必须坚持把正确的办学方向放在首位,把立德树人作为根本任务,把科学的办学定位放在重要位置,把加强素质教育贯穿人才培养工作全过程,把加强以党的领导为主要内容的治理体系建设和办学体制机制作为主要保障,同时要突出文化建设及文化育人工作,重视素质教育与专业建设的融合,重视师德高尚、教风优良、教艺精湛的师资队伍建设。在此同时,着力推动国际合作、构建信息化环境,加强质量保障体系建设,以解决好培养什么样的人、怎样培养人和为谁培养人的问题。

(三)优质高职院校建设的原则

搞清楚了优质高职院校的时代背景和历史方位,我们就可以从规律着手,具体来分析建设原则。

一是择优支持原则。也就是说,优质学校建设必须是在示范和骨干建设基础之上,综合比较学校现有办学条件、优势特色、发展潜力等因素,通过竞争的方式,选择条件好的学校进行重点建设,就是锦上添花,即优质性。

二是一流目标原则。也就是说,优质高职院校事实上是要建设一批全国较高水平的第一方阵的高水平学校,代表全国高职院校的第一层次和较高水平,在国际交流中代表中国水平,即高水准。

三是示范引领原则。也就是说,优质高职院校不仅要具有较好条件、教育办学水平,鲜明的办学特色和人才培养质量,较强社会服务能力,同时必须发挥对整个高职教育战线的示范引领和服务作用,在目标引领、理念引领、品质引领、服务引领、文化引领等方面发挥积极作用,也就是说,能否发挥示范引领作用也是建设重点和要求。

(四)优质高职院校的建设内容

学校是一个综合体,优质高职学校建设也应该是综合的、全面的,体现出办学实力和办学水平的各方面,优质学校建设应该有基础条件,在综合实力较强的基础上,同时突出与学校发展和影响力相关的重点内容,笔者以为,优质高职院校的建设内容主要包括以下方面:

一是坚持正确的方向和办学定位。学校应当坚持高教性与职教性的统一,坚持服务区域或行业的定位,突出扎根中国大地办中国特色社会主义高校,牢牢把握办学方向,守好办学阵地,坚持党的领导,重视和加强思想政治工作,重视和加强素质教育,把立德树人落到实处。

二是建立产教深度融合机制。有专家认为,与国家示范骨干校相比,优质高职学校的建设应将重心放在产教深度融合,这是有道理的。产教融合、校企合作、工学结合、知行合一,应当成为办好高等职业教育的重要标准,也是考量一所高职院校办学水平的主要内容。

三是高水平专业建设。专业是高等职业教育的特征所在,一所好的高职学校,必须也一定得有若干高水平专业来支撑,这些专业既应该是学校的主体专业,体现学校的基本定位,而且这些专业也应该适应经济社会发展和产业需求,人才培养模式比较先进,招生就业两旺,培养质量较高,毕业生就业率高,毕业生在岗位上发展的情况也比较良好。

四是高水平教师队伍建设。所谓名师出高徒,一所高水平的学校,其决定和支持的力量,应当有一批素质精良、数量适当的教师队伍。对高等职业教育而言,不仅要有一支专任教师队伍,有一个好的教师培养机制,同时,应该有一个好的行业、企业兼职教师聘用机制,构成"双师结构"教学团队,同时不断提升专任教师的"双师素质",成为双师双能教师。这其中,高水平专业带头人尤为重要。

五是科研和社会服务能力。人才培养是高等学校的第一和最基本的职责,而科学研究和社会服务也是高职院校的重要使命。一所高水平的优质学校,应该有明晰的科学定位,并有较强的科研能力,较多的科研成果,提升学校服务区域、行业和战线的能力,因此,科研和社会服务也应该是优质校建设之重点内容。

六是文化校园建设与文化育人水平。高等职业教育经过30多年的发展,已大致定型并形成特色。正因为这样,作为内涵建设的重点内容之一,必须探索凝成自身的文化,包括物质、精神、制度、行为等各层面,据此推动以文化人,文化育人,提高人才培养质量和成效。

七是素质教育体系的构建。素质教育与专业建设相融合,是高等教育内涵建设的重要内容和途径。高职教育必须重视专业建设,以专业建设为龙头,以专业为主线统领学校工作、分配学校资源,但同时必须重视和加强素质教育,构建有自身特色且与专业协调的素质教育体系,并在实践中实现两者有机融合。

八是学校治理体系和治理能力建设。高水平的学校应该有高水平的管理,要遵循高等职业教育运行规律,体现扎根中国大地办高等教育的要求,构建起完善的治理体系和治理机制,既把党委领导、校长负责、教授治学、民主管理的要求落到实处,同时能有效激励全体师生和广大校友为学校发展贡献力量,创新工作。

九是信息化环境和水平。信息化既是办学理念,也是办学条件,更是发展趋势。适应信息技术日新月异、互联网发展应用广泛的特点,完善信息化设施,构建信息化环境,并充分运用信息技术改进和创新教学,改进和加强管理,提高教学和管理效能,应该是一所高水平学校的必备条件。

十是国际合作与交流水平。国家重点支持建设的优质高职院校,既应该是国家一流的,也必须是国际知名的,能够在国际职业教育界产生一定影响力,甚至具备为其他国家培养人才的能力,输出中国的教育培训,在"一带一路"倡议推进中积极发挥作用,这也代表了一所高职院校的办学水平、实力和影响力。

诚然,优质高职院校建设是一项系统工程,教育部支持地方积极开展建设,各地当有政策重点和具体特点,但围绕打造特色、提高水平、扩大影响力、增强贡献度这些方面是基本的,应鼓励各地、各校从实际出发,自主探索、总结提高。

(执笔人:周建松)

第一章

坚定正确的办学方向

世纪之交,党中央国务院做出了推进高等教育大众化的重大决策,其中大力发展高等职业教育是重要内容。据此,我国开启了新高职大发展的征程,很快,高等职业教育迅速成为高等教育的"半壁江山"。在这一过程中,2010年全国教育工作会议又提出了构建中国特色现代职业教育体系的战略决策,高等职业教育从高等教育的一个新的重要类型和高教大众化的重要抓手,进而又成为现代职业教育体系建设的重要环节。正因为这样,如何把握好高教性与职教性的关系,解决好办什么样的高职教育,怎样办好高职教育,培养什么样的人,怎样培养人,为谁培养人等问题,必须在学校建设和发展中正确定位、科学定位、合理定位。

一、正确把握高职教育的合理方位

学校的办学定位是一个系统,至少包括办学的层次定位、目标定位,学校的类型定位等。就当前高职教育的情况看,比较突出的问题是高职中的高与职的关系,以及培养什么类型的人,采用什么样的教学模式的问题。笼统地说,高等职业教育区别于普通高等教育(也称高等本科教育)和中等教育的主要特征是高教性与职教性的统一。从前阶段而言,由于考虑到大多数高职院校为中专升格而来,因此,比较强调了升格院校的高教性,要求各高职院校消除中专痕迹,走上高等教育的轨道。而在这过程中,既可能是因为指导评估专家一般均为高校专家,也可能为了给社会一个高等职业教育的形象,要求提升层次,纳入高教管理情况比较突出。由于其生源基础所致,再加上民办本科高校大发展及应用型本科转型对生源的争夺,高职的高教性难以体现,职教性少有人感兴趣,专升本愿望更为强烈,"立交桥"广受欢迎,高职相当于大专,几乎成为本科压缩型。于是乎,中专才升为高职,就把近期目标定位在办成本科大有之,不切实际的学科门类设置和规模发展也有之。笔者认为,高等职业教育的办学定位问题必须首先解决好。

(一)高职之高必须到位

作为推进高等教育大众化的重要抓手,高等职业教育经过曲折探索和在新世纪得到了大规模发展,它已经成为高等教育的重要类型和"半壁江山",应该是高中后教育。尽管目前生源中有相当一部分为中职毕业生,在办学形式上有中高职一体化和"3+2"及五年一制教学,但我们认为,作为高等职业教育,既冠之于高等性,必须按照高等教育的有关规范和要求,必须按照《中华人民共和国高等教育法》的要求,必须贯彻党和国家对高等教育的指示精神,在高字上达标,体现出高中后教育在德、智、体、美、劳方面的要求,尤其是在意识形态、立德树人等方面必须坚持高标准、高要求。

(二)高职之高不宜越位

应该说,与基础教育相比,高等教育的特性是高层次的教育,是在中等教育的基础上培养高级专门人才。但是,教育的发展水平受制于经济的发展现状,在中国这样一个以农业为基础,正在推进城镇化、工业化的发展中国家,人才需求层次会呈现一个宝塔形结构。我们所说的培养高级专门人才,不能简化为高层次人才,而是掌握较高业务知识和技能的应用性人才,更何况,高等教育本身也有一个科学结构,有本科教育、研究生教育,因此,不可能将高等职业教育的培养层次定位于高层次的专才与通才的统一。

(三)高职之职不可缺位

高职之职,就是指职业技术学校,它与普通学校的最大区别是有职业性,即为特定的职业群培养人才。按这个职业群对从业者的要求是应用型人才,相应地,它的专业设置应该是职业型,因此,高职教育的职业性必须突出。从科学技术发展、社会服务要求越来越高,商贸管理难度加大等要求看,职业性应该向高层次发展,因而职业教育必须大部分实现由中等向高等的发展,有职业性。

(四)高职之职必须有位

高职之职不可缺位,而且必须有位。因为这是高等职业教育作为高等教育一个类型的特色和生命力所在。也就是说,我们在研究高等职业教育的办学模式,探索其人才培养规律时,必须认真考虑国家构建现代职业教育体系的要求,积极探索其职教性,充分考虑就业导向,同时贯穿创新创业,适当兼职升本深造,把高等职业教育作为现代职业教育体系的较高层次;在引领职业教育科学和谐发展上下功夫,做贡献,在建设职业教育校园形态、课程体系、文化氛围方面起引领和带动作用,从而推动职教性生根落地,促进高等职业教育可持续发展。

(五)高职教育不能错位

如前分析,高职之高既必须到位,也不宜越位,高职之职既不宜缺位,也必须有位。这就是说,高职教育无论从人才培养的纵向层次分析,还是从人才需求的横向层次分析,高职人才都是社会所必需的大量技术技能人才,一方面掌握了较为系统的基础知识如文学、数学、计算机、外语,同时又有明显的从事职业技术岗位的心理素质、职业意识、职业道德、职业技能优势,可以说,未来社会职业岗位大多为这一类人才,下得去,用得上,留得住,并且有一定的转岗能力发展潜力。正是从这种意义上说,高等教育结构的优化,首先要大力发展高等职业教育,这样,既满足了人民大众接受高等教育的愿望,同时,又培养了一大批面向基层一线,安心基础岗位,能够自觉奉献,可以服务社会的人才,我国高等教育的投入产出才是合理有效的。

我们分析高职教育之高必须到位,不宜越位,高职之职必须有位,不可缺位,高职教育应该合理定位,实际上说,要办好一所高职院校必须做到三点:一是正确把握高教性与职教性的关系,尽力使两者和谐贯通于一体;二是要坚持服务行业和区域经济社会发展的目标,为在行业和区域培养技术技能人才的同时,努力成为区域或行业服务的综合体;三是要立足于面向基层一线,培养基层一线从事基本业务技术的人才,把广大的基层作为主攻和服务方向。

关于这一点,浙江金融职业学院这几年一直坚持和倡导科学定位、和谐发展。在实践中,学校提出并实施传承金融文脉、服务地方经济、培养实用人才的办学定位,并始终做到坚持职业教育方向,始终保持金融特色,不断增加科技含量,持续加强品牌建设,努力提倡办学层次的具体要求,努力做中国特色高等职业教育的理念引领者、目标引领者、品质引领者、服务引领者和文化引领者。

二、科学选好高等职业教育的培养模式

根据对国内外高等教育的分析，我们认为，在高等职业教学的模式上，主要应呈现以下特征：

（一）就业导向

学校专业建设和整体教学工作，包括教学工作的各个环节，都要以就业为导向，贯彻就业乃民生之本的要求。就业为导向，首先要以社会需求为导向，以市场发展变化为信号，适应经济社会发展，产业结构调整变化对人才市场（人才消费）的需求。因此，学校要认真研究国家宏观经济形势、技术变化趋势和高科技产业升级换代的情况，研究国家产业政策，建立专业设置调研和论证开放体系。建立专业指导委员会，聘请专家参与专业设置和方向调整，对专业教学内容的取舍和课程的组合也应该由社会专家介入，对教材建设和校内实训体系的建设也应聘请社会专家合作，真正按就业市场决定专业设置、方向调整，对连年就业不景气，对口率和基本对口率低的专业要坚决予以调整和停招，对市场就业热门专业，要打破数量限制鼓励多招。

（二）产学合作

教育以生产劳动和社会实践相结合是培养社会主义建设者和接班人应遵循的主要原则，高等职业教育更应重视社会实践和生产劳动，依托产学融合。因为要实现就业导向，必须使每一个专业在就业市场上找到位置，而就业市场上找到位置后，为了更好地培养其针对性和适应性，必须坚持学校与产业相结合，课堂与社会相协调，课本与市场相统一的育人机制。产学合作是培养好高职人才的根本途径和必由之路，这种结合主要应表现为以下方面：学校必须坚持为经济和社

会发展需要服务的方向,主要根据生产、建设、管理和服务第一线职业岗位群的需要设置专业和确定培养需求,与相关行业、企业建立紧密的合作关系,努力做到"双向参与、优势互补、互惠互利、共同发展",积极建立校外实践基地,使学生在校期间就有机会见习、实习和顶岗工作。与此同时,必须把校内仿真实训实践基地建设好,这毕竟是一条多快好省的实践育人之路。如果能够建立产学研一体化的研究开发组织和企业实体,则效果会更好。正是从这种意义上说,行业办学或行业协会办学是行之有效的现实途径。

(三)职业本位

职业本位是对学生发展角度而言的,同时也对我们的专业设置、调整和建设提出了明确要求。职业本位是高职教育区别普通高等学校学科本位的重要特征,也是实现高职院校安于其位、办出特色、办出水平的必然要求。职业本位就要求我们从学生时代起就进行职业意识的培养、职业能力的训练、职业道德的训练、职业习惯的养成,实现"中学生—大学生—职业人"的转换。学校应设置一些职业环境,明确职业要求,按职业建立知识、能力、素质培养体系,将其贯穿于专业课和公共课之中,即课程的职业化,而在日常学生管理中,也应体现出职业人特色,如会计——严谨,金融——诚信,商务——礼仪,营销——活跃。在这个意义上说,高职院校规模不宜太大,专业门类不宜太多,职业岗位不宜太宽。

(四)双师教员

高职院校办学在师资队伍方面的要求就是要建立一支高素质双师队伍。所谓双师资格的教师,既有教师资格,又有职业技能证书,如工程师、会计师、经济师等。理想的状态是,教员既是学校的教师,又是相关行业的专家,培养双师是高职院校师资队伍建设的重中之重,主要渠道有:一是学校鼓励教师通过实践、挂职锻炼、学习进修等途径取得第二职称;二是从生产、建设、管理、服务第一线选调教师,充实到师资队伍中来;三是鼓励形成一大批生产、建设、管理、服务第一线的兼课教师队伍,这一部分教师巧用好用,是最为有效的办法。

(五)双证学生

高等职业教育培养的是灰领或者说银领人才,这类人才既不同于白领,也不同于蓝领,其基本特征是双证制,这是对高职毕业生成为职业人的基本要求。首先,要有高等职业教育相当于大专文化层次的毕业证,体现其作为高等教育,高中后起点培养的特征,表明它具有较高的科学文化素质,可以成为较为复杂劳动的操作者,具有现代必备的社会和科研知识。其次,要求学生在校期间除了拿到毕业证书之外,同时要取得至少一张,最好多张的职业资格和技能证书,使学生既具备第一岗位的任职能力,又有转岗适应能力,还有一定发展潜力,因此,学校必须十分重视双证制的工作,要有足够的精力用来引进和规范技能考点工作,组织学生参加考证,鼓励学生多考证,并使一定的证能够代替学分课程的学分,而高职学生真正合格的标准就是双证乃至多证。

(六)实践主导

从理论上说,高等职业教育也属于普通教育,这主要是区别于成人教育而言,作为全日制普通教育,它必须重视课堂,重视系统理论训练,注意学科体系和知识系统性,即学科主导。然我们认为,高职要办出特色,办出水平,必须放弃学科型教学体系,按照逆向思维,即从生产、建设、管理、服务第一线的职业岗位分析出发,设计所需知识、能力和素质要求,然后设定相应职业技术和业务课程,按照学习这些职业技术和业务课程的要求,设计基础课程,而职业技术和业务课程要尽量体现实践教学这一主体,按照业务一线操作规程发展要求组织教学。

三、把立德树人作为根本任务

作为中国高等教育的重要组成部分,高等职业教育也担负着人才培养、科学研究、社会服务、文化传承创新及国际合作交流的使命。作为中国现代职业教育的重要环节,高等职业教育担负着面向市场、服务发展、促进就业的重要职责。如何统筹党和国家关于高等教育和职业教育的要求和指示,任务艰巨,使命光荣,高等职业教育必须定好位、担好责。我们认为,高等职业教育必须在综合复杂的要求中,找到自己的方位和使命,这就是立德树人。正如习近平总书记所指出的那样,我国高等教育肩负着培养德智体美全面发展的社会主义事业建设者和接班人的重大任务,必须坚持正确政治方向,高校立身之本在于立德树人,只有培养出一流人才的高校,才能成为世界一流大学,办好我国高校,办出世界一流大学,必须牢牢抓住全面提高人才培养能力这个核心点并以此带动高校其他工作。

(一)立德树人必须坚持德才兼备、德育为先

习近平总书记在全国高校思想政治工作会议上指出,我们强调学校教育,育人为本,德智体美,德育为先,就是说高校要成为锻炼优秀青年的大锅炉,立德树人、德育为先。我们认为,道德决定人的人生观、世界观、价值观和人生导向、服务方向,有道是德才兼备是正品,有德无才是次品,无德无才是废品,我们必须注重德才兼备为目标导向,并贯彻德字为先原则。

(二)立德树人必须坚持不懈传播马克思主义科学理论

马克思主义是科学理论,具有强大真理力量,指导着我们找到了中国革命、建设、改革的正确道路,给我国社会带来深刻变革,给中国人

民带来巨大福祉。高校要把加强马克思主义学习研究宣传作为重要职责,让马克思主义主旋律唱得更响亮。要抓好马克思主义理论教育,扎实推进马克思列宁主义、毛泽东思想学习教育,广泛开展中国特色社会主义理论体系学习教育,深入领会党中央治国理政新理念、新思想、新战略,防止马克思主义研究教学被边缘化;同时切实抓好意识形态,做到守土有责、守土负责、守土尽责。

(三)立德树人必须坚持不懈培育社会主义核心价值观

社会主义核心价值观是当代中国精神的集中体现,它有着深厚的历史底蕴和坚实的现实基础,它所倡导的价值理念具有强大的道义力量,它所指示的前进方向整合中国人民的美好愿景。培育和弘扬社会主义核心价值观,增强中国特色社会主义道路自信、理论自信、制度自信、文化自信,这是保持民族精神独立性的重要支撑,要把社会主义核心价值观贯穿于高校办学育人全过程。

(四)立德树人必须坚持不懈培育优良校风和学风

一所高校的校风和学风,犹如阳光和空气决定万物生长一样,直接影响着学生学习成长。好的校风和学风,能够为学生学习成长营造好气候,创造好生态。没有良好的校风和学风,就不可能有高质量的思想政治工作,也不可能有高质量的育人体系和高水平的管理体系,因此,抓好校训、校风、教风、学风建设至关重要,一所好的学校,必须重视"一训三风"建设,以培养积极健康向上的正能量。

(五)立德树人必须坚持促进高校和谐稳定

促进高校和谐稳定是学校的重要职责,实现高校和谐稳定,既要从国家政治安全和意识形态安全的高度,也要从培育国民理性平和的健康心态这个具体角度考虑。从这个角度看,高校应该成为让人静心来的地方,成为消解躁气的文化空间,教师要静心从教,学生要静心学习,通过研究学问提升境界,通过读书学习升华气质,以学养人、治心养性。为此,学校要加强人文关怀和心理疏导,并把解决思想问题同解决实际问题结合起来,多做得人心、暖人心、稳人心的工作,在关心人帮助人中教育人引导人,通过学校和谐稳定,为社会和谐稳定做贡献。

综上,这实际上是说,学校要坚持目标高线,守住若干底线。目标高线即为中国特色社会主义事业培养合格建设者和可靠接班人,守住底线就是意识形态安全稳定。

四、加强和改进党对高校的领导

习近平总书记指出,办好我国高等教育,必须坚持党的领导,牢牢掌握党对学校工作的领导权,使学校成为坚持党的领导的坚强阵地,这一点任何时候都不能放松。具体地说,作为一所优质高职院校,必须在加强和改善党的领导方向积极探索,并积极发挥作用。

(一)认真贯彻《中国共产党普通高等学校基层组织工作条例》

《中国共产党普通高等学校基层组织工作条例》(以下简称《条例》)是根据《中国共产党章程》和高等学校实际情况,由中共中央制订和发布的,明确了学校党组织的任务,学校的领导体制及学校党的建设的具体要求,必须在高等学校全面贯彻执行。《条例》要求高等学校的党组织必须以马列主义、毛泽东思想和邓小平理论为指导,全面贯彻习近平总书记系列重要讲话和治国理政新理念、新思想、新战略,全面执行党的路线方针政策,坚持教育必须为社会主义现代化建设服务,必须以生产劳动相结合,培养德智体等方面全面发展的社会主义事业的建设者和接班人。《条例》明确高等学校实行党委领导下的校长负责制,校党委统一领导学校工作。与此同时,《条例》对高等学校党组织的设置,党组织的职责,党员的教育管理和发展,干部工作和思想政治工作以及党组织对群众组织的领导等都做了规定,必须遵照执行。

(二)认真落实党委领导下的校长负责制

根据《中国共产党章程》《中华人民共和国高等教育法》《中国共产党普通高等学校基层组织工作条例》等有关规定,中共中央办公厅制订并印发了《关于坚持和完善普通高等学校党委领导下的校长负责制的实施意见》(以下简称《实施意见》)。《实施意见》开宗明义指出,党委领导下的校长负责制是中国共产党对国家举办的普通高等学校领导的根本制度,党委统一领导学校工作,校长主持行政工作,健全党委与行政议事决策制度,完善协调运行机制,加强组织领导,其中也对党委如何统一领导工作做了具体规定,各学校必须自觉遵守。对于创建建设优质高职学校而言,必须坚决执行党对学校的领导和党委领导下的校长负责制。习近平总书记在最近召开的全国高校思想政治工作会议上明确指出,党委要抓政治领导和思想领导。政治领导,就是要保证学校正确办学方向,保证党的领导在高校工作中全面发挥作用;思想领导,就是掌握学校思想政治工作主导权,巩固马克思主义在高校意识形态的主导地位,用科学理论培养人,用正确思想引导人,保证高校始终成为培养社会主义事业建设者和接班人的坚强阵地。诚然,高校党委对学校的领导还包括"三重一大",即重大问题决策,重要干部任免,重大项目投资,大额资金的使用必须经党委集体讨论决定,以确保办学方向及学校发展的科学正确性。

(三)要不断丰富和加强学校党委职能

我们认为,高等学校要落实好《条例》,实施好党委领导下的校长负责制,应该准确理解和把握党委职责,并认真加以落实。

第一,党要管党,从严治党。"打铁还需自身硬。"党委要发挥领导全面作用，必须把党组织自身建设好，把党的工作体系建设好。也就是说，管党务必从严，治党必须全面。

第二，党抓发展，科学和谐。"发展是党执政兴国的第一要务。"学校事业的发展方向、发展模式、发展政策自然应成为党委领导的重要内容。因此，党委要抓好科学决策、民主决策、程序决策，推动学校各项事业科学和谐、又好又快发展。

第三，党主育人，价值引领。党对学校的领导，要抓好政治和思想领导。在学校，党对学校的领导，既包括党的路线方针政策的贯彻执行，也包括高校的办学方向、文化氛围和师生价值观的引领，还包括主流意识形态和核心价值观在学校的地位，必须坚持由党委主导，由党委来实施引领。

第四，党蓄队伍，凝心聚力。办好中国特色社会主义学校，必须打造一支高素质高水平师资队伍和高素质专业化管理队伍，必须坚持党管干部、党管人才的原则，充分调动两支队伍的智慧、热情和创造性、积极性，积蓄并发挥教书育人、科学研究、社会服务、文化传承创新的正能量。

第五，党谋幸福，师生至上。"人民对美好生活的向往，就是我们的奋斗目标。"要落实这一理念，我们必须把师生幸福作为办学的重要宗旨和目标，凝心聚力，把带领全校师生员工，共同建设和谐幸福的社会主义高等学校作为党委领导成效的落脚点，履行好党委的各项职责。

（四）要不断健全和优化党建工作体系

同时，我们认为，要发挥好党委的领导作用，必须加强党的工作体系建设。

一是构建好党建工作"五个一"工作体系。即从高等职业学校实际出发，着力在教师和学生中抓好党建工作，按照"一个党委就是一个科学发展的决策集体，一个院（系）总党支就是一个开放育人的领导集体，一个基层党支部就是一个创新创业战斗集体,一个教师党员就是一面教书育人的旗帜,一个学生党员就是成才成长的榜样"的要求做好党建各项工作,层层明确要求、逐级分解责任,"把抓好党建作为最大的政绩"。

二是要按"五型"要求加强领导班子建设。火车跑得快,全靠车头带;学校要发展,领导班子是关键。党委班子是学校的领导核心和政治核心,一定要自觉加强学习,找准自身定位,主动接受监督,勤奋廉洁工作,按照"忠诚、为民、担当、干净、务实、创新"的要求,努力把党委班子建设成为"忠诚担当型、学习研究型、开拓创新型、勤勉廉洁型、服务示范型"的领头雁。

三是要构建好"五位一体"党风廉洁工作体系。要适应和按照中央全面从严治党新要求,切实把全面从严治党和党风廉洁建设作为党委的重要工作来抓,落实好党委在党风廉洁建设方面的主体责任,努力构建"党委主体责任,党委书记第一责任,纪律监督责任,分管领导一岗双职责任和党委班子齐抓共管责任",构建人人负责、主体明确、横向到边、纵向到底的责任体系,切实抓好党风廉洁建设。

四是要深入在教师党员中开展"五带头"活动。营造良好的党建工作氛围,吸引和动员更多优秀中青年知识分子加入党组织,继续按照"中青年学术(学科)带头人以共产党为主体、青年骨干教师为共产党员为优势,能人优秀(先进)工作者以共产党员为多数"的目标做好工作,按照"一个教师党员就是一面教书育人旗帜"要求,在全体教师党员中深入开展"敬业爱校我带头、教书育人我带头、改革创新我带头、廉洁自律我带头、和谐建设我带头"活动,充分发挥教师党员在各项工作中的先锋模范作用,让党旗在教书育人、管理育人、服务育人中高高飘扬。

五是要注重学生在"五个方面"发挥带头作用。青年学生可塑性强,充满朝气和活力,对加入党组织愿望强烈、申请积极,但不稳定、易变的情形也十分明显。如何保护好他们的政治热情,真正做到过程与结果，数量与质量，党建与育人的统一，真正做到思想上入党与组织上入党的一致，按照控制总量、优化结构、提高质量、发挥作用的总要求，做好引导全体，培养多数，发展适量的文章，不断提高党员发展和党员管理工作科学化水平。同时，一定要在学生党员中真正树立榜样，发挥学生党建工作正能量。深入开展"尊师爱校我带头，勤学苦练我带头，社会实践我带头，公益服务我带头，创新创业我带头"，真正把党旗树在学生成长发展前沿，以党建带团建，努力把新一代大学生培养成为中国特色社会主义合格建设者和可靠接班人，为实现"两个一百年"奋斗目标和中华民族伟大复兴的中国梦提供坚定人才保障。

当然，党建工作也是一门大学问，如何围绕中心、服务大局，正确处理好党委与行政，书记与校长，正职与副职，校部与院系，干部与群众的关系，也需要在实践中研究和探索并积累经验。

作为中国的高等职业教育，尤其是正在创建建设高水平的优质高职院校而言，必须认真抓好服务国家战略、服务社会发展、服务行业企业、服务区域经济、服务学生成长这篇大文章，带着强烈的服务意识，主动对接和顺应需求，不断提高服务能力，努力拓展服务面向，以服务求生存、谋支持、共发展，关于这个问题有待我们进行专题研究和谋划。

（执笔人：周建松）

第 二 章

树立科学先进的办学理念

经过几十年的发展,我国高等职业教育关于办学方向和原则问题的基本问题应该已经解决,规模扩张和外延发展已不是主要任务,内涵建设和提高质量应该成为工作重点,特别是经过十年来示范建设、骨干建设等行动计划的引领,如何树立起科学而先进的办学理念,促进和推动高水平建设的思想已经基本统一,树立什么样的理念,怎样去办学校,事实上也已经成为高水平学校建设的重要内容之一,甚至具有决定性意义。

一、科学而先进的办学理念的重要性

一般而言,学校领导和师生员工都希望努力办一所好学校,但是,好学校是什么样的? 应该用什么样的理念去引领? 而科学而先进的办学理念究竟有什么作用? 这些问题,看似人们已经认识,实则不然。

(一)理念是什么?

《辞海》对"理念"一词的解释有两条:一是指看法思想,思维活动的结果;二是指观念,通常指思想。观念上升到理性高度则称指为理念,作为观念上升到理性高度的理念,一般具有以下一些特点:一是区域性,也即每一种理念都有自己局限的适应范围;二是概括性,指我们对现象有了一定的认知,概括性越高,说明认知越丰富;三是间接性,即理念是指凭借自己的语言对客观现象进行诠释;四是客观性,即我们要对客观现象的本质或特征有整体性的诠释;五是逻辑性,即诠释现象的信息内容,反映出理念是一种抽象的理论认识,遵循着一定的规律,有一定的形式,并按一定的方法来进行;六是深刻性,即理念是经过人类的思考活动,进行过信息的加工——去粗取精,去伪存真。正因为这样,观念不一定是理念,思想不一定是理念,观念和理想上升并升华到一定高度,才称得上理念。

(二)先进的办学理念的重要性

人们的行为不应该是盲目的,而往往是由理念指引的,理念对过去是保险总结,对将来是行动纲领,对内部便于统一认识,对个人又具有昭示和宣传功能。正因为这样,无论是大到治国,还是小到处理一件事情,事实上都有理念,没有理念相当于没有统帅行为和行动的思想,工作往往具有盲目性。各个部门、各个环节也不容易统一和协同,只有建立起统一并达成共识的理念才会指挥行动更加有序和有效。所谓对过去是工作总结,因为今天的理念往往是建立在实践基础上的,比较成功而有效的才保留下来;所谓对将来是行动纲领,工作下一步怎么做、怎么协调,按理念指引;所谓对内便于统一思想,在分工协作的情形下,依靠统一的理念来协同工作;所谓对外具有宣传功能,就是我们的工作怎么做就靠理念来展示,办什么样的学校,怎样办学,等等,都可以在其中。

(三)高职教育最基本的理念必须认同

高等职业教育既具高教性,又具职教性,作为高教性和职教性的统一体,经过三十多年的探索和实践,我们基本可以达成共识的是:以服务为宗旨,以就业为导向,走产学研相结合的道路,为社会主义生产建设管理服务培养下得去、用得上、留得住的高素质技术人才。根据这一基本理念,在具体的办学实践中,各个学校都在进行探索。如浙江金融职业学院提出践行"特色鲜明、人民满意、师生幸福"的办学宗旨,构建"行业、校友、集团共生态"的办学模式,确立"做学生欢迎之师、创社会满意之校、育时代有用之才"的价值观念,同时根据高等职业教育的特点和学校自身情形,确立传承金融历史、服务地方经济、培养实用人才的办学定位,进而确立"共建共享幸福金院、永创永续金融黄埔"的愿景,也是办学理念的具体化,提出全面建设更高品质的幸福金院,则是目标和理念的进一步具体化。

二、重视办学三大主体是最基础的理念

要办一个好的高职院校,必须研究办学主体的功能和作用,我们在实践中认识到,办好一所高职院校,必须坚持以学生为本、以教师为基、以校友为宗,在此基础上打造教师、学生、校友发展共同体。

(一)以学生为本

以学生为本,是以人为本理念在办学中的具体实践和表现。以学生为本,说起来比较容易,做起来其实比较困难,但作为一所追求高水平、高品质的学校,必须牢牢把握这一点。从学校建设发展逻辑关系看,因为要培养学生,才需要建设学校,需要选拔培养教师,培养学生的

需要成为办学的出发点和归宿点。对此,我们必须有充分而且够清醒的认识,要把这一理念落到实体,就必须有载体,有具体行动方略。浙江金融职业学院这几年在实践中,以设立爱生节(5月23日为爱生节,每年11月23日为深化爱生节)为载体,全校上下确立爱生理念,培养爱生文化,并以实施学生千日成长工程为抓手推进以生为本理念的落实。所谓千日成长工程,就是把高职学生从入学到毕业大约1000天的时间精心设计为一个工程,以全程育人为引导,辅之以全面育人、全方位育人、面向全体学生育人、全体教师参与育人、营造全方位环境育人,具体划分为:一年级金院学子,强调懂做人;二年级系部学友,强调精专业;三年级行业学徒,强调会做事。在实践工作中,全校积极构建关爱学生进步、关注学生困难、关心学生就业的"三关"工作体系;将以生为本理念具体化,又通过行为规范要求,科学设计和实施专业人才培养方案,通过素质教育与专业教育的有机融合,通过"四个化"(即品德优化、专业深化、行为美化、技能强化)和具体的考核激励将学生教育培养落到实处。

(二)以教师为基

教师是学校重要的主体,如果说学生是最重要的群众,那么教师就是最主要的主人翁。要办好一所有品质、有水平的学校,必须牢固树立全心全意依靠全体教师的理念,落实"尊重教师个性、倚重教师德才、注重教师的发展要求",真正做到"关心人、爱护人、帮助人"。一是要确立教师在学校的真正的主人翁地位,尊重教师、珍爱博士、关心青年、厚待教授,切实提高教师在学校政治和社会生活中的地位;二是要花大力气、用大工程致力于培养和造就一支高素质高水平教师队伍,正确处理好培养、提高、充实、引进的关系,立足于把现有教师水平打造好;三是要在物质和精神相结合的高度重视教师队伍激励,既要为教师提供更多更丰厚的物质待遇,又要为教师创造更多的成名成家的平台、舞台和展台;四是要研究好教职工激励机制,充分利用各种条件和可能,打造青年教师培养与成长的金翅膀机制、中年教师稳定与发展的金台阶机制、老年教师幸福与安康的金色降落伞机制,从而进一步激励教师恪尽职守、教书育人,并通过教师千万培养工程,通过十项计划,促进教师百舰竞发,努力提高师德师风和教育教学水平,促进人才培养质量的持续提高。在这一过程中,学校还应当采取科学有效措施,致力于培养好高水平专业带头人和学术学科带头人,为教师发展起领航作用。

(三)以校友为宗

关于校友在学校建设发展和治理中的地位和作用,至今尚没有引起足够的重视。我们分析认为,世界上凡成功的学校无不都有一大批高忠诚度高质量的校友,而彰显学校人才培养质量的也是靠着一大批优秀校友,因此,就群众观点而言,校友是最广泛的群众。一所办学有历史、有规模的学校,如果连它的校友体系都没有建立起来,连自己的校友都不认母校,那这所学校肯定不会是高水平的,也很难是可持续的。因此,高水平的学校在办学理念上必须确立起以校友为宗的理念,自觉地把校友纳入学校发展系统和力量之中。高等职业院校一般都强调产教融合、校企合作,强调重视和加强兼职教师队伍建设,因此,我们同时也认为,校友是联络产教融合、校企合作的重要纽带,是校企合作的重要伙伴,也是兼职教师的重要来源,而且,这样做,更有利于学校文化传承创新,更好地履行职责。在工作的实践中,我们还必须认识到,校友是人心,需要去汇聚,校友是力量,需要去积聚,校友是资源,需要去开发,校友是平台,需要去搭建,校友是桥梁,需要去架构,校友是事业,需要去开拓,校友是财富,需要去积累,校友是文化,需要去弘扬。在工作战略上,我们要想办法申请设立法人性质的校友会组织,并在具体工作中做到激扬高层、激发中层、激活基层、激励全体的工作,努力推进校友"会同学、看老师、回母校、共发展"四位一体的统一。浙江金融职业学院这几年在实际中坚持以关爱每一位校友为宗旨,以巩固老校友、开发新校友、注重成功校友、重视成长校友为方针,以2300活动为抓手(千名学生访校友、千名校友为课堂、百名校友为人生、百名校友上讲台、百名教师进企业),促进了校友工作不断深化,推动了学校事业发展。

(四)精心打造教师学生校友发展共同体

一个学校既是一个事业单位,同时也是一个发展系统,学校既要分别重视学生、教师、校友三大主体建设,同时也要建立有效的机制,推动教师、学生、校友的互动,努力构建以母校为轴心和圆心的教师、学生、校友发展共同体。浙江金融职业学院这几年以共建共享幸福金院,永创永续金融黄埔为愿景,以凝聚海内外校友力量,建设高品质幸福金院为抓手,以有缘描绘校友美好人生,有缘描绘母校美好前景,有缘描绘祖国美好未来为动力,正在建设共同体之中,为母校打造百年品牌、建设品质学府形成强大正能量。

我们认为,以学生为本、教师为基、校友为宗理念的确立和实践,在此基础上对教师、学生、校友共同体建设的重视,是高水平学校重要的基础性理念。

三、遵循高职办学规律是十分重要的理念

高等职业教育作为高等教育的一个重要组成部分,同时也是职业教育的教育层次,具有类型和层次的统一,国家对高等教育的基本要求和关于发展职业教育的重大举措要同时在高等职业教育身上有机体现出来,既不可偏废和偏颇,也必须办出特色和水平,其主要的规律应该是:

(一)以立德树人为根本

高等教育有五大使命,即人才培养、科学研究、社会服务、文化传承创新、国际交流合作,但人才培养是第一位的。习近平总书记要求为两个一百年的中国梦和中华民族的伟大复兴的中国梦提供坚实人才保障,要服务发展,促进就业的方向,就必须抓好人才培养工作。因此,高等职业教育必须抓住人才培养这个核心和根本,切实把人财物资源配置和工作重心放到人才培养身上。在人才培养工作中,要坚持立德树人、德才兼备、德育为先,首先要重视和培养学生的德,强调做事先做人;同时,抓好知识传授、能力培养和素质提升,努力培养和造就中国特色社会主义合格建设者和可靠接班人,社会主义核心价值观的培育和践行贯穿人才培养全过程,积极开展建设切实有效的素质教育体系,重视学生思想素质教育,解决好做人高度问题,重视人文素质教育、解决好做人厚度问题,重视专业素质教育,解决好做人深度问题,重视身心观素质教育,解决好做人宽度问题,重视身体素质教育,解决好做人长度问题,重视创新创业教育,解决好做人强度问题,真正把培养人这篇文章抓好。

(二)以专业建设为龙头

在我国,高等教育和中等职业教育都采用专业的形式组织实施教育教学和人才培养,这与基础教学以课程为单元不同。实际上,普通本科教学同时甚至也更加重视学科建设,尤其是在教师中强调学科的归宿和水平。而高等职业教育,无论是学生的分类还是教师的分类都强调专业,学校教学组织的划分、教学资源的分配等等都以专业为单元,两级教学组织的建设一般以专业群为单位落实,专业结构决定了学校办学结构和办学特色,也决定了学校的办学面向和大致服务领域,因而也是学校特色之所在。正因为这样,要遵循办学规律,就必须遵循专业建设这个龙头,在专业建设中要切实按照办好专业、注重学业、强化职业、重视就业、鼓励创业、成就事业的六业贯通的理念落实工作,同时注重按区域经济社会和行业企业发展需要设置和调整专业,优化专业结构,努力创建优势特色和高水平专业,不断提高专业建设水平,为全面提高人才培养质量和办学水平打下扎实的基础。

(三)以教学为中心

高职院校要落实立德树人的任务并把专业建设落到实处,就必须确立教学工作的中心地位,坚持学校工作围绕教学中心转,资源配置和领导人员精心向教学倾斜,切实防止学校工作中可能出现的行政化倾向。落实教学工作中心地位,必须认真抓好教学工作六环节工作,围绕优化课表、重视课程、搞活课堂、抓好课本、丰富课余、发展课外的要求有序推进工作。特别要贯彻德才兼备、以德为先理念,编制好专业人才培养方案(大的意义上的课表),并切实抓好实施。与此同时,要积极改善教学条件和教学环境,抓好教学信息化环境网络建设,重视先进教育技术推广应用,广泛开展基于互联网⁺的课堂教学创新,重视校内实验实训场馆建设,加强校外实习实践基地建设,为提高教育教学质量创造更好环境;当然,坚持教学工作中心地位,必须尊重和重视教师,把尊师重教落到实处,只有做到教师主体地位落实,教风学风和教学程序良好,专业特色化、课程精品化、实训真实化,教学工作中心地位才算有效和可靠。

(四)以就业为导向

高等职业教育办好办活、立德树人、专业建设、教学工作好环的衡量,在很大程度上取决于就业,就业市场的检验检测十分重要。从大的方面看,高等职业教育以服务为宗旨,以就业为导向,走产学研相结合的道路,这是党和国家的教育部门确定的一个方针。就具体情况分析,高等职业教育作为一个类型存在,就业工作确实是其导向和生命力所在,就业对于一个社会来说,是建设社会主义和谐社会的重要稳定器,对于一个家庭来说,是一辈子和命根子,对于学校办学水平和教育教学质量来说,确实是一个试金石。正因为这样,作为一个高等职业院校,必须重视就业、工作,把毕业生的就业率、对口就业率,把毕业生的优质就业作为一个重要工作去抓;与此同时,要积极创造条件开拓就业市场、广开就业门路,要依托校企合作就业,要提高质量带就业,要依靠校友力量助就业,要努力实现顺利就业、对口就业、优质就业、订单整体就业、批量实现就业、提前落实就业,同时实现就业稳定率、岗位发展力,不断提高就业薪酬水平;同样的,作为教育行政部门和社会各方,也要把加强对学校就业工作的考核,促进就业工作更好进行和深入。

(五)以合作发展为支撑

要实现人才培养的顺利进行尤其是就业工作的落实,高等职业教育必须从实际出发,走出象牙塔,谋求广泛的合作和支持;要认真领会和理解习近平总书记对职业教育做出的重要指示,坚持产教融合、校企合作,坚持工学结合、坚持知行合一,不断探索和建立产教融合新机制;与此同时,要积极创造条件,探索建立集团化办学体制和机制,真正组建好政行校企集团化办学格局和体制机制,为学校发展和人才培养工作积聚更多更大资源。学校要适应区域和行业企业需求,坚持开放开门办学,经常深入行业企业积极开展人才需求等调研活动,不断拓宽办学路径和办学市场,为学校发展和学生就业创造更好条件。特别是当今科学技术日新月异,互联网广泛深入我们的生活,新经济层出不穷,发展迅猛,学校一定要适应新形势,研究新需求,谋求新发展,以合作发展、合作育人、合作办学、合作就业的新成果,彰显高水平学校的魅力。

当然,从学校发展和办学情况看,如何在抓好人才培养工作的基础上抓好科研和社会工作,如何开展多层次立体化职业培训和考证考级工作,如何参与到文化传承创新与技术技能积累过程中去,如何适应"一带一路"和国际化发展要求积极开展国际合作与交流,如何吸收国外优质资源改进人才培养工作,如何积极创造条件输出优质资源提高我国高等职业教育的国际影响力,等等,均是我们在抓好根本基础上必须重视的,我们要因校制宜,积极创新创优创一流推动学校全面科学和谐发展。

四、遵循规律,不断提升学校办学品质

树立科学先进的高职办学理念,是我们办一所好学校的基础,在落实好三大主体、五个基本规律的同时,我们要充分利用各种可能的时机,提升学校的办学品格和水平。

(一)抓住各种有机时机

进入 21 世纪以来,党中央、国务院高度重视高等职业教育发展,先后明确了"高职半壁江山,中职普大致相当"等布局政策,推出了高职生均拨款12000元和中职免费义务教育经济政策,与此同时,先后实施了建设国家100所示范性高职院校,100所国家骨干高职院校的措施,从而带动了部示范和省级示范院校建设。中央财政还实施了专业服务产业转型升级项目,支撑建设了一大批国家级专业教学资源库,国家、省级示范建设也支持了一大批品牌和特色优势专业。应该说每一个项目,都带动了地方和行业企业的配套,调动了地方行业企业的资源和支持,吸引唤起了全社会对高等职业教育的支持和重视,对于抓住机遇的学校来说,无疑是更大更快的进步。正因为这样,我们认为,对于立足于建设高水平、示范优质校的学校而言,如何充分利用各种政策和机遇,在提升品质和品牌影响上下功夫,必须值得研究。一是要有

机遇意识，坚持做到既当快马快鞭再奋蹄，又当不用扬鞭自奋蹄，抓住机遇、创造机遇、推动学校又好又快发展；二是要有一流意识、树立强烈的创先创优和创建一流意识，拉高标杆、自立目标、积极进取、多攀高峰；三是要有学习意识，坚持提倡学校之间、省市之间相互交流，相互学习，取长补短，扬长避短，超越发展，办出特色，办出水平。

（二）坚持走创新发展之路

高等职业教育是一个新的类型，在全球范围看，中国高等职业教育具有一定代表性甚至具有先行性或者独特性，因此，创新发展成为必然，纵观我国高等职业教育30多年的历史，可以说高等职业教育因创新而生，因创新而存，因创新而兴，也一定会因创新而强，因创新而优，因创新而特，各高职院校在创优做强的道路上，一定会坚持创新发展之道，积极探索创新发展之路，既要构建校政行企合作发展体制机制上创新发展，也要在探索集团化办学、混合所有制改革、订单式人才培养等方面积极作为，也可以在联合共办四年制本科高等职业教育方面做些探索，努力形成多元化、多种类、特色发展之路，真正创造出中国特色、世界水平的高等职业教育，在做特做强自己的同时，为中国特色高等职业教育发展创造经验、示范引领。

（三）全面建设高品质高职教育

如何根据不同地区、不同行业、不同学校的特点创新发展并树独创优，既应该是优质高职院校的优秀品格，也是教育部实施高等职业教育创新发展行动计划的题中之义。在总结示范建设成果和经验的基础上，如何进一步凝练理念、积聚资源、做大做强，各学校也在进行探索。浙江金融职业学院作为国家首批28所示范性高等职业院校之一，近年来明确以高品质幸福金院建设为抓手，以"以生为本榜样学校、尊师重教模范学校、改革创新先行学校、内涵建设先进学校、素质教育领先学校、文化建设特色学校、和谐建设典范学校、社会责任引领学校"为主要内容,进行了积极探索和大胆实践,有力推动了教师、学生、校友发展共同体建设,提高了学校治理能力和治理水平,更大大提高了人才培养质量和学校办学品质,扩大了学校的社会影响力,提升了学校的美誉度,为引领中国特色高职教育发展做出了一定的贡献,其经验可以分享和推广。

总之,办出中国特色高等职业教育,建设一批理念先进、文化鲜明、质量优异、品牌卓越的高职院校十分重要,我们一定要鼓励创新、激励创新、遵循规律、大胆创造,以扎实行动努力开创更新更好的局面。

（执笔人：周建松）

第 三 章

建设紧密型校企合作体制机制

　　高等职业教育的大发展既是中国推进高等教育大众化的产物,也是探索中国特色高等教育的必由之举。作为高等教育的新类型,我国的高等职业教育从一开始就立足于为社会主义现代化培养生产、建设、管理、服务第一线的高素质技能型人才,探索建立以服务为宗旨、以就业为导向、走产学研相结合的发展道路。实践证明,校企合作发展之路,是一条正确之路、光明之路、成功之路,也是优质高职院校建设之重点。

一、校企合作机制建设对高等职业教育发展的重要意义

(一)校企合作办学有利于人才培养目标和规格定位的实现

　　高等职业教育作为我国高等教育的新的类型,其目的是培养面向一线的高素质高技能人才,人才的实践性、应用性是主要特征,面向基层、面向县域、面向中小企业是其基本定位,毕业与上岗零过渡是其目

标追求,对此,我们对高等职业教育的人才培养定位是面向基层一线的高素质、高技能、高适应人才。为了实现这一目标,必须因材施教,必须引进生产、建设、管理、服务第一线的具体工作规程和实践知识,必须使教学与实践的距离最小化,必须引进生产建设、管理服务一线的能工巧匠、业务能手和经营专家来从事教学工作,必须使学生有足够的机会和时间进行实习和实践,真正体现教学做一体化。但这一模式如果仅停留在学校本身单一主体,应该说是不可能实现的。高等职业教育不是经典教育,不仅仅是知识和理论传授,而且是理论与实践相结合的教学,必须把生产建设管理服务一线的鲜活知识、鲜活案例带进课堂,这在学校与企业多主体的合作中才能实现。

（二）校企合作办学有利于积聚高等职业教育办学资源

校企合作实际上不仅仅是高等职业学校与工商企业之间的合作,而且是学校与政府、行业、企业、科研院校、社会团体等多方面的合作,也可以说是一个政产学研相结合的合作机制,或者说是要构建一个政府主导、行业指导、企业参与的合作机制,这种机制如能成功构建,就能积极发挥作用。一方面,有利于积聚政府资源,充分利用政府的调控职能和政策制定者优势,发挥政府在职业教育方面的主导作用,包括关于人、才、物资源政策,校企合作政策。从某种意义上说,这种资源虽然抽象,但受益面相当广泛。另一方面,有利于集聚行业资源,依托行业、服务行业是高等职业教育的重要特征,是行业政策的制定和行业发展政策的引导者,如能把职业教育的有关事项嵌入其中,则一定会收到事半功倍的功效。再一方面,有利于积聚企业资源,企业需要高校的服务,也能给高等职业教育发展带来更多的机会,如学生实习就业的机会,教师实践和锻炼的机会,整教整学的机会,生产技术一线技术和标准充实教育教学的机会,这都是学校办学不可或缺的资源,在合作过程中,必然会相得益彰、互动发展。

（三）校企合作办学有利于推动高等职业教育可持续发展

高等职业教育作为一个类型，有没有可持续发展的生命力，取决于许多因素。在高等教育大众化到一定阶段，高中毕业生生源下降，学生出国学习机会增多，普通高校招生能力不断增强的情况下，高等职业教育以什么优势来增强吸引力，赢得专业和家长的青睐，实现发展可持续。我们以为，对外要依靠政府部门的政策支持，包括职业教育体系中层次的突破，政府拨款政策的支持，办学条件的改善等；对内，则要增强办学特色，使其培养的人才真正具有不可替代性。从这一角度看，我们以为，校企合作办学在这过程中具有不可替代的功能，发挥着不可或缺的作用。从某种意义上说，这几年高等职业教育之所以发展迅猛，社会影响力不断扩大，社会声誉持续提高，其重要原因在于高等职业教育一开始就注重校企合作，注意充分发挥行业企业的力量，在面向行业企业的开放办学实践中赢得机遇，打造了特色，拓宽了市场，推进了就业。

二、高等职业教育校企合作的主要形式及其特色

纵观10多年高等职业教育大发展的历程，校企合作机制的建立具有不可或缺的作用，而各地、各校、各阶段根据自身特点和企业需求，在校企合作上也有多种多样的做法，主要概括起来，大约有以下11种。

（一）成立校行校企合作发展委员会（理事会）

成立校行校企合作发展委员会或理事会是校企合作最为典型的形式。大部分高职院校，在政府部门的支持下，在行业的指导下，在企业的参与下，都不同程度地建立了××学校发展理事会或者产学合作发展委员会，理事长一般由主管部门担任，学校则担任秘书长，也有学

校直接担任理事长的。在发展理事会体制框架下,定期就学校发展和建设、人才培养和专业建设、师资队伍和课程教学、招生就业和顶岗实习等问题进行交流磋商,起到一个互通信息的作用。在政府的主导、推动及学校努力下,一般也能实现一些关键问题的推进,如浙江金融职业学院发展理事会于 2010 年 11 月 7 日在省人民大会堂正式成立,理事长由浙江省政府金融工作办公室担任,成员包括了省内 200 余家金融机构,浙江金融职业学院发展理事会则于 2012 年在分管副省长牵头下成立,成员包括了浙江省旅游行业机关和企事业。

(二)成立以学校为理(董)事长的职业教育集团

从理论上讲,集团化办学是职业教育的成熟和高级形态,在职业教育集团框架下,实现校企一体、中高职一体合作办学,既有利于校企和各个层次资产的联合、利益的平衡,更有利于校企利益共同体的建立和权利的统一。真正含义上的职业教育集团,应该是以资产为纽带的校企和校校合作。但由于公办高职院校的事业法人性质,操作起来比较困难,也正因为这样,目前我国高职院校普遍采用的职业教育集团,大都是理事会形式,集团成员之间主要是信息交流、产学互动、优势互补、成果共享,集团是一个载体,理事会是实质。

(三)校企合作创办股份制企业

为了充分发挥实训基地的生产性和教学性双重功能,一般都由学校和相关合作企业在优势互补基础上建立股份制合作企业,或者由学校提供设备,企业提供高层及建筑物,或者由学校提供高层或建筑物,企业提供设备,共同以有限责任公司形式建一个具有法人资质的企业,这个企业既是面向社会的营业和服务窗口,也是学生实习的场所,既是学生顶岗实习的平台,也是实践性教学机会的课堂。从学校角度看,通过一定投入,它实现了学生实习、就业、教学的功能,实现了教师实践、工作的功能,同时,还能产生一定经济效益,而对企业来说,它可以直接获得学校人财物的支持尤其是学校教师技术的支持,促进经济和社会双效益。

(四)校企合作组建二级学院

校企合作组建相对独立的二级学院是目前高等职业教育相校企合作过程中较为普遍的现象,在整体进行实质性合作难或者专业覆盖面太广的情况下,选择一个专业(群)与企业进行合作是比较现实和可行的,这种合作有大有小,有框架性的、实质性的。实质性合作,即××学院与××企业直接创办一个二级学院,如辽阳职业技术学院与辽阳高尔夫俱乐部以股份合作制(双方各占50%股权)的形式成立了高尔夫学院,高尔夫学院依托学校和高乐夫俱乐部办学,实训及就业优势得到充分发挥,有利于专业建设和二级学院可持续发展。框架性合作,主要是采用学校和企业协议形式组建二级学院,如浙江金融职业学院与浙江农村信用合作联社共同组建农村金融学院,除承担农村金融专业学生(包括实习、推荐就业外)外,还承担岗位培训工作(按规定收费)。杭州职业技术学院的达利女装学院等属于后者。一般地说,合作企业除了给予一定实习和就业机会,还给予奖学、奖教支持。

(五)校企合作举办冠名(订单)班

这也是目前校企合作中的一种普遍现象和典型形式,订单培养是职业教育推进人才培养模式改革,推动学生就业工作的重要途径,也是保证学生学需用一致的重要方式。订单培养通常是采用以下路径:由学校和企业签订合作(订单)培养协议,本着学生自愿的原则,在教学过程中选择若干学生组建冠名订单班,在订单班培养过程中,把高等学历教育的总体要求和企业上岗的岗位培养,包括企业文化、企业工作制度、企业工作标准流程、企业工作操作系统等一并实施培养,与此同时,还根据要求,参考相关从业资格证书考试。通过这种方式培养的学生,针对性强、学习兴趣高,学生既能了解企业实际,又有较强职业岗位能力,进入角色迅速,深受企业欢迎和学生欢迎。如浙江金融职业学院每年与工商银行浙江省分行、杭州银行、杭州联合银行、中国邮储银行浙江省分行、金华银行、财通证券等几十家金融机构组建冠名订单班,并将所有冠名订单班归入银领学院学习和管理,目前已经成为高等职业教育的著名品牌。

(六)举办校企一体化的工作室

这是高等职业教育校企合作的新型形式,其中许多是教师和学生(毕业生)创业的产物,一般由学校和一些研究所、俱乐部、公司共同创建,多数在人文艺术类专业中居多,多媒体专业、艺术设计专业,往往由学校、企业、教师乃至学生共同入股,走权利挂钩,进行产学合作,实现教学做销一体。

(七)校企合作框架协议,建立联络交流机制

由于企业需求的多样性,学校面对企业的广泛性,在多种情况下,学校与企业之间的合作采用合作协议的形式。在这种形式下,学校的企业签订战略性、意向性合作(框架)协议,定期建立信息交流、互动互访机制。企业或者成为理事会成员,或者成为职教集团成员,或者采用框架性合作协议,在框架协议下推进合作,根据进展情况进行深入推进,如举办订单班,组建二级学院,建立学生实践就业基地,建立教师调研顶岗挂职锻炼基地,等等,合作由松弛走向紧密,由形式走向实质。

(八)建设专业(群)教学指导委员会

组建由行业企业专家(行家)组成的专业教学指导委员会是高等职业教育化办学一开始就进行尝试的一种探索,现在已经成为制度、

通过专业指导委员会进行人才市场需求调研,进行人才培养规格和目标定位讨论,进行课程体系和教学内容建设,拓展兼职教师来源,学生实习就业基地建立,等等,应该也是行之有效的方法,现在已得到广泛推广。如浙江金融职业学院要求各专业(群)组建教学指导委员会,指导委员实现组建一个指导委员会,牵请一批合格兼职教师,搭建一批学生校外实习基地,开拓一批学生就业市场,组织一批教师调研挂职锻炼基地,形成一所学校社会服务网,最后组成构建一个紧密型产学研合作机制的工作,应该说成效是明显的。

(九)构建校企一体化办学机制

应该说,校企一体化办学是职业教育办学模式改革的最高境界和理想模式,学校与企业真正实现人财物一体,教学与生产一体,学习实习与就业一体,教师教学与工作一体,学校生产经营活动与学校教学活动一体,尽管目前还比较困难,但已经在探索和尝试之中。如上海美艺美院建立由集团公司办学和企业总经理兼校长的模式,已初见成效;浙江工贸职业技术学院依托其原为厂办技校,现在学院办企业的特殊条件,在探索"资产+合约"为基础的校企一体化办学中取得了显著成绩;等,应该说是高等职业教育办学模式改革的方向。

(十)以专业群为基点的校企合作有机体建设

所谓校企合作有机体制,是指高职院校依托某个或某类企业和与其紧密相关的专业(群),进行互惠合作,构建其教师即专家、学生即员工、实训基地即工场的机制,同时,实行教师与专家互动互聘工作路径。如浙江金融职业学院会计专业群借助信用管理专业条件,与浙江众诚资信评估公司合作,在校内建设校企合作有机体工场,把企业信用评级的中间操作性和技术性工作搬到学校,由学校教师、学生、公司员工共同完成相关环节工作,实现了教室即工场,教学即工作,作业即报告,教师即专家,学生即员工的统一,取得了显著改革效果,大力促进了人才培养质量提高。

(十一)以专业群为基点的校企合作共生体建设

高等职业教育在加强和重视就业工作的同时,应该鼓励和支持学生就业,注重培养学生的创业意识、创业能力,正因为这样,商贸类、计算信息类专业通过培养学生创业能力,构建学校与学生创业公司的校企合作,不失为校企合作的新路,浙江金融职业学院这几年就是这样探索的。浙江金融职业学院鼓励商贸和计算信息类专业学生创业,学生创业后建成的公司与学校进行校企合作,通过合作带动学生创业的扩展和在校生创业面的扩大,从而形成学校教学与校企合作企业共生态发展的良性互动机制,应该说是校企合作可持续的一条新路。

三、现阶段校企合作存在的问题

总体而言,高等职业教育的校企合作在实践中不断推进,形式在不断创新,内容在不断扩展,成效在不断显现,其成绩应予以充分肯定,但我们也必须看到的是,由于种种原因,当前许多存在于高等职业教育发展中的关于校企合作的问题仍未有效解决。

(一)国家缺少校企合作的法律法规

总体而言,国家对职业教育的发展是十分重视的,为职业教育的发展也创造了十分有利的条件和环境,但国家提倡和鼓励的多,约束与考核的少。在这样的背景下,部门和企业的自由选择度很高,环境好的积极一些,本单位需要的积极一些,相反的则消极一些,故约束机制或者如何来构建职业教育的体制机制问题还没有解决。

(二)学校与行业企业的互通机制难以建立

一方面是因为 20 世纪末和 21 世纪之初时大量行业办的职业学校和行业特色型大学纷纷进行管理体制调整,从而使职业教育与行业之间缺乏体制粘连,使本来就存在的校企合作体系不能有效建立。另一方面,由于企业的单位性质和学校的事业性质,两者在资产转移、利益分配、人口流动等方面还缺乏有效的机制和渠道,也就是说,校企之间有效的利益机制还难以真正建立,在这种情况下,推进校企合作的难度自然会产生。

(三)学校服务企业的能力还有待大大提高

高等职业教育从一开始就确定了"以服务为宗旨、以就业为导向、走产学研相结合"的发展道路,因此,学校的科研和服务能力应该有一定水准,以服务谋合作,以服务求发展才有可能真正实现。但是,一方面是由于高等职业教育发展时间不长,大部分院校为中专升格或民办新建,教师队伍年龄轻、经验弱、社会资源少是共同情况,教师的科研和服务能力相对就跟不上行业企业发展的要求。另一方面,高等职业教育大发展之时,也是教师紧缺之时,各个学校的生师比比较大,教师教学和管理负担比较重,正因为这样,教师也不是很有时间和精力去从事社会服务工作。学校服务能力的不足,使有为与有位的对等、校企之间的互动产生了矛盾,也在一定程度上影响了校企合作的开展。

四、构建以专业(群)为基点的校企联合体的实践

(一)高等教育校企合作已形成共识,但仍浮于形式

2005 年,国务院颁布《关于大力发展职业教育的决定》(国发

〔2005〕35 号），接着教育部、财政部又相继颁布教高〔2006〕14 号文件和
16 号文件，启动实施了国家示范性高等职业院校建设计划，尤其是教
高〔2006〕16 号文件明确提出了"高等职业教育作为高等教育发展中的
一种类型"，"把工学结合作为高等职业教育人才培养模式改革的重要
切入点"，"加强实训、实习基地建设是高职院校改善办学条件、彰显办
学特色、提高教学质量的重点"，等等概念，有力推动了高等职业教育领
导的观念革命，促进了校企合作广泛深入展开。与此同时，2010 年颁
布的《中长期教育改革和发展规划纲要（2010—2020 年）》在认真总结
过去经验的基础上，进一步提出要把实施"工学结合、校企合作、顶岗实
习"的人才培养模式作为职业教育促进质量提高的重点。我们相信，随
着《教育发展纲要》的深入贯彻实施，一定会推动高等职业教育改革在
校企合作方面形成新的增长点。

　　应该充分肯定，几年来，我国高等职业教育界对校企合作的重要
性已认识到位，各地各校更有不少创新实践，对推进人才培养模式改
革产生了十分有益的作用，但总体而言，校企合作还比较宏观和抽象，
具体表现在：

　　一是学校层面的校企合作多，专业（系部）层面的校企合作少。目
前的一般情况是，由学校或职能部门与一些骨干企业签订战略合作协
议，界定校企合作的主要内容和基本要求，而系部尤其是专业层面的
则比较少，实质性的项目则为鲜见。

　　二是停留在校外教育、学生就业层面的合作多，集中在科技攻关、
社会层面的作用少。也就是说，校企合作的方式和内容主要是满足学
生顶岗实习或优先提供就业机会，功能相对比较单一，而真正合作开
展人才培养、员工培养的比较少，而双方有相结合开展科学研究和技
术攻关的更少。

　　三是企业为学校提供的帮助多，学校为企业提供的服务少。也就
是说，目前的校企合作，多半是学校出于评估考核，为学生就业等需要，

主动找企业合作的多,学校有求于企业的多,而真正互通有无、有机结合、合作共赢的比较少,有些甚至纯粹是碍于教师和领导情面的简单协议式合作。这与高等职业教育以服务为宗旨的办学定位,严重不相吻合。

(二)高等职业教育校企合作应该着力向内涵转变

如前所述,高等职业教育应走校企合作办学之路,这在政府和学校层面已经形成总体共识,正在不断推进和实践当中,实践也已经起到了明显的成效,尤其是全国 100 所国家示范性高职院校和新立项的 100 所骨干高职院校,借助创新示范、建设骨干的动力,在校企合作机制层面进行了积极的探索,并取得了实际的效果。但是从高等职业教育自身特点和运行规律来看,伴随着整个高等职业教育从规模扩张直向内涵发展、从单一层次走向体系构建,在校企合作机制和法制层面,应该着力于推进和创新,具体要求是:

一是功能上从单一型走向复合型。校企合作应该从初级阶段的协议式合作走向综合性协同,从单一的学生培养走向多元的人才培养(包括教师挂职锻炼和员工岗位培训),从主要发挥教育功能走向同时开展技术攻关和科学研究,真正按照高职院校的三大功能要求,实现全方位发展。

二是行动上从单向走向互动。也就是说,校企合作应该真正体现出互惠互利、互动共赢的目标,既有企业为学校服务,也有学校为企业服务,如为企业培训在职职工,包括岗前培训,转岗培养,提升培育新技术新功能轮训,为企业开展市场拓展、技术研发提供包括顾客需求、产品反馈、前沿技术和创新管理在内的信息、资源服务。

三是平台上从宏观走向基层。一般而言,高职院校都是有一定办学规模的,并由几十个专业和近十个专业群(院、系)组成,各个专业群有不同的服务方向,从而需要与不同的行业或企业合作,如果笼而统之地建立所谓校企合作体,那势必流于形式,很难联系紧密和真正合作起来,更容易走过场而求不到实效,看似热热闹闹,实则空空荡荡,如果能在专业或专业群层面具体展开,那就会因为专业相同,从而实现真正紧密型合作。

四是机制上从整体同步走向局部率先。在我国,无论是民办还是公办高职院校,都以一定的产权形式存在,变动起来比较困难,因而整体推进比较困难,而若干条件成熟的系(二级学院或专业群),则可以根据学校和企业(或行业、行业协会)的合作意愿率先在体制机制上突破和创新,建立真正校企合作的办学新机体,甚至可以在以政府主办为主的框架下,探索建立股份制或合作制办学实体,率先走出一条可供借鉴的道路出来。

五是形式上可以单一走向多样。也就是说,校企合作是一个广泛的概念,只要有利于学校发展,有利于学生培养,确保国有资产不流失,各种形式都可以大胆尝试,都应该得到鼓励。比如举办股份制合作办学机构,建设校内生产性实训基地,举办设计工作室,举办各种冠名企业订单班,进行楼舍和场馆捐资冠名,参加校董会,乃至共同建立股份制生产经营企业和独立法人的科学研究机构,等等。

(三)着力建设以专业群为单元的综合功能校企合作体

近年来,各地高等职业院校在国家法律法规范围内,解放思想、大胆创新,在校企合作方面进行了积极探索,取得了许多经验,尤其是国家示范性高职院校先行先试、大胆改革,更结出了许多成果。浙江金融职业学院作为国家第一批示范性高等职业院校建设单位,从 2006 年以来,紧密结合自身办学特点和优势,按照"传承行业优势、服务地方经济、培养实用人才"的办学定位,坚持"就业立校、服务强校、合作兴校"办学方针,以人才培养工作为主体,全面履行高职院校三大职能。在"行业·校友·集团"共生态办学模式推进过程中,在校企合作体制机制创新方面取得了显著成果,既推进了学生就业和人才培养质量的提高,也促进了学校继续教育、岗位培训和社会服务功能的拓展,全面提升了学校的综合办学效益,具体来说:

1. 以金融专业群为主体,构建校企合作综合体。金融专业群主要为银行类、证券类金融机构培养柜面服务与客户经营类基层一线复合型人才。学院充分利用、不断拓展合作机制,与浙江省内外银行和证券类机构联合组建以订单式培养为载体的银领学院、以开展岗位培训为主体的浙江金苑培训中心、以开展应用型研究为主体的浙江地方金融发展研究中心、以应用型人才培养为重点的应用型金融人才培养研究院、以考证考级服务为重点的技能鉴定中心,这五个功能主体连同金融系(教学单位)共同组成校企合作综合体,同时履行学生订单培养、学生实习就业、银行职员培训、社会人员考证考级的职能,供校、企、政共同实施发展战略研究或应用型研究。"十一五"期间,综合体每年为金融机构输送毕业生 1000 余人,共 6000 多人,培训在职员工约 28000 人次,考证考核 12000 人次,合作开展课题研究纵向经费约 100 万元,横向经费 200 余万;金融机构为学生奖学金捐款 500 余万元,金融专业群学生就业率 98% 左右,获得各类收入约 2000 万元,全面履行了人才培养、科学研究、社会服务三大职能,实现了学校教育与职业培训并举,全日制与非全日制并重的要求。

2. 以会计专业群为主体,构建校企合作有机体。会计专业群(会计系)是学校重要的教学单元,同时,学校充分利用各种有利条件创立了浙江众诚资评估公司,组建了专门研究机构——浙江众诚会计与信用研究中心,在这三个组织上,学院探索形成了校企合作有机体——众诚会计学院。浙江众诚资信评估公司以借款企业信用评级为主营业务,与金融机构联合开展评估,进而推进了三层次(公司、联评金融机构、参评企业)就业与合作网络的形成;众诚会计学院同时也拥有了人才培养、科学研究、社会服务三大职能。在相互合作过程中,教师教学即工作,学生学习即工作,企业合作即育人,会计系、评估公司、研究中心三方领导相互兼职,中层互任,人员互聘,成为一个合作共赢的有机体,同时又将传统的教室、实验室和工作室功能集成为学习工场。整个有机体形成了人力、财力、资源的对流共通、综合利用,有利于学生优质就业、对口就业和顺利就业目标的实现,有利于学校双师素质、双师结构、双师团队的形成,有利于企业人力资本、经营环境、社会现象的优化,创新了财经类高等职业教育的办学体制和机制。

3.以商贸专业群为主体,构建校企合作共生体。在我国高等职业教育中,商贸类专业占有很大的比重,这些专业毕业生就业有很大市场,创业有很大空间,而对这些学生的知识、能力、素质培养,后两者显得更为重要。针对上述情况,浙江金融职业学院商贸类专业群围绕不动产经纪、中小外贸企业开展校企合作,以培养学生创业能力为重点,把学生就业向创业发展结合起来,在与企业合作中教育培养学生,同时培养的一部分优质学生又创办新的企业,成为新的校企合作伙伴,从而实现了校企合作共生体建设的目标,使合作更有针对性、现实性和有效性。

总之,类似的合作模式还有很多,篇幅原因,恕不一一列举,各学校也都有实践。按照习近平总书记提出的坚持产教融合、校企合作,坚持工学结合、知行合一的要示,从高职院校实际出发,产教深度融合、校企紧密合作、工学相结合、行知高度统一,应该成为优质校学校的重点。

（执笔人：周建松）

第四章

抓好高水平专业建设

　　20世纪80年代以来，经过30多年的实践，我国高等职业教育创造性地探索出以校企合作为基础的办学模式和以工学结合为特征的人才培养模式。在这个过程中，作为高职院校办学和人才培养的基点，专业不仅是教育行政部门对高职院校办学的基本要求，也是行业、企业与高职院校开展合作的考量因素，更成为公众、家长、学生评价高职院校质量的重要参考。进入新世纪后，在教育行政部门发布的专业建设的相关文件中，示范专业、重点专业、优势专业、特色专业、品牌专业、一流专业、骨干专业等提法不一而足，但建设一批代表和反映我国高职院校办学实力和水平的专业和专业群是政策的共同指向。2015年《高等职业教育创新发展行动计划(2015—2018年)》发布后，参照高等教育领域一流大学和一流学科建设模式，高等职业教育领域也正酝酿开展高水平学校和高水平专业建设，这不仅是高职院校内涵建设之需，更是高职院校创新发展之路。

一、高职院校高水平专业建设动因分析

（一）专业与专业建设

1. 专业。中国古代教育中只有"科目"没有专业，近现代西方高等教育也是只设"院系"未设"专业"。《辞海》对"专业"的定义为"在教育上，指高等学校或中等专业学校根据社会分工的需要设立的学业类别"。《现代汉语词典》对"专业"的解释是："高等学校的一个系里或中等专业学校里，根据科学分工或生产部门的分工把学业分成的门类"。《实用教育大词典》对"专业"的定义是：高等学校或中等专业学校根据社会分工、经济和社会发展需要以及学科的发展和分类状况而划分的学业门类，高等学校和中专学校设置的各种专业，体现各自不同的培养目标和规格，制定各自不同的教学计划和课程体系。上述关于专业的表述尽管略有不同，但大意是相通的：第一，它是高等学校或中等专业学校中的学业分类；第二，它是根据科学分工或生产部门分工或经济社会发展需要而设立；第三，从国际比较看，它相当于欧美国家的课程计划。当然，也有许多学者认为，专业实际上是一种课程组织的形式或课程组合或专门"领域"。

我国高等教育中"专业"一词形成于1952年下半年，即中华人民共和国成立后第一次院系调整时期，它是模仿苏联教育的做法。《教育大辞典》里专业的定义译自俄文，是指中国、苏联等国高等教育培养学生的各个专门领域，大体相当于《国际教育标准分类》的课程计划。1952年在全国农学院院长会上，当时的教育部长马叙伦指出："高等学校中建立以系为管理单位，以专业为教学的主要机构。""专业"一词当时的解释是"一份专门职业或专长"，是"培养高级专门人才的目标"。自此后，我国高校中设置专业并延续至今，及至高等教育大众化后，高校之间出现了竞争态势,高校为争取市场、提高声誉,普遍注重专业建设。作为高等教育的一类新的机构的高职院校,从办学伊始就广泛认同并高度重视专业建设。

2. 专业建设。专业建设在高职院校发展中具有特殊的地位和作用。一是专业是职业教育的基本特征。基础教育讲课程,普通高等教育虽然也讲专业,但一般更多考虑学科,而中等职业和高等职业教育的基点是专业,专业是高职院校的基础和基点。二是专业是高职院校教学管理和活动的基本单元。高职院校而言,一般招生都是以专业为单位进行,人才计划、管理运行等也都以专业为划界,二级学院或学系划分,一般都以专业群为单位,专业教学指导委员会校内外实验实训基地等,大都以专业或专业群划分。三是专业是高职院校资源配置的基本指向。教育行政主管部门一般是对高职院校组织评定重点专业、特色专业、评定优秀专业带头人;而学校内部,一般也以专业为单位分配经费、配置人力,设立相应工作部门。四是专业建设水平也是高职院校人才培养水平的首位体现。一般地说,有多少重点专业、专业招生、就业情况、专业团队和带头人水准,都是学校办学水平的直接体现,也是人们评判的主要依据。五是专业结构特色也是学校办学特色的基本标志。有什么样的专业结构和特征,大致反映了学校的历史、现状、服务面向、服务能力,与普通本科相比,高职院校大多为行业特色型,其专业结构就非常有标志意义。

(二)从政策文本分析高职院校高水平专业建设动因

专业作为高等职业院校最为标志性的载体和基础单位,专业建设是高职院校内涵发展的重要抓手,本文将结合教育行政部门的政策文本对高职院校高水平专业建设的动因展开分析。

1. 《教育部关于加强高职高专教育人才培养工作的意见》。在高等职业教育作为推进高等教育大众化的重要抓手实施之初,教育部于

2000 年 1 月 17 日的下发了《教育部关于加强高职高专教育人才培养工作的意见》（教高〔2000〕2 号）（以下简称 2 号文）。2 号文对专业建设用了较大篇幅进行了阐析。其中提出：专业设置是社会需求与高职高专实际教学工作紧密结合的纽带，专业建设是学校教学工作主动，灵活地适应需求的关键环节。要根据高职高专教育的培养目标，针对地区、行业经济和社会发展的需要，按照技术领域和职业岗位（群）的实际需求设置和设置专业，专业口径可宽可窄、宽窄并存，同时要妥善处理好社会需求的多样性、多变性与学校教学工作相对稳定性的关系。要尽快组织制订《高职高专教育专业设置指南》，指导高职高专院校的专业设置工作，要尽快组建高职高专教育各大类专业教学指导委员，指导有关专业的教学工作，要以人才培养模式改革为重点，开展高职高专专业教学改革试点工作。

2.《教育部关于以就业为导向深化高等职业教育改革的若干意见》。2004 年，《教育部关于以就业为导向深化高等职业教育改革的意见》（教高〔2004〕1 号）同样对专业设置与建设管理提出了明确的要求，其中第二条是这样的：紧密结合地方经济和社会发展需求，科学合理地调整和设置专业。专业设置是社会需求与高等职业教育教学工作紧密结合的纽带，是学校工作主动灵活适应社会需求的关键环节，高等职业院校在调整和设置专业时，要认真开展市场调研，准确把握市场对各类人才的需求情况，根据学校的办学条件有针对性地调整和设置专业，省级教育行政部门应支持学校根据社会需要，按照技术领域和职业岗位（群）的实际要求灵活设置专业，同时，要将就业状况作为专业设置及其结构调整的依据，对就业率连续三年低于全省（自治区直辖市）平均水平的专业，应减少或停止安排招生计划，对不符合市场和社会需要的专业应予以撤销。

3.《教育部关于全面提高高等职业教育教学质量的若干意见》。2006 年，在高等职业教育大发展，规模上占居半壁江山的同时，教育部发布了《教育部关于全面提高高等职业教育教学质量的若干意见》（教高〔2006〕16号）（以下简称16号文）。16号文同样对专业改革与建设做了明确要求，其第三条即"为服务区域经济和社会发展，以就业为导向，加快专业改革与建设"，具体内容为：针对区域经济发展的要求，灵活调整和设置专业，是高等职业教育的一个重要特色。各级教育行政部门要及时发布各专业人才培养规模变化，就业状况和供求情况，调控与优化专业结构布局。高等职业院校要及时跟踪市场要求的变化，主动适应区域、行业经济和社会发展的需要，根据学校的办学条件，有针对性地调整和设置专业，要根据市场需求与专业设置情况，建立以重点专业为龙头、相关专业为支撑的专业群，辐射服务面向的区域、行业和农村，增强学生的就业能力。同时明确，"十一五"期间要推进重点专业建设，建立国家、地方（省级）、学校三级重点专业建设体系，加强行业企业和专业教学指导委员会作用，加强专业教学标准建设。

综观这些政策文件，其对高职院校高水平专业建设的要求和需求是清楚的，一是地位重要，二是服务区域和行业灵活适需，三是遵循必须重视规律，办出特色和水平，尤其是要坚持就业为导向。

二、高职院校高水平专业建设的重点

根据专业与专业建设在高职院校办学中重要性，教育部十分重视对高职院校专业建设的推进考核资助工作。早在2000年，教育部就以教高〔2000〕1号文件的形式发布了《教育部关于实施"新世纪高等教育教学改革工程"的通知》（以下简称1号文件）。在明确新世纪教改工程重要性的同时，对各类高等教育教学改革进行了部署，其中在高职高专教育教学改革实践中明确规定：开展有关专业大类人才培养模式与教学内容体系建设与改革，开展有关基础课程教学内容与课程体系建设与改革，开展高职高专专业建设、实践教学体系与实践教学基地建设、师资队伍建设、教学管理等方面的研究与实践,组织编写符合教学改革要求的高质量教材。应该说,1号文件具有方向性,对高等职业院校以专业为龙头的教学改革产生了积极而有意义的影响。在此基础上高职教育的教育教学改革全面展开。而专业建设,也曾确立了一批新世纪教改专业,至今仍有深远影响,并在此基础上,重点专业建设逐步展开和深入。

(一)国家示范高职院校建设中的重点专业建设

2006年,教育部、财政部联合启动的国家示范性高职院校建设计划,旨在遴选和培育一批办学定位准确、产学结合紧密、改革成绩突出、制度环境良好、辐射能力较强的高职院校,进行重点支持,带动全国高职院校办出特色、提高水平。《教育部财政部关于实施国家示范性高等职业院校建设计划加快高等职业教育改革与发展的意见》(教高〔2006〕14号)把专业建设放到了十分突出的位置,该文件在主要建设内容部分明确指出,加强重点专业领域建设,即中央在100所示范院校中,选择500个左右办学理念先进、产学结合紧密、特色鲜明、就业率高的专业进行重点支持,造就一批基础理论扎实、教学实践能力突出的专业带头人和教学骨干,建设一批融教学、培训、职业技能紧密和技术研发功能于一体的实训基地或车间,合作开发一批体现工学结合特色的课程体系,形成500个以重点专业为龙头,相关专业为支撑的重点建设专业群,提高示范院校对经济社会发展的服务能力。

与此同时,该文件提出的推进教学建设和教学改革、增强社会服务能力、创建共享型专业教学资源库等内容都是站在专业建设层面的要求,实际上也是重点专业建设所要包含的内容。

(二)国家骨干高职院校建设中的重点专业建设

2010年,在连续实施三批示范性高职院校建设计划并取得显著成效的基础上,教育部、财政部发布了《教育部、财政部关于进一步推进"国家示范性高等职业院校建设计划"实施工作的通知》(教高〔2010〕8号),明确提出新增 100 所左右骨干高职建设院校,其中也把重心放在了专业建设。内容是这样的表述的:主动适应区域产业结构升级需要,及时调整专业结构;深化订单培养、工学交替等多样化的人才培养模式改革,参照职业岗位任职要求制订培养方案,引入行业企业技术标准开发专业课程;推行任务驱动、项目导向的教学模式;探索建立"校中厂""厂中校"实习实训基地;试行多学期、分段式的教学组织模式,吸纳行业企业参与人才培养与评价,将就业水平、企业满意度作为衡量人才培养质量的核心指标,建立健全质量保障体系,全面提高人才培养质量。此外,文件对专业建设相关问题也提出了要求。

(三)高职院校提升专业服务产业发展能力建设中的重点专业建设

在全面提高高等职业教育质量和开展国家示范和骨干高职院校建设的同时,教育部、财政部于 2011 年启动了高职院校提升专业服务产业能力建设计划,在《教育部、财政部关于支持高等职业学校提升专业服务产业发展能力的通知》(教职成〔2011〕11 号)中提出重点支持高等职业院校专业建设,提升高职院校服务经济社会能力,明确引导和支持围绕现代农业、制造业发展重点方向,战略新兴产业、生产和生活性服务业等重点领域和地方经济社会发展需要;支持一批紧贴产业发展需求、校企深度融合、社会认可度高、就业好的专业进行重点建设,推动高等职业院校创新体制机制,加快人才培养模式改革,整体提升专业发展水平和服务能力,为国家现代产业体系建设输送一批高端技能型专门人才。文件又明确强调坚持服务和发展相结合,坚持重点突破和整体带动相结合,坚持学校主体和社会多方参与相结合,坚持区域特色与行业统筹相结合,同时要求推进校企对接,探索系统培养,强化实践育人,转变培养方式,建设教学团队,实施第三方评价。文件又明确支持建设的重点专业类型为产业支撑型、人才紧缺型、特色引领型、国际合作型。应该说,教育部、财政部的这一举措,对各学校整体专业建设水平有了较大推动和促进。

(四)《高等职业教育创新发展行动计划(2015—2018年)》关于专业建设的总体目标

2015年,为贯彻落实全国职业教育工作会议精神,教育部印发《高等职业教育创新发展行动计划(2015—2018年)》(教职成〔2015〕9号),文件共三大部分,其中主要任务部分又分为五部分,共计32条,在主要任务的第1条即为"提升专业建设水平",后在附件中明确的32个项目中又把骨干专业建设作为第一个项目,现将文件摘录如下:加强专科高等职业院校的专业建设,凝练专业方向、改善实训条件、深化教学改革,整体提升专业发展水平。支持紧贴产业发展、校企深度合作、社会认可度高的骨干专业建设。支持专科高职院校与技术先进、管理规范、社会责任感强的规模以上企业深度合作,共建生产性实训基地。面向企业的创新要求,依托重点专业(群),校企共建研发机构。面向国家重点发展产业,提高专业的技术协同创新能力,促进区域产业结构和新兴产业发展。探索发展本科层次职业教育专业,培养中国制造2025需要的不同层次人才。

三、高职院校实施高水平专业建设的背景及特征分析

上文从专业建设的基本概念出发,回顾了高等职业教育发展进程中关于专业建设的基本政策及主要举措,为我们进一步认识专业、重视和加强专业建设提供了基本参照。在新的历史条件下,建设一批高水平专业,既是支持和支撑高水平高职院校的核心内容,也必将大大

推动专业建设更好发展。

(一)建设高水平专业的重要性

高职院校实施高水平专业建设,我们可以从综合视角加以分析。

1. 提升高职教育办学水平的基础。我国的高等职业教育经过自20世纪80年代以来30多年的建设发展,规模上已占据高等教育的"半壁江山",截至目前全国高职院校数已经达到1388所,在校生规模已经超过1000余万,规模扩张既无必要,也无可能,提高人才培养质量,提升办学水平乃今后的主要任务。而高职教学以专业建设为龙头,只有专业水平提高了,相应的师资队伍建设、课程教材建设、保障条件建设改善了,办学水平的总体提高才有可靠的基础和可能,高水平专业建设在高职教育发展和水平提升中居基础和决定性作用。

2. 已有专业建设的积累成果效应所在。自高等职业教育作为我国高等教育的一个重要组成部分提出并开展以来,教育行政主管部门、财政部门一贯重视专业建设,各院校也把专业建设作为重点工作来抓,在国家示范和骨干院校建设中,也把专业建设做为龙头和重中之重来做,经过学校、省、国家各层次的推动,我国高职院校专业建设的理念已经建立,模式有所创新,条件有所改善,具备了建设一批高水平专业的可能性。

3. 支持和促进产业发展之必需。众所周知,专业与产业相匹配、相对接是高职院校专业设置和管理的基本依据。当前,我国经济正进入产业结构调整和转型升级的重要历史时期,在产业结构调整和转型升级的背景下,人才队伍尤其是一大批技术技能人才的适需和保证,是十分重要的路径和条件,因此,办好专业、建设高水平专业,对于我国经济新常态下实现转型升级具有十分重要意义。

4. 促进高等教育国际交流与合作的需要。我国经济社会正从大国向强国迈进,扩大国际合作交流,实施"一带一路"倡议是重要内容和重要路径;在这一背景下,我们既要吸收和借鉴国外优质教学资源,也要推广我国先进教学理念和文化,建设一批高水平专业,有利于适应"一带一路"倡议、走出去战略人才培养的需要,也有利于实施职业教育优质教学资源为国际化培养人才的需要,从而提高我国高职教育的国际影响力和综合水平。

(二)高水平专业的基本特征

高水平专业是一个学校长期建设积累的结果,应该具有较合理的定位,较宽广的市场,较好的办学条件和较大的行业企业和社会影响力。具体来说,至少应体现在以下几个方面。

1.定位相对稳定合理。高等职业教育既具高教性,又具职教性,主要培养具有较高适应性、职业化程度较高的技术技能人才,要在基层下得去、用得着、留得住,首岗适应、岗位迁移和职业发展都比较强。但不同于本科,也不同于中职,当然,也与传统高等专科不同,高等职业教育的专业必须在产业的经济社会中找到合理定位,同时在人才培养规格上有合理定位,在这一前提下,具有适应经济社会发展和市场变化的调适水平和能力,真正做到具有不可替代性。

2.办学条件相对优裕。办好专业必须有一定的条件支撑,如高水平专业带头人、可持续的教学团队、相对稳定的专任教师队伍,数量适当且教育质量高的行业企业中的兼职教师队伍,先进的校内实训条件和与就业相匹配的校外实践实习基地,等等,在互联网、云计算背景下,适应并具有较好的信息化条件和装备,相应地,学校举办该专业也应有一定历史。

3.办学理念清晰科学。一个专业要体现其高水平,必须有科学而清晰的理念来支撑,必须回答好培养什么样的人、怎样培养人和为谁培养人的问题,立足于培养好德才兼备的技术技能人才,贯彻好立德树人的根本任务,同时,高水平专业应积极探索先进的人才培养模式,课程建设模式和教育教学管理模式,探索形成专业建设文化和独特理念,具有鲜明办学和建设特色。

4.社会综合认可度高。高水平专业一般应当在以下方面体现社会认同度,一是考生欢迎度,可以同类专业考分和第一志愿率来衡量;二是学生稳定度,可用转入转出该专业情况来分析,转入加分、转出减分;三是毕业生就业率,包括就业率、签约率、对口率、稳定率等;四是学生获奖率,主要是指在各类评比和技能大赛上获奖情况;五是用人单位满意率,主要看行业企业和社会各界是否满意和好评。

5.科研和社会服务能力强大。人才培养是高职院校办学的第一职能,但科学研究和社会服务、文化传承与创新亦十分重要,作为职业教育的重要组成部分,高职教育的专业建设应当在技术技能积累中发挥作用。当然,专业教师结合行业企业发展,在开展产品和技术研发、服务中小企业等方面的能力也十分重要。作为高水平专业,在服务引领同类专业建设中作用发挥也十分重要。

6.国际交流与合作水平高。对于能够在国际合作交流,"一带一路"建设中具有特殊突出作用的专业,制订并推广出国际标准的专业,当特别支持。

根据上述条件,现有国家专业教学资源库建设的牵头专业当优先考虑。

四、高职院校高水平专业建设的主要路径

前面我们从专业建设的概念及其专业建设在高职院校中的重要性,回顾和解析了新世纪以来教育行政部门对推进专业建设的要求及重点建设的方略,虽然其中表述略有不同,但规律性的东西有迹可循。在新一轮优势、特色专业建设过程中,我们必须遵循规律,与时俱进,找准策略,努力办出特色和办出水平。在正确合理定位的基础上,着力抓

好几个方面的工作。

(一)要找准科学而合理的目标定位

高等职业教育是高等教育的一个重要类型,又是职业教育的一个层次,在目前的招生管理政策框架下,实际被界定为高等教育专科层次的职业教育,是高等教育对其的基本定位,也是高等职业教育框架对其专业建设的定位,要办好专业,必须从这一基本点出发,建立合理的人才定位,既体现出高教性又体现出职教性,当然更要体现出高教专科层次职业教育的具体情况。正因为这样,我们既不能好高骛远,脱离实际,也不能过于低微,达不了标,培养好面向基层一线,从事基本工种,开展基本业务的三基人才,是高等职业教育的专业人才培养基本定位。在此基础上,要按照发展创新、复合的要求,为学生人生和职业发展创造条件,打下基础,如多层次多方向选择,基层复合型定位,小班化强化,等等。只有科学合理定位,才是办好学校、办好专业的重要前提,也是实现高水平的逻辑起点。

(二)要把立德树人作为根本任务

高等教育有五大使命即人才培养、科学研究、社会服务、文化传承创新、国际交流合作,职业教育有三大任务即面向市场、服务发展、促进就业,但无论如何,高职院校的第一和最基本的职能是人才培养,办学校如此,办专业更是此,这是办什么样的学校,怎样办学校的关键,而落实好这一点,更必须解决好培养什么样的人,怎样培养人,为谁培养人的大问题,为此,必须做到:第一,必须坚持德才兼备,以德为先的原则,注重把马克思主义指导、社会主义核心价值观涵养作为重点,贯穿人才培养全过程,巩固马克思主义在育人工作中的指导地位,把我们的学生培养成为中国特色社会主义合格建设者和可靠接班人。第二,必须坚持就业导向,尽管人们对高职教育人才培养的直接目的有不同认识,一些学校和专业甚至更看重升学和出国深造,但我们认为,就一般负责任的学校和重点建设的专业而言,必须遵循规律,抓住根本,确立就业导向,把培养学生的就业观念、就业能力和岗位上的可持续发展能力作为重要导向。第三,必须把创新创业教育贯穿人才培养全过程,注重培养学生的创新精神和创业意识,采用通识理论课、实践平台和模块化教学等途径,为创新创业人才创造条件。第四,坚持素质教育和专业建设的有机融合,重视思想政治教育,重视人文素质教育,重视心理健康教育,重视身体素质培养,重视创新创业教育,构建全方位素质教育体系。

(三)要坚持"六业贯通"的人才培养理念

无论是人才培养方案的设计还是具体的实施,都应该有一个统一的理念,那就是建立以人为本、以学生发展为中心、以就业为导向的带有规律性的理念。该理念就是:第一,以办好专业作为出发点,办有特色,有社会需求,能满足适应社会需要的专业。第二,强化职业为特色,遵循高等职业教育的规律,突出职业化要求,注重培养学生的职业理想、职业情怀、职业良心、职业责任和职业道德,努力培养好高适应性职业化专业人才。第三,以注重学生为根本,以学生为主,必须在专业建设中体现重视学业的要求,强化基础课、文化课、专业课、技能课,并保证足够课时和基本考核要求,真正把学生的精力引导到学业上。第四,以重视就业为根本导向,注重引导学生能就业,有较强的就业能力,切实提高本专业就业率、就业对口率和岗位起薪率。第五,以鼓励创业为引领,要将创新创业贯彻全过程,引导一部分有创新精神、创业意识的学生直接创业,以创业带动就业。第六,以成就事业为目标,要善于把正确的理论和理念及方法,教育和传授给学生,授人以渔,尤其是要把正确的世界观、人生观、价值观教给学生,促成学生一生的成才成长和幸福生活。

(四)要科学制订和有效实施人才培养方案

专业人才培养方案是人才培养工作的总体设计和实施蓝图,制订好人才培养方案十分重要,为此,第一,是要认真贯彻党的教育方针,遵循教育教学和人才培养规律,落实党中央一系列教育工作决策部署,牢牢把握办学方向和人才培养宗旨,正确处理知识、能力与素质的关系,处理好基础理论与专业知识的关系。第二,要广泛开展社会调查,尽可能听取行业企业对人才培养工作的意见和建议,听取毕业校友的意见和建议,积极创造条件聘请社会用人单位参与人才培养计划的制订,针对不同行业和企业的需求,人才培养方案应具有空间和弹性,并留有订单培养等余地,留有适应新技术、新业务的余地。第三,要制订小班多样的人才培养方案,不同生源应有不同的方案,针对不同领域也应该有一定的弹性,要允许学生以特补短、以长补短,使方案考虑不同生源,能满足不同需要。第四,要重视人才培养方案的实施跟踪,坚持动态管理、持续跟进、发现问题、及时调节、适时改进,以提高人才培养方案的实效。

(五)要构建起校企合作办专业的良性机制

开放合作办学是高等职业教育的重要特征,也是培养好应用型人才的前提,新建本科向应用型本科转型,其重点就在这里,对此,在教育部的历次文件中,都明确要求专业建设必须面向社会需求,面向行业企业,建立紧密而有效的校企合作机制,对此,我们必须有落实和保证。第一,必须有主导产业的依托,这是办专业的逻辑前提,是办好专业的保障,也是专业人才培养和服务的重要保障,必须从区域和行业需求分析出发,科学而正确的定位,确定专业办与不办,办大办小,怎么办。第二,按六合一要求建立专业建设指导委员会,作为合作发展、合作办学、合作育人、合作就业和推进学生工学结合、知行合一的长效机制,六合一指导委员会是指一个专业建设指导委员会,同时是一批行业企业兼职老师,一批学生就业基地,一批学生社会实践基地,一批教师挂职锻炼基地,一批教师社会服务基地。第三,积极开展订单培养和现代学徒制人才培养,也就是说,以社会需求为导向,以紧密型校企合作为契带,积极创造条件,创造人才培养模式,大力开展订单式人才培养和现代学徒制人才培养,进一步提高人才培养的针对性和有效性。

(六)要以高素质教师队伍建设作为支撑

办好专业,做好人才培养工作,必须有一支高水平、高素质教师队伍作为支撑,所谓名师出高徒,严师出高徒,教书育人就是这个道理。第一,必须培养和造就好专业带头人,专业带头人可以是个体,也可以是一个小的群体,他们作为专业人才培养的主要设计者,专业主干课程的主要承担者,专业教学活动的具体组织者,发挥着至关重要的作用。必须大力打造专业人才队伍并进行有效激励,使之发挥积极作用。第二,必须建立老中青三结合的教学团队,尤其是要建立起青年教师的有效的培养机制,充分发挥中老年教师的作用,形成良好的团队效应。第三,必须把专业兼职教师结合起来,尤其要重视聘请具有一线业务经营经验和技术的同志担任兼职教师,杰出或优秀的本专业毕业校友尤其可贵,真正实现专兼结合、双师组合、机制融合,提升综合育人功效。

(七)要重视和加强微观教学组织建设

专业建设要有效推进,必须重视和加强教学微观组织建设,构建起良好的教学组织执行机制建设。对此,我们的建议是:第一,一个专业必须有一定教研室组织保证,并有效而充分地发挥教研室的功能,积极创造条件,把党支部建在专业上,实现专业教学团队、专业教研室、专业党支部的三位一体,抓实人才培养的微观教学组织。第二,必须统筹抓好人才培养方案的具体落实和落地工作;从重视课表到抓实课程、搞活课堂,从抓好教材到丰富课余、发展课外,形成系列化"课"体系,提高教学工作有序性、有效性。第三,要重视教学质量保证体系建设,加强专业和课程标准建设,加强课堂管理,加强督导评价工作,促进教学工作务实有效。

(八)要注重内外教学条件和教学基地建设

专业人才培养工作要得以实施,必须有一定的教学条件保证,要办一个高水平专业,尤其要有先进的教学条件做保证,至少应该是:第一,大力引进和推广先进教学技术,尤其是用云计算等先进教育技术武装老师,将它应用在教育教学中。第二,要建好完整的校内实验实训基地,营造信息化、真实化环境,加强校内实践育人工作,增强课堂教育教学效果。第三,积极创造条件,通过校企合作等途径建设一批校外实践基地,并努力实现校外基地教学化,在真实的工作环境中提高学习功效和专业人才培养质量。

(九)要积极创造条件开展国际合作

国际化是大势所趋,国际职业教育也有许多成功经验和可取模式,要办一个高水平的专业,开展国际合作也是重要路径之一。在国际合作中,可以吸收其在办学理念、课程建设、教学资源、培养模式等方面的有益经验,使我们的人才培养更多地具有国际化视野和跨文化交流能力,尤其是当前国家提出"一带一路"倡议,如何适应国家走出去战略要求,培养好高素质技术技能人才,我们必须更加自觉、更加主动,力争更有成效,至于具体的合作模式应从实际出发,鼓励多种探索和实践。

(十)要重视专业文化建设

专业建设发展到一定阶段和一定水平,应该探索形成自己的文化,要立足于从历史、区域、行业、职业、器物等多种情形和要素,探索和构建专业文化,并形成相应的理念和体系,对于一些专业建设历史悠久、职业特征相对鲜明、专业规模较大的专业或专业群,我们应当把专业文化建设摆到十分突出的位置,如会计专业中诚信及其修养,不做假账及其实践,合理避税及其法律,等等,应该探索形成并上升到文化层面,每个学校在人才培养创新实践过程中,从学校历史现状、专业布局格局、就业市场需求等出发,实践总结形成的不同模式都可以进行总结,如浙江金融职业学院会计专业近十年来探索形成的"三双"即双素、双能、双证会计专业人才培养实践已有其特定的文化基因和特质,可以进行文化提炼,从而进一步引领实践。

上述方面是笔者所分析的高职院校高水平专业建设的一些主要路径。事实上,要办好一个高水平专业,必须在各个方面有更高的目标、水准和要求及良好的实现机制,同时,要在人无我有、人有我优、人优我特、人特我强上下功夫。正是从这种意义上说,专业教学资源库建设,专业文化培育和凝练,面向职场的专业教师培养,也应该是重要的内容。

(执笔人:孔德兰)

第 五 章

建好高水平师资队伍

　　教师是办学的主体,在学校建设和发展中起着十分重要的作用并具有无比巨大的影响力,没有高水平的教师队伍,不可能支持和支撑起一所高水平大学。正如清华大学老校长梅贻琦先生所言:所谓大学者,为大师之谓也,非大楼之谓也,也正因为这样,各学校都十分重视师资队伍建设,在国家示范建设、骨干高职建设等过程中,尤其把高水平教学团队建设放在重要位置。在创建学校和建设优质学校过程中,应当切实加以重视。

一、师资队伍建设的基本出发点

(一)高等职业院校师资队伍建设的逻辑起点

　　1.职教性是高等职业教育的基点。高教性和职教性的统一是人们对高职教育的基本判断。然而,具体的理解则不尽相同,有姓"高"名"职"者,有姓"职"名"高"者,又有"高职"复姓者,或重在强调高教性或重在强调职教性,但笔者始终认为高等职业教育就是高职复姓。具体而言,它是基础的职教性和发展的高教性的有机统一体。基础的职教性,就要求我们在建设师资队伍时,必须考虑行业、职业、产业、企业对人才培养和师资队伍的要求,把了解实际,具有实践能力作为教师队伍的重要要求。

2.高教性是高等职业教育的属性。职业教育是一个完整有机的科学体系,包括初级培训、中等职业教育、高等职业教育等,即使是高等职业教育,也有更丰富的内容和多重的层次。高等职业教育作为职业教育的高等层次,它同时属于我国高等教育的重要组成部分,因此,人才培养工作也应该体现高等教育属性,因而,对师资队伍也应该有科学性、学术性的要求,也就是说,教师也应该有学术和科研能力。这是对教师的基本要求。

3.行业(区域)面向是高等职业教育的特点。这一特点表明,高等职业教育不同于一般的综合性高等学校,它往往是或一般应该是专属于行业或区域之下的,这就是说,高职院校一般由某个地区或某一个行业主办主管,主要为某一行业或某一区域服务,正因为这样,行业(区域)特点、行业(区域)文化应该是高职教育办学的特点和重点,也应该成为师资队伍建设的重要导向。

(二)高等职业院校师资队伍建设的基本要求

从高职院校作为院校的共同特点看,其师资队伍建设应该有三个最基本的要求,即:

1.数量适当。与学校办学规模相适应,专业门类相协调,高职院校应该使教师队伍在数量上保持充足适当,必须满足生师比的基本要求,比如现在一般认为16:1是高职院校师生比的一个适当指标。当前的情况是,由于学校规模发展快,又考虑成本等因素,不少学校尤其是民办学校存在教师数量不足乃至严重不足的矛盾,这应该引起我们的重视。

2.素质精良。素质精良是一个内涵丰富的概念,作为教师,其主要任务是育人,因此,教师首先必须具有良好的师德师风、良好的道德素质,从某种意义上说这是最为重要的;其次,不同类型的学校对教师也有不同的素质要求,作为高教性的高等职业教育,教师应该具有较高的文化层次,接受过高等教育是最基本的要求,接受过研究生教育乃至博士教育也应该是重要的导向,尤其是博士,应该是目标追求。除此之外,高职院校的教师应该有作为教师的基本素质,如语言表达能力、形象、品质、风度和人格影响力等。

3.结构合理。学校教育不同于社会培训,它要培养相应学历层次的人才,因此,必须实现知识、能力、素质的有机统一,而要达到这一目标和要求,其人才培养方案本身就应有丰富的内容和合理的结构。在课程设置上,基础课程(马克思主义理论、思想道德修养、法律法规教育、军事体育艺术)、专业课程以及专业基础性课程等,在结构上要趋于合理,这也使得课程结构对教师队伍建设不仅有总量要求,而且有层次要求,并且要以合理的结构来支持和完善数量和层次的要求。与此同时,高等职业教育作为高教性、职教性和行业(区域)性三者统一的复合体,本身就是一个非常重视结构的整体,也就是说,高等职业教育教师的结构问题更加重要,应体现办学特色和发展需要。

(三)高职院校师资队伍建设的特殊要求

如前所述,建设一支数量适当、素质精良、结构合理的教师队伍,这是对高等院校教师队伍的一般性要求,高职教育要办出特色,办出水平,就必须从高职教育的特点和要求出发,满足其特殊性要求,包括:

1.双师组合。高等职业教育高教性与职教性的统一,尤其是职教属性为基础的特征,就决定了结构问题在高职院校师资队伍建设中的重要地位,同时,能够体现职教属性的师资结构特征就是双师组合。从队伍配比看，既要有会上理论课、从事学理性教学的教师，也要有会上实践课教学、从事实践指导的教师；从教学能力看，教师既应该有较高的学术和理论水准，也应该有较强的实践能力；从职业准入看，教学人员既应该取得教师资格证，同时也应该取得执业资格证，或者说，高职教师应该是同时具备高校教师资格证和行业执业资格证书的教学工作人员，这就是我们通常所说的双师组合的教学团队。

2.专兼结合。如果说双师组合是高等职业教育师资队伍结构建设的重要要求，那么如何来实现双师组合就显得十分重要。就个体而言，某个教师有双师结构、双师素质、双师能力，这固然非常重要，但现实生活中，受体制机制和个人潜质等各方面影响，客观上比较困难，也难以持久有效。相对科学有效的办法是通过校企合作、校行结合、校政协作的途径，建立起相对固定又动态优化的兼职教师队伍体系。同时，积极推进专任教师挂职锻炼机制的形成，以真正实现专兼结合的建设目标。专兼结合，能够较好的解决理论和实践结合的问题，培养学生知识、能力和素质的统一。

3.机制融合。专兼结合在理论上容易成立，但在实践上仍然比较难操作。近年来，不少高职院校以示范建设为动力，做了大量探索和实践，也取得了可喜的成果，但这些探索和实践较多地停留在感情交流、相互支持等基础层面，并建立在个人层面上。因此，机制十分脆弱，要真正做到专兼结合，必须在机制融合上下功夫。具体方法有，国家（或）地方教育行政主管部门和劳动人事部门，面向社会公开选拔一批兼职教师，规定条件，经过选拔，确定资质，并实行年检制度、培训制度和薪酬制度，高职院校根据对口和需要决定聘任。这实质上是说，一是专兼结合教师队伍建设要从学校层面走向教育和人事部门。二是要突破人才部门（单位）所有制界限，实施优秀人才社会公共所有制。三是由社会、教育、人事和学校,企业共同建立兼职教师融合教育的机制。

（四）高职院校师资队伍建设的个性要求

无论从哪个角度看,教师的个体素质,是教师队伍建设的基础,广大教师的良好素养和水平,决定了高水平教师队伍的形成,教师个体素质至少包括以下几个方面:

1.强调三种经历。这是说,一个合格的、优秀的教师必须具有三方面的经历:一是高等教育的学历,如果能够有硕士乃至博士的学历则更好;二是企业经历,不仅要了解行业企业的情况,有行业企业从事具体工作的经历,而且应该把了解行业企业,在行业企业挂职实践成为制度;三是育人履历,这是教师教书育人职责的要求,是要求教师有丰富的育人工作的经验和经历。

2.注重三项能力。这是说,一个教师至少必须具备三方面的能力:一是教学和指导实践的能力,不仅能教好一门或者两门课,而且要有指导学生具体做的实践能力;二是育人和指导职业生涯规划的能力,能真正做到教书育人,做学生的知心朋友,指导学生科学规划人生,实现人生科学和谐发展;三是科研和社会服务能力,教师必须充分利用自身优势,积极开展科学研究和社会工作,为行业企业、政府决策,为社会进步、企业发展做贡献。

3.推进三方融入。要实现教师的成长和发展,必须积极创造条件。为教师成长和为社会贡献创造条件,一是融入政府部门,提高服务决策能力。高等职业教育办学过程中,必须以政府为主导,因此,了解政府的需求,研究政府的动向,必须为高职院校的教师所关注。二是融入行业企业,提高服务社会的能力。高等职业教育发展必须以行业为依托,了解行业,服务企业,以行业发展为指导,应该成为高职教育发展的主旋律,作为学校干部和教师,应该切实把融入行业企业作为重点。三是融入科研院所,提高学术服务能力。高职教育是高等教育的重要组成部分,必须在加强职教性建设的同时,着力高教性建设,提升科研能力和水平,更好地为社会服务。

二、重视和加强高职院校专业带头人培养

在高职院校的队伍建设中,专业带头人是一个特殊的群体,也是最为重要的人才队伍群体。它既是师资队伍建设的重要组成部分,同时也是管理队伍建设的重要组成部分,或者确切地说,他们是教学研究和教学管理的复合型人才。因此,如何培养和造就一支高素质的专业带头人队伍,对于深化内涵建设,推动高职教育可持续发展,促进人才培养质量的提高,办出特色,办出水平,意义十分重大。

(一)专业带头人作为高职院校独有概念的提出

众所周知,在普通高等院校,学科(术)带头人是一个非常注目的概念和范畴,培养和造就一大批学科(术)带头人已经成为高等学校共同的任务。而在生产经营单位或者科研单位,则通常套用技术带头人这一概念来培养和造就学术梯队。政府部门尤其是科委、人事厅等部门也都采用如"151""百千万"模式来推进人才队伍建设,但较少出现专业带头人这一概念。

专业带头人之所以成为高职院校独有的概念,是与高等职业教育的特点相适应的。高职教育作为一种新型的高等教育形式,它的任务是培养适应生产、建设、管理、服务第一线需要的高素质、高技能、应用型人才。它直接面向职业岗位和岗位群设置专业,以专业为单元构建教学管理体系。从科学的角度看,它应该建立以专业为单元的事业部管理体制,但受到现实运行中诸多观念的影响,院、系两级管理成为基本模式。但无论如何,专业建设已成为高职院校办学和教学管理水平的重要指标,教育部颁发的多次评价体系都把专业设置、专业管理、以专业为单元的建设作为重要指标。国家示范高职建设明确提出以专

业建设为龙头。相应地,作为高职院校,专业带头人被摆到了重要的位置。

作为高职院校独有意义上的专业带头人,它主要是指负责专业人才培养方案设计、专业教育教学组织,专业学生管理(包括专业思想巩固、专业学风建设、专业就业目标确立)、专业就业市场开拓等工作的负责人。当然,专业人才培养方案设计和专业教育教学的组织是最重要的。它既包括对市场的调研,人才市场需求的预测;也包括对教学内容的取舍和选择,师资队伍结构的设计,尤其是专兼结合教学团队的组建,教育教学工作的具体落实,本专业校内外实践(实训)基地的建设等。正因为这样,专业带头人(专业主任)的职责可能是由教研室主任履行的,但工作职责一定比教研室工作内涵更深,范围更广,要求更高。

按照专业建设和管理的要求,高职院校的每一个专业至少应有一名带头人,且要形成梯队。大的专业或主体专业应该形成一个专业带头人组织,一般应有 3 人;即使是小的专业,也应该有 2 名以上具有副教授及以上的专业技术职务的教师作为本专业带头人,以其为骨干,引领和带动整个专业的建设和发展。

从高职院校建设和发展要求看,造就一支高素质的专业带头人队伍是非常重要的。这是因为:第一,考察一个高职院校的办学水平,首先必须看这个学校有没有一定数量的建设稳定、规模较大、水平较高、市场占有量大、外部影响力强、招生受到考生青睐、就业受到市场欢迎的专业。如果这一点具备了,高职院校的情况一般都是比较好的。第二,高职院校以就业为导向办学,就必须以就业为导向组织教学,并以此设计人才培养模式和方案,其设计运行的主体就是以专业为单元。第三,专业建设的成败,既取决于学校办学的总体水准和办学条件,更在于专业带头人的组织和推动。若干较为成熟、受到市场欢迎的、具有品牌与特色的专业建设的成功,将成为学院发展的坚实基础。正是从这种意义上说,专业带头人及其整体队伍建设在高职院校是非常重要的。

(二)专业带头人必须具备的素质要求

如前所述,无论从高职院校的办学特点,还是专业建设的要求看,专业带头人应该具有综合性的高素质,是真正意义上的复合型人才。

1.专业理论知识和业务能力要求。顾名思义,专业带头人首先必须是专业学术上的带头人,具有较强的专业理论知识和过硬的本专业业务能力。在本专业业务和学术领域,他应该具有较强的学术水平和学术影响,具有过硬的或较好的专业背景,为对口专业或相关专业的硕士及以上学位获得者,具有本专业或相关专业副高职级以上专业技术职务等。或者在本专业领域有丰富的实践经验和工作业绩,如果专业带头人是本专业领域的知名专家,具有广泛的学术和社会影响,自然更有利于专业的建设和发展,也有利于专业市场的开拓,有利于本专业毕业生就业工作的顺利进行。

2.专业教学设计和组织统筹能力。专业带头人要在学院教务管理部门指导下,具体负责本专业教学计划(人才培养方案)的设计,课程和教学内容的安排,并将教学计划和人才培养方案组织实施。这就要求专业带头人不仅要懂得本专业知识和理论,而且要求专业带头人必须懂得教育、教学规律,熟悉教学管理,成为教学管理方面的行家。

3.学生组织和专业班级管理能力。专业带头人与教研室主任本质上的不同点在于,他既要管教,也要管育,其中管育是十分重要的一条。一个优秀的专业带头人,很希望自己是指导本专业的班主任,直接或间接进行班级的学生管理,即使不担任班主任工作,一般也要求专业带头人负责学生专业思想的巩固,负责始业教育,负责学业就业指导和教育,负责毕业教育。每一个学期,每一个教学阶段负责安排学生的实习、实践、实训,包括认知实习、见习、综合实践、毕业实践等。如果实行工学交替办学模式改革,推行订单式培养,则专业带头人还要负责安排教师带队和实习培养单位的协调工作。因此,了解学生、熟悉学生、带领学生、指导学生、培育学生也是其职责之一。

4.外部市场预测和开拓能力。一个优秀的专业带头人不能局限于做一个造诣高深的学术领域的专家,一个踏实工作的内部管家,还应该是外部市场的积极而有效的开拓者。因为高职教学必须以就业为导向,以就业为导向就必须正确面对市场,必须了解市场,必须适应市场形势变化,必须开拓新的市场;建设一支以从事生产建设、管理服务的一线专家和业务骨干为主体的兼职教师队伍;建立一定数量的就业、实践基地,满足毕业生就业市场发展需要的产学合作网络。即使是人才培养方案的设计,也需要在大量市场信息调研的基础上才能形成。因此,市场开拓能力是专业带头人重要的素质和能力要求。

5.专业教研室内部的凝聚力和横向协调能力。一个专业就有一个专业团队,一个学校的主体专业或专业群便是一个很大的团队。本专业的专业课教师可能有10多人,再加上需要开设思想品德课、法律课、体育艺术课、专业基础课,公共选修课等,才能完成整个内部教学计划。在杭州下沙高教园区这样的高校聚集区,还有高校之间的合作共享机制。因此,专业带头人要真正把专业建设好,把本专业毕业生的就业工作做好,必须在提升自我、完善自我的同时,用有效的激励机制,以率先垂范的方法凝聚和调动本专业全体教师的力量,推进本专业团队素质的提高。与此同时,要加强校内横向协调,主动争取人事、教务、学生、财务、设备、招生就业部门以及其系部和教研室的支持与协作,这就对专业带头人提出了更高的要求。

6.专兼结合教学团队的组织凝聚能力。一个专业,必须有一个专兼结合的教学团队,而且应该是互补共享共建的有机共同体,正因为这样,专业带头人,不仅要管好内部,更要研究外部,组织教学指导委员会,组织兼职教师,聘请行业企业专家等,而他(她)本人,则是一个总指挥、总策划。

(三)如何培养和打造一支高素质、高水平专业带头人队伍

如前所述,专业带头人为提高高职院校教育质量所必需和所特有,同时又具有很高的能力与素质要求,足见建设一支高素质专业带头人队伍在高职院校改革发展中的重要作用。正因为这样,打造一支高素质专业带头人队伍也是高职院校所必需和迫切的。

1.充分认识这支队伍建设的重要性。在高职院校,培养和打造一支高素质专业带头人队伍,不仅是必要的,而且是十分迫切的。这是因为我国的高职院校大多由中职升格而来,另有一部分为社会力量新建,教师队伍薄弱,专业带头人、学术带头人缺乏,这是一个相当普遍的现象。即使在新高职发展已十年的今天,这种现象仍然存在。而专业带头人应该是学术带头人基础上的复合型人才,更显得珍贵和重要。正因为如此,重视专业带头人,不仅仅是教学部门的事,也不是某个局部的事,而是全校整体的大事,必须纳入党委、行政工作的重要议事日程,成为党政工作一把手所要抓的重要工作,必须成为全院的共识。

2.花大气力用硬措施挑选和培养。专业带头人在学校人才培养工作中的重要性和对其能力素质的高要求,决定了必须着力挑选和培养。首先,要立足于培养,要把对事业忠诚、对工作负责、有培养前途的中青年教师通过专业深造、实践部门挂职、工作岗位上锻炼等途径,使其提高水平,达到作为专业带头人的要求。其次,要积极引进,要放开视野,解放思想,着力从实践部门和高等学校、科研院校有针对性地加以选聘,让选聘的优秀人才经过培养训练尽快达到高职院校专业带头人的要求。再次,可通过公开竞聘的方式,注意发现本单位各方面的人才,从中选拔和发现专业带头人。

3.建立科学有效的激励机制。培养和造就高素质的专业带头人队伍,必须建立健全激励机制。要制定专业带头人的补贴标准和考核办法,要保障专业带头人的条件和工作待遇,形成专业带头人的梯队,建

立专业带头人的淘汰机制,从而真正形成干与不干、干多干少、干好干坏都不一样的工作机制,充分调动专业带头人工作的积极性。加大和吸引更多的优秀教师充实到专业带头人队伍中来,吸引到专业带头人的竞聘机制中去。

4.构建政府部门的支持和培养机制。国家和省有关部门应该从高职教育特点出发,建立高职院校专业带头人专项培养机制,由教育、人事、财政、科技等部门联合,乃至行业、外事等部门参与,用财政专项及办法,辅助于出国和锻炼的多重办法着力培养专业带头人,根据情况可建立国家、省、校级三级带头人培养机制。

5.营造专业带头人重要和光荣的氛围。在高职院校,专业带头人有大量的工作要做,甚至可以说有做不完的工作,我们既不能只给专业带头人布置工作,压担子、提要求,也不能设置许多目标和指标,没完没了地考核和评价。压担子是必需的,提要求也是必要的,考核评价、布置工作也是必然的,但是更重要的是要为其创造工作环境和工作氛围,营造专业带头人重要、光荣的氛围,并积极创造条件,使专业带头人的权益得到根本保障,待遇得到切实提高,条件得到充分落实。

三、注重培养和打造高职院校学术带头人

(一)高职院校建设和发展需要学术带头人

高职教育既是我国高等教育的重要组成部分,也是我国职业教育的有机组成部分。有人曾精辟地分析道:相对于我国整个高等教育而言,高职教育是一种新型的高教形式;相对于职业教育而言,中职教育是主体,高职教育是龙头。因此,实现高教性和职教性的统一,承认高职复姓,是高等教育发展的内在的、必然的要求。在此认识前提下,高职院校学术带头人的建设必须纳入重要工作日程。

1.发挥高职院校整体功能需要学术带头人。我们认为，高职教育的主要任务是培养适应社会主义现代化建设的生产、建设、管理、服务第一线需要的"下得去、用得上、留得住"的高素质、高技能应用型人才，注重学生能力的培养是高职教育的重要特征，也是贯彻以就业为导向的教育改革的重要内容之一。而要培养学生的操作能力，教师本身具备较强的业务能力是前提，"能"师才能出高徒。同时，双师型教师对高职院校提高教育质量、办出特色和水平是非常必要的，必须纳入高职院校建设和发展的重要议事日程。但是高职院校作为中国高等教育的重要组成部分，必须全面履行高等院校的四大基本职能，在做好人才培养工作的同时，以知识贡献、社会服务等途径展示和提高自己。而在高职师资队伍素质提升上，没有一定数量、具有较高水平和社会影响力的学术带头人引领，是难以实现高职院校高水平、高质量办学目标的。

2.提高高职院校教育质量需要学术带头人。高职院校实现人才培养功能、提高教育质量，必须加强师资队伍建设，形成一支素质精良、结构合理、数量充足的师资队伍。其中结构合理是十分重要的，它包括年龄结构、学科结构、专业结构、学缘结构、权威结构等内容。在此过程中，培养一部分理论造诣较高的学术带头人和实践操作能力较强的双师型教师对于优化师资队伍结构具有重要价值。如果没有一定数量的学术带头人，至少说明高职院校的师资队伍结构是不尽合理的，也难以实现高水平的教育质量，培养高素质的人才，引领高职院校科学发展。

3.加强高职院校专业内涵建设需要学术带头人。高职院校必须抓专业内涵建设，必须拥有有一定特色和办学水平的学科，这是学校事业发展的必然要求。而专业和学科建设必须有一定数量和较高质量的学术带头人来引领，通过学术带头人的引领，才会形成充满生机的专业建设格局，才能推动学院工作的全面展开。古今中外学校发展的实践证明：能否培养并切实发挥高水平的学术带头人引领作用对于形成有特色和水平的学科与专业具有决定性影响。

4.提升高职院校社会形象需要学术带头人。高职教育作为一种新型的高等教育形式,不仅要培养人才,而且要服务社会;不仅要招生就业,更要实现长久可持续发展。因此,学院必须有一个良好的社会形象。我们可以这样说,许多社会人士发掘和研究学校资源,往往是从一批乃至几个学术带头人身上开始的,是从这一点出发来判断学院的办学实力和水平的,而能否承担科研和社会服务项目,也需要学术带头人来支持、组织和带领,其作用毋庸置疑。正因为如此,学术带头人于虚于实,于名于真都非常重要。

由上述分析可见,在高职院校发展过程中,我们必须充分认识学术带头人的重要性,并花力气培育和打造一批高水平学术带头人,为高职专业建设、人才培养、科学研究和文化传承创新服务。

(二)充分认识学术带头人的积极作用

高水平学术带头人是学校的旗帜。一个学校所拥有的重量级的学术(科)带头人,不仅是推动学校学术发展和教育质量提高的重要力量和宝贵财富,更是学校改革创新、彰显魅力的关键所在。高职院校作为我国高等教育的重要组成部分,要体现高教性与职教性的统一,必须将学术(学科)带头人的培养摆到重要位置,以弥补历史上形成的高职院校师资结构中的相关人才"短板",这一任务比一般高等院校来得更为紧迫和关键。学术带头人在高职院校的作用主要体现在:

1.组织作用。学术带头人眼光敏锐,能攻克难关,在学术研究中,能够起主导作用,能够被同行广泛认同。因此,他们在学术研究中组织或开展较大课题的研究,依靠自身的学术影响力对学校其他教师乃至整个学校科研工作的开展起着引导和影响作用。这种影响力和组织力在许多情况下是教育行政部门和学校党政领导无法代替的,充分重视并积极创造条件发挥学术带头人的这种作用,对一所高职院校来说是很有意义、很有价值的。

2.示范作用。学术带头人是一个个体，是教师队伍中的一员。由于其科研能力较强，科研成果丰厚，一般都会得到同行的广泛好评。他们进行学术研究的经验对其他教师有启迪作用和影响作用，也有借鉴作用；往往成为其他教师学习的榜样，他们的成果、成功、成就对同行一般都具有良好的示范作用。

3.激励作用。学术带头人的作用和工作业绩往往成为其他教师新的工作参照目标，往往会提高其他教师的心理期待，促成其他教师的学术追求。在学术带头人的引领下，一部分上进心强的教师会感到上升的空间和追求的动力；一部分上进心欠缺的教师则会感到心理的压力，如果转化积极效应，往往也会成为积极向上的因素，形成相互之间的"比、学、赶、帮、超"局面，带动整个教师队伍的提高、发展和成长，促进学校良好学风、教风、校风的形成。

4.凝聚作用。一所成功或者说有成就的学校，一般都有一定数量的学科、专业和学术（学科）带头人。在学术带头人的旗帜下，凝聚和吸引着一大批教学研究人员，形成相对比较合理的学术分工，组成学术梯队，往往以研究所、教研室或院系的形式出现，形成正面合力。如果没有一个学术带头人，就难以凝聚一批学界青年精英，相应学科的发展势必会受到影响。学术带头人的存在、培养和提高往往会带动一个学科乃至一个学科群的发展，其凝聚人心、凝聚力量的作用不可小视。

由此可见，学术带头人无论何时何地均有重要作用，在高职院校更加具有举足轻重的影响。

（三）认真研究高职院校学术带头人的素质要求

作为高职院校的学术带头人，既要有一般高校学术带头人的共同的素质要求，也要有与高职特点相适应的特殊要求。总体而言，主要表现在：

1.个人品德。学术带头人由教师中的高水平分子组成,首先必须具有良好的师德修养和内涵,要热爱祖国、热爱科学,忠于职守,为人师表。与此同时,学术带头人应有崇高的事业心和强烈的敬业精神,具有开拓创新的勇气和不怕困难、不怕失败、百折不挠的勇气,具有健全的人格和品德。此外,作为学术带头人还必须淡泊名利,立足奉献,具有为科学而献身的精神、为事业而奉献的精神、为团队而牺牲的精神。

2.专业水平。学术带头人,顾名思义,就是在某一领域具有较深的学术造诣,能够发挥专业带头作用的人,因此,专业功底扎实是最基本和起码的素质。学术带头人必须对所从事的专业和学科有渊博的知识,对本学科前沿领域的发展有清晰的了解,同时也有宽厚的基础理论和不断学习、积极进取的习惯;有较强的科研水平与能力,能充分利用现代科学技术、方法进行学习、教学和科研。

3.能力素质。对于学术带头人而言,创造性思维能力是最为重要的。当今时代是一个创新的时代,创新需要多种能力;第一,要善于思考,会勤学、多思、常练、举一反三;第二,要有发散性思维,发散性思维对符合原则又高于现实的创造性能力而言尤为重要;第三,要有与自己研究领域相关的特殊技能与能力,这是形成富有个性的科研特色所必需的能力,这种能力为他们攻克科研难题提供了可能和条件;第四,要有人际交往能力,这是一个专业带头人能够在工作中与他人合作,形成和谐的人际关系,组织形成科研团队的重要条件。

4.心理素质。作为学术带头人,必然会面临一般教师所没有的心理压力。科研工作需要大量投入,但投入与收效没有正比关系,甚至投入未必有成效,理工科研领域尤其如此。因此,作为学术带头人,必须性格开朗、心胸豁达,有稳定的情绪、积极的情感,能够在遇到外界变化和内心情感起伏时用理智控制情绪;身处顺境、取得成果时能戒骄戒躁,不断努力进取;反之,能百折不挠,充满乐观和自信,以坚强的毅力,努力争取最终的成功。

当然,学术带头人也是有层次的,也是相对的,正因为这样,对其素质和能力的要求,也是相对的。但需要指出的是,专业带头人毕竟是少数,因此,较高的综合素质是必需的。

(四)积极构建有利于学术带头人成长的培养机制

对于高职院校而言,推进学术带头人培养机制建设,既要遵循一般规律,更要发挥积极性、创造性,形成自身的特色。具体来说:

1.解放思想、更新观念,高度认识学术带头人对学校发展的积极作用。对于高职院校要不要培养带头人的问题,事实上还存在不同的意见和声音。不仅不同学校之间会有不同认识,同一学校不同领导人之间认识也不尽一致,高度更有差距,力度更有轻重,强度更值得讨论。我们以为,作为一所高职院校,要快速实现办学升格、管理升级,要实现规范、办出水平,要提高质量、提升内涵,尤其是要办人民满意的教育,必须抓实专业、课程、办学条件、教风学风、师资队伍、图书信息资料等基本建设,尤其把师资队伍建设作为重中之重,花大力量,用大投入,筑大系统,而学术带头人是其要件之一。

2.制定目标,工程推进,通过选拔、培养方式推动学术带头人队伍建设。对于一所学校而言,培养和造就一批学术带头人,首先要在统一认识基础上,形成和制定明确的目标,即根据学院发展的不同阶段,提出不同的要求,找出相应的行动目标,特别是采用工程管理的方法加以实施和推进,如浙江省"151"人才战略、江苏省"333"人才战略、浙江金融职业学院的"2388"人才战略、中国工商银行的"百千万"人才战略等,都是在明确目标基础上用工程推进的方法加以推进,用纳入工程管理的方法进行鼓励,从而有力地支持和促进学术带头人更快、更好地成长。

3.重点扶持,建立机构,以鼓励奖励为主推动学术带头人的成长。学术带头人培养需要考核评价,需要建立竞争、激励乃至淘汰机制。但是学术研究毕竟是一项艰苦的工作,在当今人生观、世界观、价值观多元的情况下,比较科学有效的方法应该是实行精神激励和物质鼓励相结合,政策扶持和考核评价相统一,即:以鼓励为主,辅之一定的考核;以资助为主,辅之必要的评价;以创设条件为主,辅之相应的压力催生。从而为学术带头人成长创造宽松的条件。

4.优化环境,形成氛围,努力让学术带头人感到自豪。学术带头人的工作是一项高强度的工作,且往往不是一项立竿见影的工作,需要宽松的条件、宽容的态度、宽厚的氛围。作为一个单位尤其是单位的领导人,一定要尊重人的个性,倚重人的德能,注重人的发展。以人为本,尊重知识,尊重劳动,尊重创造;鼓励创新,允许试错,宽容失败。为学术带头人成长、发展和工作创造极好条件,崇尚和支持、鼓励成名成家,使学术带头人不仅有荣誉感,而且有成就感、幸福感。这样,创新、创造和成果会源源不断,成长会更加宽松。

四、切实加强青年教师队伍建设

(一)青年教师培养成长的总体要求

1.高扬师德旗。教师是人类灵魂的工程师,应该有良好的师德风范和职业道德。敬业爱岗,忠于学校,热爱学生,应该是教师的基本师德。教师应自觉地按照社会主义核心价值的要求,用马克思主义中国化成果武装自己,坚定中国特色社会主义理论信念,弘扬爱国主义、民族精神和时代精神,带头遵守社会公德和教师职业适德规范。

2.过好教学关。教学是教师最基本的功夫,熟练把握课程教学,熟悉课堂教学技巧,熟知课外活动组织,应该是青年教师认真研究的重点,从某种意义上说,能否担负起一两门主要课程的教学工作,并在课堂上发挥较强的作用,应该是一个青年教师开展工作的最基本要求。

3.练就科研功。人才培养、科学研究、社会服务是学校的三大功能，也应当是教师的三大职责，具体到个人身上会有不同的侧重。但对于一个青年教师来说，科研功夫和能力会是其成才成长成功成名的重要因素，从某种意义上说，它会起重要和决定性作用，因此，科学研究的方法、技巧、功底应该修炼。

4.提升育人力。教书和育人是人才培养的基本功夫，在一线教学中深化育人，在机关工作中推进育人，则是教师的重要使命。教书育人虽是一个整体，但也具有不同技巧和方法，作为育人的要求，也有其规律性可探，更有具体工作可做。学习青年学、心理学、社会学，掌握工作技巧和方法，则会起到事半功倍的效果。对于青年教师而言，直接从事班主任、辅导员等一线工作，也许更受锻炼，更有意义。

5.形成服务能。高职教育的特征是开放办学、校企合作，培养的人才是面向一线？联系实际的。在这种情况下，青年教师既要在教学过程中与行业企业取得联系获得经验，也要在联系实际过程中形成服务的能力，尤其是如何了解行业企业的发展变化、发展信息、发展资源，充分利用自身的知识、能力和素养，增强服务行业、企业的能力和水平，为行业、企业发展做贡献。

6.修得发展果。每一位青年教师应该努力从实际出发，结合自身的优势和特点，充分利用执教课程、从事专业的有利条件，形成自己的特点，培育自己的特点，形成自己有特色的成果，在较快的时间内修得发展果，作为自己职场成功的胜利之果、幸福之果、甜蜜之果。

(二)青年教师培养成长的具体路径

在学校，青年教师是最为活跃的群体，也是最富生命力的群体，青年教师往往也是承担最繁重、最艰巨任务的群体，在培养阶段挑大梁，在成长过程担重任是其基本特征，正因为这样，作为青年教师成长规律而言，具有以下特征：

1.基本轨道。一年适应岗位：利用一年左右的时间适应教书育人的岗位要求，做到适应环境，适应人文，适应教学。三年成为骨干：利用三年左右的时间，能够在本校教书育人领域全面或某一方面发挥骨干教师的重要作用。五年成为尖子(五年顺利转岗)：利用五年左右的时间，成为本单位教书育人的尖子，即能够成为院、省乃至更高层次项目的主持人，或者顺利成为复合型岗位新工作的适应者。七年成为宝贝(七年担当重岗)：利用七年左右的时间，能修炼成为本单位教书育人、教学工作的中坚力量，在各项聘任中能成为各部门的首选，为师生所公认和爱戴。九年成就事业：利用大约九年的时间，成为本单位挑大梁的人才，从事教学工作功夫过硬，从事育人工作品格可靠，从事管理工作业绩过关，实现专业很精的发展或综合全面的成长。一生幸福平安：青年教师德、智、体、美全面得到锻炼，德才兼备、又红又专，为成为正品、争做佳品、力创极品打下良好基础，奠定一生良好发展、平安幸福的基石。

2.基本要求。一是讲好一门课程，并力争让该课程成为优质精品课程，这是青年教师必须顺利达到的标准，合格必须，优秀争取。二是带好一个班级并努力使之成为学风模范班级，这是青年教师育人工作水平的重要标志和体现，也是青年教师在教书育人岗位上立足的基点之一。三是形成一批成果并争取让该成果成为优质成果，促进青年教师多出成果，出好成果，尽快彰显出个人才华和业绩，这也是教师职场成功的主要标志之一。四是融入一个专业并尽快成为中坚，这是适应高职教育特点和要求，充分发挥青年教师作用和才能的重要途径和平台，也是青年教师进一步发展的基础。五是加入一个团队并努力成为骨干，这就要求青年教师融入集体，把握机会，并积极争取机遇，使自己在团队中发挥作用。六是结对一个企业并努力使其成为紧密型合作伙伴。这是青年教师适应高职教育特点和要求，加快理论联系实际，推进校企合作、工学结合的重要途径，也是青年教师拓展渠道、全面发展的条件和路径。

(三)青年教师培养成长的重点分析

青年教师是中国高职教育现有教育工作的承担者,也是未来发展重任的担任者。应该加大对青年教师的培养力度,增加锻炼机会,拓宽使用渠道,当然,更应该有具体路径和发展设计。笔者以为,从高职教育教师要求看,重"三历"、强"三化"是最基本的。

1.重"三历"。第一,企业经历。高职教育的要求,强调的是理论与实践相结合,培养的是高素质技能型专门人才,应用型、技能型、操作型是基本特征。因此,作为青年教师尤其是专业课教师,其从事行业企业工作的经历是非常重要的,因为有经历才会有感受,有感受才会有感悟,有感悟才会促进教育教学。第二,育人履历。育人是教师的基本功,也是教师的基本职责。育人的履历会增进教师对学生的了解、理解和热爱,从而改进、优化和提升教学工作,促进教育教学水平的提高,从某种意义上说,也有利于解决教与育两张皮的矛盾。第三,博士学历。博士学历既是一个要求,也是一个象征。它实际上要求教师具有扎实的理论修养和功能,具有较强的分析问题、解决问题的能力,较扎实的学术规范和基础,即深厚的基础积淀。只有这样,才能达到"要给学生一杯水,教师必须有一桶水"的要求。

2.强"三化"。第一,职业化意识。高等职业教育是高等教育,也是职业教育,必须遵循高等教育和职业教育共同的规范和规律,为此,教师必须有较强的适应专业特点的职业化意识,并有实践感知。第二,信息化能力。当今社会是知识化、信息化时代,掌握信息化手段,学会用信息化本领,既是教师从事教学工作的基本条件,也是教师与学生交流和获取知识信息的重要途径,从而成为教师的基本功。第三,国际化视野。教学要面向未来,面向世界,面向现代化,这是邓小平同志提出和倡导的方针,高等职业教育面向实际接轨国际,培养的学生具有处理中国具体工作的能力并具有国际视野,应该是基本目标,这就要求青年教师学在前列,走在前列。

(四)青年教师培养成长的基本方法

建设一支素质精良、数量充足、结构合理、适应发展的青年教师队伍,既是各学校的具体任务,也是整个战线的工作要求,既是教育发展的要求,也是人才工作的重要内容,必须通过科学的方法加以推进,具体思路是:

1.舆论引领。必须从舆论上加强对青年教师队伍建设重要性的认识,形成加快建设一支高素质青年教师队伍的舆论氛围,创造有利于青年教师早挑大梁,快速成长,脱颖而出的人文环境,鼓励和引领青年教师勇立时代潮头,勇担发展重任,勇做业务尖兵。

2.工程推动。对青年教师的培养,无论是人事部门、党政部门、科技部门还是教育部门都应该研究并争取有力有效措施加以推进,而对于各类学校而言,更应采取建设工程加以促进,如:浙江金融职业学院的"青蓝工程",用中老年教师结对培养青年教师的方法;青年教师国际化工程,即鼓励青年教师强化外语了解国际,提升教师双语教学能力和国际文化交流能力;青年教师博士化工程、资助青年教师攻读博士学历的方法等。实践证明这些措施都是非常有效的。

3.组织培养。青年教师培养既需要本人自觉和主动作为,需要上层来推动和促进,也离不开组织部门有计划、有步骤地加以培养。划拨专项经费,建立专门组织,采用专门方法培养和打造高素质青年教师队伍,既是组织人事部门的职责,也是教学科研工作部门的使命,更应该成为各单位党政主要领导的重要工作,必须认真加以落实。

4.自我修炼。从本身意义上讲,青年教师的成长,应该是教师自己的事,如果没有教师的自觉和修炼,没有自身的热情和能力,外部的力量可能也是有限的,外因只有通过内因才起作用。激发青年教师的事业心和进取精神,应该是共同的责任和追求。

5.考评促进。实践证明,建立科学有效的经济和考核机制,既是培养青年教师的有效路径和方法,也是解决青年教师培养有效性的科学路径。在青年教师一线开展比、学、赶、帮、超活动,开展评比达标考核活动,一定会在很大程度上促进青年教师培养工作的有效开展。

6.鼓励超越。从人文环境建设上说,我们应该打改变资排辈、按资历论贡献的传统做法,而应解放思想,开拓创新,积极创造条件,鼓励青年教师快速成才,出类拔萃。为此,既要为青年教师常规发展铺路,也要为青年教师超越发展搭桥,更要为青年教师特别发展设专线,形成比、学、赶、帮、超万马奔腾的繁荣局面。

关于青年教师的培养,各个学校都十分重视,如浙江金融职业学院针对青年教师占比大、数量多的情况,专门建立特殊制度,并出台了《浙江金融职业学院青年事业发展纲要(2016—2025)》,提出了五个"明确"和十项计划,切实加以推动。

诚然,对于高等职业院校来说,兼职教师队伍也是十分重要的,各校也有不同做法和措施,限于篇幅,本处不展开分析。

(执笔人:周建松)

第 六 章

重视加强科学研究

科研实力和科研水平历来是高等学校办学实力和办学水平的重要标志之一。科学研究是高职教育的重要职能之一,高职院校科研工作的实质是为促进人才培养、社会服务及文化传承在更高水平、更高层次上的实现,科研既是高职院校内涵式发展的重要体现,又是实现高职院校可持续发展的重要保障,其为人才培养、社会服务和文化传承提供智力支撑。

一、高职院校科研工作的现状与问题

(一)现状

1. 科学定位,科研工作目标方向明确。经过近三十年的发展,我国高职院校办学目标和方向进一步清晰。与此同时,高职科研也已经跳出过去的模糊定位,2009 年 11 月 16 日和 23 日,由《中国青年报》刊发的两篇文章引起了一场职教界内外关于高职院校能否搞科研的争论。

2011 年 6 月 27 日，首届全国职业教育科研工作会议召开，发出了加强职业教育科研工作的动员令，争论尘埃落定。客观上，高职院校提出要重视与加强科研问题也是自身发展的必然诉求，因为科研实力和水平是高职院校实现办学水平、层次提升的坚实基础。各院校在认清现实与自我的基础上，从自身专业能力和技术能力实际出发，在开展高职教育教学研究的同时，侧重于开展对小项目、专业特色项目、应用型项目等方面的研究，在促进学校办学发展的同时，为行业企业的发展和本区域政府的决策提供力所能及的智力支持，推动促进区域经济社会发展的社会服务的开展。高职院校应真正从高职教育发展特点和基本规律出发，确定科研目标和方向定位，这样的科研发展才会有生命力，才能得到学生和社会的认同并实现可持续发展。

2. 院校重视，教师科研意识明显提升。在经历了规模扩张的发展时期后，高职教育逐步进入内涵深化阶段。各高职院校普遍重视科研工作，在做出关乎学校发展决策时，在人、财、物等方面均给予科研工作一定的倾斜支持。对高职院校人才培养数据平台数据的研究表明，各高职院校科研经费普遍逐年增长，部分高职院校科研经费更是翻倍增长，如建设一批协同创新中心、哲学社会科学重点研究基地、重点实验室和大师（技能）工作室，购置必要的研究设备和材料，保证师生教学需要的同时，努力打造研究平台，形成了一定的研究成果；各二级学院（系、部）对引进带科研项目的高层次人才绿灯放行，并提供专门的研究启动经费给予支持；在激励产出科研成果方面加大奖励力度，激发师生开展科学研究工作的兴趣和热情，这些方面的重视和良好的政策环境均极大地调动了师生特别是教师开展科研的积极性，教师科研意识明显提升。

3. 创造条件，夯实院校科研基础能力。随着高职校企合作、产教融合办学模式的不断推进和深化，特别是在国家和各省（自治区、直辖市）实施高职示范院校和骨干院校建设进程中，高职院校抓住机遇，在狠抓教育教学改革和实习实训基地建设的过程中,努力创造条件,为师生建立起开展产学研教融于一体的校内外各种实习实训科研基地。高职院校师生参与企业技术研发、产品升级改造越来越多,积极投身教育教学研究和企业产品开发与技术革新,在做中学,学中做,科研能力得到提高,科研水平不断提升,也从根本上改变了企业行业对高职研究实力的偏见。随着国家和高职教育示范实训基地的建立,一批可用于开展科研工作的先进仪器设备、场所应运而生,围绕培养高素质技术技能人才的目标,高职院校的科研工作同专业建设、师资队伍建设、服务行业企业的需求紧密结合起来,坚持有所为、有所不为原则,根据学校的特点和传统,有重点、有针对性地开展科研基础能力提升,在做实科研平台的基础上,力争形成自身独特的比较优势。

(二)问题

在认清高职院校科研工作整体现状的同时,我们要敢于直面和认真反思院校在科研工作中存在的不足与问题。这些不足与问题主要表现在以下五方面:一是从总体看,院校科研氛围逐步形成,教师科研意识在提高,但开展科研的动力尚显不足;二是教师个体科研能力在逐步提高,但有些研究机构名不符实,科研团队建设还有待加强;三是初步培育了各自院校的研究领域,但专业学科特色和研究优势还不够明显,有些院校追求"大而全""小而全",没有做实做专做精科研,高层次、高质量、高水平的标志性成果较少;四是校企合作的横向课题和科研项目较少,科研服务产业、行业、企业能力及成果应用转化有待增强;五是科研管理工作科学化水平尚待提高,激励与约束并重的科研运行长效机制尚需进一步完善。这些不足与问题都在不同程度上制约着高职院校科研工作的有效开展,亟待深入研究并切实加以改进解决。

二、高职院校科研工作特征

高职院校科研工作定位由高职教育特征决定,要科学定位高职院校科研工作,必先准确把握高职教育的整体特征。经过近三十年的发展,我国高职教育的发展呈现出以下三方面的重要特征。

(一)高教性与职教性的统一

作为一种教育层次,高职院校以培养生产、建设、管理、服务一线高技能人才为目标,同时为区域产业和经济社会发展服务。2014 年,国务院《关于加快发展现代职业教育的决定》(国发〔 2014 〕 19 号)指出了发挥高等职业教育在优化高等教育结构中的重要作用。文件强调,要发挥高职院校在职业教育科学发展和建设现代职业教育体系中的引领作用,要加强职业教育与高等教育间的沟通,成为架设在不同教育类型间为学生多样化选择、多路径成才的"立交桥",培养服务区域经济社会发展的高素质劳动者和技术技能人才。

(二)教育链与产业链的统一

作为一种教育类型,高职教育人才培养定位要求高职院校更加重视教育与产业的深度融合,打破了传统学校的封闭,跨越了企业与学校、工作与学习的界域。产学合作、工学结合等教育教学改革,产教融合、校企合作充分体现了这种职业教育跨界的本质和特点。这就要求高职院校必须打破在学校里办教育的思维定式,形成系统集成,采取跨界行动,坚持校企合作、工学结合,强化教学、学习、实训相融合的教育教学活动,推动专业设置与产业需求对接,课程内容与职业标准对接,教学过程与生产过程对接,毕业证书与职业资格证书对接,推进校企一体化育人。

(三)服务需求与就业导向的统一

作为培养高素质劳动者和技术技能人才的教育,高职院校要适应技术进步和生产方式变革以及社会公共服务的需要,坚持以服务发展为宗旨,以促进就业为导向,服务区域发展,提高青年就业能力。德国著名职业教育专家劳耐尔提出"现代职业教育应采取并行教育路径。现代化教育结构的实现,建立在职业教育与学术教育——等值而非同类的主导思想的基础上"。为此,高职院校要加强产学研合作,重点围绕服务企业特别是中小微企业的技术研发和产品升级构建教师立体化培养机制,从而使高职院校教师能够胜任服务发展需求和促进青年就业的光荣使命。

三、高职院校科研工作的任务与原则

(一)任务

如前所述,科学研究是高职教育的重要职能之一,其功能发挥是为促进人才培养、社会服务及文化传承在更高水平、更高层次上的实现,这一基本功能为高职院校科研实现多样化的任务提供了理论和实践依据。

1. 为人才培养提供研究支撑。教学与科研是高校两个不可分离的系统,二者直接为人才培养、经济建设和社会发展服务。对于高职院校而言,这种不可分离性体现得更加明显。科研是源,教学是流,科研是产生知识的源泉,教学是传播知识的过程。只有做研究才能激活知识,从而在教学内容上吸引人,而不仅仅知识在教学形式上吸引人。科研的过程是发现和解决问题的过程,而教学中出现的问题为科学研究提供了重要的研究资源,相应地,科研的结果便形成和丰富了教学的内涵。从这个意义上讲,教学和科研不是矛盾的,是相互促进,相得益彰的。美国教育家博耶反对重科研轻教学的状况,力主"凡是有大学生要教育培养的地方,都必须把高质量的教学工作作为基本的要求"①因此,确定了专业建设在人才培养中的龙头地位,从高职教育的现实需求入手开展教育科学研究创新,为人才培养提供研究支撑。构建基于高职教育现实需求的教学研究体系,在进行高等职业技术人才的培养标准、专业人才培养中存在的问题、以市场为导向的新专业和新课程的开发、校企联合开发实习基地及实训教材等常态研究的同时,重点开发具有校本意义和地域特征的教研项目,并结合本校的专业优势和课程特色,针对高职院校的教师特点、生源结构和教学运行规律开展以可持续发展为基点的教育科学研究,并将研究成果用于教学实践。

2. 为区域经济社会发展创造智力成果。高职院校的办学定位基于服务区域特别是当地经济社会发展。一方面,高职院校通过培养高素质技术技能人才推动区域经济社会发展,这体现在教师探索高职教育规律、提高教育教学效能的研究过程中,这种研究旨在深化教师对高职教育的认识,并通过反馈和指导教学提高人才培养质量;另一方面,高职院校通过产学研合作主动服务产业转型升级。与企业与科研所合作,通过技术研发、咨询和服务提升区域产业能力,为区域经济社会发展建言献策,通过开展应用性研究,更好地为政府的决策奠定理论基础,借助研究成果为服务政府科学决策和科学规划提供智力支持,并在研究中形成其独特的比较优势,从而在与研究型大学和科研院所错位竞争中产生科研的社会效益和经济效益。

3. 为中华优秀传统文化和职业文化传承搭建平台。文化是人类特有的现象和符号系统。作为意识形态的一种重要体现,文化借助于意识和语言而存在。马克思、恩格斯在《德意志意识形态》中运用唯物主

---

① [美]欧内斯特·博耶:《美国大学教育》,复旦大学出版社1988年版,第14页。

义的观点,提出文化起源于人类物质生产活动的思想。此后,1876 年,恩格斯在《劳动从猿到人转变过程中的作用》中指出,文化就是人化,人的对象化或对象的人化,起源于人类劳动。我国人民教育家陶行知曾言"文化是人类创造出来的,固然是非常的宝贵,但它也不过是一种工具而已,不能当作我们教育的中心。人为什么要用文化?是要满足我们人生的欲望,满足我们生活的需要。"①在这个基础上,他指出"文化要以参加做基础,有了这参加的最低限度的基础,才能了解,才能加上去。"②学校的文化传承功能集中表现在学校育人功能的实现过程中——学生个人在这个过程中成长发展。美国教育家克拉克·克尔认为,学校本身是文化和价值观的多样性的一个实际例子,并能作为学生考虑这些问题的模式。考虑不同的人和文化在不同的情况下如何对共同的问题做出反应,应该引导学生理解和懂得多样性。③ 也即是克拉克·克尔在另一本书中特别强调英国教育家帕蒂森所言之塑造"人"的过程。④ 高职院校通过哲学社会科学研究,将人类宽广视野中的文化融汇到校园之中,在深刻把握校园文化以及各种亚文化的基础上,进一步确立文化校园建设的价值取向及实现路径,为中华优秀传统文化和现代社会职业文化传承搭建起连绵不断的载体与平台。

(二)原则

1.应用性原则。科研根据研究工作的目的、任务和方法不同,通常划分为基础研究、应用研究与开发研究三种类型。应用研究是把基础研究发现的新的理论应用于特定的目标的研究,它是基础研究的继

---

① 中央教育科学研究所:《陶行知教育文选》,教育科学出版社 1981 年版,第 113 页。
② 同①,第 114 页。
③ 〔美〕克拉克·克尔:《高等教育不能回避历史:21 世纪的问题》,王承绪译,浙江教育出版社 2001 年版,第 41 页。
④ 〔美〕克拉克·克尔:《大学之用》,高铦、高戈、汐汐译,北京大学出版社 2008 年版,第 109 页。

续,目的在于为基础研究的成果开辟具体的应用途径,使之转化为实用技术;开发研究又称发展研究,是把基础研究、应用研究应用于生产实践的研究,是科学转化为生产力的中心环节。根据高职院校的性质和实力,科研重点应放在应用研究和开发研究上。对于高职院校而言,前者主要包括教育教学改革研究和应用技术咨询与服务等;后者主要包括课程、培训包等教学资源的开发和应用技术的开发、成果的推广和转化等。同时,高职院校教育教学改革研究和应用技术开发、咨询与服务等科研注重解决教育教学和生产服务中产生的具体实际问题,并根据其创新性和应用效益等进行评价。通常来说,高职院校不主张开展纯理论的基础研究,不苛求理论体系的完整性。一言以蔽之,高职院校的科研工作必须以教育教学改革研究和与生产第一线紧密结合的应用研究为主,应用研究要"落地"和"接地气",这样的研究才可能达到反馈教学、反哺教学,提高人才培养质量的功效。

2.教育性原则。1809年,德国教育家威廉·洪堡首次提出教学和科研的统一性原则,主张在一种批判性、创造性的复杂思维活动中将教学和科研形成一种连续发展的统一体。[1] 同样是德国的教育家赫尔巴特在19世纪提出了"教学的教育性原则",因为在他看来,"远非一切教学都是教育性的"。为此,赫尔巴特倡导"教育性教学",这是一种能够使人"高尚而不是变坏"的教学。[2] 20世纪90年代后,美国教育家博耶将"学术研究"扩展到教学领域,将"教学的学术研究"纳入"学术研究"的范畴。[3] 这些思想值得我们重视。基于以上教育思想,我们确立高职院校"科学研究的教育性原则",以此作为规范高职院校科学研究

---

[1] 赫尔曼·勒尔斯:《经典的大学理念:洪堡构想的大学观念的起源及其意义》,《外国高等教育资料》,1990年第3期。

[2] [德]赫尔巴特:《赫尔巴特文集3》,浙江教育出版社2002年版,第214—215页。

[3] 国家教育发展研究中心:《发达国家教育改革的动向和趋势》,人民教育出版社1994年版,第20—31页。

活动的基本价值取向和行为准则。高职院校科学研究的教育性原则,意指高校中的科研活动都应有利于教育目标,尤其是德育目标的实现。它所规范的主要是教师的科学研究行为,所调节的主要是科研活动中的师生关系。高职院校大多是由原来的成人高校转制和中职学校升格而来,原来的成人高校和中职学校教师主要精力放在教学上,就研究而言也主要从事一些教学研究,因此,对高职院校而言,要充分发挥这个传统优势,进一步整合教学和科研资源,科研团队与教学团队应尽可能二合一,以更好地实现其教育目标。

3.开放性原则。开放性是在应用性和教育性的基础上派生出来的一个重要原则。开放性产学合作人才培养是高职院校的特点和优势。从高职院校的开放合作的办学定位和办学体制出发,高职院校无论从生存还是从发展的角度,都应把重点放在教育教学研究中,基于实践的校本研究以及基于生产一线实际的应用技术开发服务上。开放性强调校企合作开展科研协同创新,这就要求高职院校协调和整合资源,搭建多方共建的科研合作平台,面向地方行业、产业,面向小微企业,尤其是面向生产一线开展技术服务和科研项目。院校充分发挥专业特色和优势,密切与地方政府、企业的联系,共建科技合作平台,教师在具备一定的学科与专业知识的基础上,通过对行业企业一线操作人员、管理人员等人力资源需求的认知和对行业前沿信息的把握,利用与企业的密切联系开展合作研究,定位于技术开发、咨询与服务,面向地方、行业、产业,从生产一线的实际中找项目、找课题,开展技术服务。在推动企业科研创新发展的同时促进学校科研能力的提升,增强学校服务地方经济社会发展的影响力。

4.渐进性原则。我国大多数高职院校是从中职升格、成人高校以及专科院校转制而来,虽然属于高等教育的一种类型,但高职院校普遍办学起点低,底子薄,基础能力不足,历史积累较少,缺乏学科和团队支撑,高职教师的主体主要由原成人高校、中专学校教师及刚毕业的本科生、硕士生构成,教师发展、专业发展两大科研基础要素相对于科研实际需要,总体上还很弱。高职教育突出操作性实践教学,理论知识要求不高,刚毕业走上教学岗位的应届毕业生,尽管具有一定的学科专业知识,但缺乏运用知识解决问题的能力,如不从事研究,他们的学科知识会随着时间的推移而逐渐降低,创新能力式微,而科学研究是建立在知识提前累积的基础上的,需要长时间的积累才可能形成创新成果,不可能一蹴而就。这就决定了职业院校开展科研活动必须遵循渐进性原则。高职院校的科研要从实际出发,坚持务实量力的原则,立足实际,挖掘学校已有的条件资源、人才资源,寻找科研的创新点和突破点,夯实基础,一步一个脚印,实实在在地做,通过持之以恒的努力,形成自己的科研方向和优势,逐步推进科研水平提升。

四、应用型科研平台的培育与拓展

(一)应用型科研平台及其功能

科研平台是指科学研究活动中各种支撑条件的综合配置和运用,是包括人才、信息、项目、经费以及制度、环境等载体在内的有形、无形资源的总和。科研平台是提高高职院校自主创新能力,提升专业发展能力,培养高素质技能人才的新载体,这个平台对人才培养模式具有深刻的影响。应用研究"旨在增加科学、技术知识的创造性的系统活动,但它考虑到某一特定的实际目标"。[①] 以平台为依托,整合教学和科研资源,凝聚团队力量,组成年龄、职称、专业等优势互补的科研梯队。通过开展高质量的科学研究,培养高素质的学术带头人和中青年

---

① 杨安仙:《联合国教科文组织关于科学技术活动的分类与定义》,《科学学与科学技术管理》,1982 年版第 5 期,第 16 页。

学术骨干,形成科研的可持续性。通过研究成果的传授,把握学科与专业前沿,充实教学内容,提高教育教学质量。

高职教育面向生产、建设、服务、管理一线培养技术技能人才,这就决定高职教师要研究一线的实际问题,适当的研究平台可以起到重要的支撑作用。应用型科研平台是专业建设与学科建设的基础。科学史的发展一再表明,人群密集度越高的场所,人们的发现能力和创新能力越强,高校实现了人才集聚、知识融汇和学术交流的功能,通过这种功能的发挥,知识和技能得以增进,专业和学科得以发展。科学研究从个体化的"小科学"向社会化的"大科学"、从纯粹科学向应用科学的转变,尤其是当前对科研活动粗暴的计量化管理,使科学研究内在的教育价值具有了条件性。[①] 经济类应用技术研究是为提高企业的经济效益、满足市场需求、社会需要或客户需要,设计、开发、改进应用性经济、管理、文化、信息、艺术、服务产品、服务项目、服务内容时所采用的策略、方法、手段与行为方式的总称。通过应用型科研平台,研究人员实现了集聚和交流,形成机构开放、人员流动、内外联合、竞争创新的科研工作机制,这种机制无论对科研成果的产出,还是对科研管理的规范运行都产生了良好的效果,并开始产生科研反哺教学和辐射社会服务的积极促进作用。

(二)应用型科研平台的主要类型

1.校企合作的研究平台。在科研活动进程中建构产学研结合模式,取得科研工作与行业、市场终端的紧密性关联,形成高效和务实的科研成果转化链条。在科研路径设计上要加强校企结合和横向联系,与行业协会、企业、市场终端进行紧密性交流、开放与合作,实现优势互补、资源共享,从而提高科研成果的转化率和实现效益,进而产生应用

---

① 周川:《论高等学校科学研究的教育性原则》,《高等教育研究》2007 年第 3 期。

性高、可操作性强的科研成果,加强科研的实用性和实效性。这种研究平台一般由校企合作共同发起建立,或由学校发起,企业合作参与建立。结合高职院校以专业群设置二级机构(系或二级学院)的特点,建立"系院—所—中心"合一的研究机构,实现专业群的社会服务与研究机构的社会服务两者之间较好的融合,既能较好地发挥专业研究优势,构建优势研究团队,又能充分利用专业建设与专业教学的校企合作平台,实现资源共享。研究机构不仅应该是校企合作的组织平台,而且更应该是校企合作的研究服务活动平台。研究机构要明确自身服务于政府、行业、企业、社会公众的宗旨,校企合作建立研究团队,确立以服务社会为主体的研究机构工作内容,建立论坛、专题研讨会、常规课题研究等方面运作的长效机制。

2.横向课题研究平台。随着市场经济的发展和科研体制改革的深入,高职院校科研与市场经济结合将日益加强,争取横向课题和经费已是高职院校科研项目发展的切入点,尤其是在争取纵向科研项目和经费困难的前提下,这既是实现科研为社会服务的需要,更是高职院校科研自身存在和发展的需要。因此,高职院校科研管理部门在积极组织申报纵向科研项目的同时,要尽可能带动广大教师和科研人员发展各种形式的横向联系和合作研究。横向课题研究是高等院校科研直接服务于社会的重要形式。一般来说,课题研究,无论是纵向课题研究,还是横向课题研究,都会带来一定的社会效益或经济效益。但从科研服务社会角度来看,横向课题研究则更为直接,更具针对性。从高职院校教师及其团队的研究能力和水平来看,高职院校在生产经营和管理等一线的技术开发与服务上具有自身的优势。因此,高职院校的教师应积极面向自身专业领域,面向相关的行业、企业,及时掌握技术动态,主动争取并承担横向课题。

3.常规性成果应用平台。在应用型科研成果转化过程中,高职院校由于受资金、设备、时间等多方面的制约,一般习惯于就科研成果本身取得实验室的小试成果,完成原理样机或原理设计,并在刊物上发表文章即告结束,而合作企业却要对中试开发阶段进行资金投入,一旦企业对成果的成熟性和效益比产生怀疑,科研成果就会被动中断转化进程。研究机构是常规性成果应用的重要平台,高职院校及其下设机构、专业等可以考虑创新性地以该平台为基础,开展社会服务。这类成果应用平台有别于地方政府、行业、企业或企业群所举办的技术或产品交流活动。高职院校所举办的成果应用平台强调的是教师科研能力和学院科研支持条件,与行业、企业的技术需求进行对接,与政府相关政策的技术支持需求进行对接,科研立项要到企业去找课题,有效的科技成果也要在教学实践中迅速推行应用。以校企合作为基础,以高职院校为主体的科研开发、成果应用和面向行业、企业的技术服务平台,是高职院校科研服务社会的一个窗口。

(三)应用型科研平台的培育与拓展——以浙江金融职业学院为例

1.特色培育:规划科研目标。孟子曰:知所困,故有所为,有所不为。学院应据此确认科研定位,确立科研特色。通过多渠道地拓展各级各类课题申报途径,加大课题申报和论文写作的指导、培训与服务,加强与立项单位和期刊的沟通,积极创造条件促进省级、国家级重点项目的培育和高层次论文的发表,鼓励各系、专业、教师以多种形式面向行业、企业承担横向技术服务,增加横向课题数量,提高成果转化应用率。加强研究机构建设,以省151人才、省中青年学科带头人、教授、博士等为带头人,完善了学院社科联"一院三会十中心"的运行格局。学术社团和研究机构格局按照"五个一"机制的要求,建立健全各研究中心工作制度,做到年初有计划、工作有总结、日常有活动,研究有侧重、阶段有成果,以此带动学院各类社团和科研机构的规范有序运行。发挥协同研究效果,以机制保障科研平台功能的有效发挥。资助出版

"金院文库"等系列高质量专著。举办高水平的学术会议和活动,提升学院科研工作的知名度和影响力。

2.经费投入:激发科研活力。学院建立健全科研经费资助机制,设立科研专项经费,专项经费投入比例不低于当年学院各项事业费总额的1%,进一步扩大科研经费资助范围,加大科研经费资助力度。对在(省)厅及以上立项的科研项目,学院给予配套资助。学院每年确定若干招标课题,以经费资助方式鼓励教师深入开展研究。运用项目管理的方法,对科研经费实施有效的计划和控制,科学合理地使用科研经费,实现其应有价值,达到最大的效益。设计对系部科研工作的考核与评价体系,有目标,有考核,有评价。通过用比较、评价、竞争的方式,推动系部科研工作上台阶、上水平,对达到科研工作目标,具备科研特色和优势的系部,给予重点支持。对于一般状态的系部,给予积极推动,使其进入良性发展的轨道。制定"级别有序、差距明显、总体提高、激励为本"的科研成果奖励制度,对重大成果、社会影响力较大的成果给予重奖。今后,学校探索将科研经费预算落实到系部,由系部在预算范围内自主发展。学校给予政策支持,在规模和层次上允许一定比例的调整。

3.工作联动:提高科研效率。高职院校本着提高科研效率即科研成果贡献率的原则,建立科研工作的联动机制。联动机制的运行应务实、高效,能体现高职院校科研的地方性特征并形成较高的科研密度和大范围覆盖。联动机制应形成联动运行的模式与组织机构,联动机制主要包括三个层次:一是高职院校内部跨专业的科研联动;二是高职院校与行业企业的科研联动;三是高职院校与政府相关部门的联动。通过这三个层次的工作联动,建立跨专业、跨系部科研支持体系,联合开展对相关行业企业的应用性技术问题开展研究,并建立与政府部门政策信息、政策引导、政策预期之间的联系。发挥学科团队的研究基础作用,充分利用学术交流、学术论坛(研讨会)、讲座、沙龙等形式,开展正常的学术争鸣和学术批评,浓厚科研氛围。引导教师养成良好的学术道德,防范和处理学术不端行为。

4.团队打造:增强科研能力。2011年,教育部《关于推进高等职业教育改革创新引领职业教育科学发展的若干意见》明确将教师参与企业技术应用、新产品开发、社会服务等作为专业技术职务(职称)评聘和工作绩效考核的重要内容。科研团队建设主要有两个方面:一是高水平的专业领军人才,科研创新团队带头人是组建科研创新团队的关键,不仅要拥有高深的学术造诣和创新性学术思想,还要勇于不断开拓新的研究领域,同时具有比较好的组织协调能力、合作精神、锲而不舍的毅力及百折不挠的精神。二是结构合理的科研队伍。高职院校科研能力和水平集中体现在学校是否拥有高水平的科研团队。以项目为依托,培育科研团队,其主要内容包括组织科研团队研讨,申请访学项目,申请学术会议资格,申请科研评审工作的资助,促进科研互动、合作网络的形成,科研伙伴关系的维系,专业科研领域的确立等内容。在学院职称评审改革中,实施分类评价,发挥科研为主型教师作用,实现科研考核的激励和约束效果。

5.成果培育:涌现科研品牌。学院在科研方面培育形成"高职教育""地方金融""素质教育"等知名品牌。近五年来,教师在全国中文核心期刊发表论文500余篇,其中在高等教育类全国14种核心期刊上发表论文138篇,发文数连续八年位列全国高职院校第一。教师共获570项课题立项,其中国家社会科学基金项目2项、教育部人文社科项目等部级项目17项,浙江省哲学社会科学规划项目32项,浙江省科技厅社科项目(软科学与高技能人才培养项目)8项,270项厅局级以上课题中省社科联各类项目85项。出版"金院文库"学术专著45部,在国内一级学术期刊发表论文84篇,CSSCI来源期刊发表论文98篇,研究成果获各类校外奖励100余项,均列全省高职高专院校首位。学院持续主办"应用型金融人才培养论坛""文化建设与高职教育可持续发展论坛""高职院校素质教育论坛"等学术活动,学院先后荣获浙江省社科联系统先进集体、浙江省社会科学普及工作先进单位。

6.制度创新:规范科研管理。制度创新是科研组织科学发展的必然要求,学院先后制定颁发了《浙江金融职业学院关于加强和推进科研工作的若干意见》《浙江金融职业学院学术委员会章程》《浙江金融职业学院科研项目资助、科研成果奖励与科研业绩考核办法》《浙江金融职业学院科研课题立项申报程序》《浙江金融职业学院科研课题经费管理办法》《优秀科研成果申报与评定管理办法》等科研管理制度,建立科研成果奖励、科研课题资助和科研业绩考核三项基本制度。科研部门将项目管理应用于科研管理,建立教师及管理人员科研业绩考核制度,健全相对稳定的科研评价制度,将科研周期和年度进展相结合,对教师的科研工作做出客观的评价。对周期科研评价不合格的教师要进行提醒和督导。通过开展有针对性的课题申报讲座、经验交流等活动,积极鼓励教师申报各级各类科研项目。同时,细化课题研究过程管理工作,实施省部级以上课题集中开题、中期报告和结题报告制度,贯彻执行科研经费信息公开,规范科研经费使用及管理。发挥科研管理职能部门工作优势,提高管理与服务的规范化和科学化水平。

(执笔人:陈正江)

第七章

增进技术技能积累

《国务院关于加快发展现代职业教育的决定》指出："强化职业教育的技术技能积累作用，强调要制定多方参与的支持政策，推动政府、学校、行业、企业联动，促进技术技能的积累与创新。"基于高职院校视角，研究技术技能积累的内涵，探讨技术技能积累存在的问题，思考技术技能积累的路径，对加快科学技术转化生产力，推进我国高等职业教育改革发展有着重要意义。

一、高职院校技术技能积累的内涵

技术技能作为生产力的实现方式，在人类社会发展中起着决定性作用。纵观人类发展史，从火的使用到电的应用，从简单生产工具的发明到高新技术的突破，无不说明技术革新对社会发展产生深刻而全面的影响，任何一次技术的革新都不是天才突发奇想的结果，而是在技术技能积累基础之上的质变。政府、学校、行业、企业作为技术技能积累的主体，因其性质、职能等的差异对技术技能积累的侧重有所不同，政府侧重技术技能积累的政策制定和方向引导,从宏观层面进行技术技能积累的国家决策;行业侧重行业结构的布局、调整及协调,从中观层面解决技术技能积累的方案和路径;而企业和学校侧重微观层的具体实践,企业注重技术技能积累的生产和革新,学校注重对掌握技术技能人才的培养和培训,就两者关系而言,学校和企业是互补、互动、互惠、互赖的。高职院校技术技能积累作为服务社会实践的重要一环,在培养经济社会发展需要的高素质技术技能型人才方面起着不可替代的作用,在技术技能积累方面发挥着重要作用。

技术与技能,是人类实践的结晶,是人类发展的宝贵财富。技术,人类在认识自然和利用自然的过程中,积累起来并在生产劳动中体现出来的经验和知识,也泛指其他操作方面的技巧;技能,掌握和运用专门技术的能力。[1]就技术与技能的关系而言,技术是技能的基础,技能是技术的实践可能,技术的客观性决定其在时空范围内继承、扩散,而技能的主体性则决定其在时空范围内变化、流动,可见"技术""技能"是天然联系、相互依存的。技术技能积累是指社会组织在长期的生产和创新实践中所获得的技术知识和技术能力的递进。[2]高职院校技术技能积累是指高职院校通过长期地对技术知识的保存、研究、传播,技术技能人才培养、培训及服务行业企业发展实现技术技能的递进。技术技能积累是一个量变的过程,从时间维度看,技术技能是代际之间传承而实现历时性积累的过程;从空间维度看,技术技能是社会主体之间扩散而形成的聚集性积累的过程。可见传承和扩散是技术技能积累实现的基本路径。

高职院校技术技能积累的特征主要体现在:(1)历史传承。技术技能积累具有历史性,它是高职院校师生长期学习、创新和引进的结果,没有时间的淘洗、专业的打磨,高职院校的技术技能优势也便无从谈起。就实际情况而言,不难发现服务地方经济社会发展能力强的高职院校多数是建校时间长,注重技术积累的高职院校。(2)层次递进。技术技能积累具有层次性,高职院校技术技能积累是从无到有,从少到多,从量到质,盈科而进,不断提升的递进过程,企业常受到管理、市场、竞争等因素的制约而出现技术技能积累的中断或停滞,高职院校区别于企业的重点在于其组织的稳定和连续。(3)校企协同。高等职业教育不论作为类型还是层次均是以服务地方经济社会发展为目标的,这决定了高等职业院校必然要与行业企业协同才能更好地发挥自身价值和功能,故校企协同是技术技能积累的前提,是高素质技术技能人才培养的基础。(4)人才培养。高职院校技术技能积累的旨归亦是人才培养,故其技术技能积累的实现必然以人才培养为载体,高职院校没有了人才培养这一中心环节,技术积累也就变成无本之木。通过高职院校人才培养的形式将技术技能以批量、快速地扩散成为可能,这成为技术技能积累的最佳途径。

二、高职院校技术技能积累面临的瓶颈

(一)技术技能积累政策法规缺乏

技术技能积累作为行业企业生存发展的关键,不论是在学术研究还是制度规范方面均有较多积累和传统,而"技术技能积累"这一概念进入职业教育领域是在《国务院关于加快发展现代职业教育的决定》《现代职业教育体系建设规划(2014—2020)年》《高等职业教育创新发展行动计划(2015—2018年)》等文件出台之后才广泛地进入职业教育领域,在学术研讨和具体实践方面还比较匮乏,具有实质性指导意义的政策法规更是缺乏。高职院校技术技能积累需要政策法规明确政府、学校、行业、企业各自参与技术技能积累过程中的权利和义务。从众多关系中看,校企能否深度合作是实现高职院校技术技能积累的关键。高职院校作为高素质技术技能型人才培养的机构,当下面临的最

大困境就是不能深度地进行校企合作,而校企合作瓶颈的突破不是合作双方协商就能实现的,需要政府基于国家发展战略的高度,对校企合作进行立法,从法律层面明确双方在合作过程中的具体权利和义务,克服目前校企合作的随意化、无序化及表面化。校企深度合作的实现才能促成行业企业的新技术、新工艺畅通地流动、扩散到学校,学校技术技能的不断学习、引进、沉淀才能培育出切合企业需要的高素质技术技能型人才。可见,政府不出台保障技术技能积累的可操作性的政策法规,谈技术技能积累和校企合作无异于缘木求鱼。

(二)技术技能积累观念意识淡薄

目前国内关于技术技能积累的研究主要集中在技术哲学、企业管理等领域,职业教育自身研究十分匮乏,而现有的研究成果更多的是描述性研究,缺乏对技术技能积累的实现机制、方法、流程等实证性研究。职业教育领域技术技能积累观念意识淡薄的直接反映便是,20世纪八九十年代职业教育领域有"职业教育"和"职业技术教育"的名称之争,最后官方以《职业教育法》的正式颁布,以法律的形式将其定名为"职业教育",但直到今天"职业教育"和"职业技术教育"仍然是代表不同观点学者的常用术语。[3]虽然只是"技术"两字之争,但其背后隐匿的却是"职业主义"和"技术主义"之别,反映的是技术技能在职业教育中的核心地位并未达成共识也未得到确认。这在高职院校技术技能积累过程中,体现出来的便是重知识轻技术,重学习轻积累,重引进轻创新,重硬件轻软件,重理论轻实践。职业院校有新的教材却没有新的技术,有前沿技术却没有技术传统,有系统内容却没有技术突破,有健全设施却没有优质教师,学生有好的成绩却没有好的技能,这在根本上是职业教育工作者对职业教育自身认识的不充分,对技术技能积累观念意识淡薄。

(三)技术技能积累要素资源短缺

技术技能积累的过程是一个要素资源集聚的过程,高职院校作为技术技能积累主体之一,需要与政府、行业和企业等主体进行互动交流,就目前实际情况而言,学校在技术技能积累的综合能力和要素整合能力都是比较弱的。没有政府的支持意味着高职院校没有政策支持和财力保障,没有行业企业协同意味着高职院校没有行业动态和前沿技术,而这些都是技术技能积累的重要内容。我国高等职业教育的快速发展,实质是市场引动,政府主导的结果,政府对职业教育的发展是积极引导和大力支持;但在发展过程中却出现大批隶属行业的地方职业院校转归教育部门,从 2010 年到 2014 年 5 年间隶属非教育部门和地方企业的职业院校由 628 所减少到 568 所,而隶属地方教育部门的由 312 所增加到 449 所[4],这"一减一增"实际是弱化职业院校行业资源获得的过程。而行业企业参与职业院校人才培养积极性不高,究其根本原因还是职业院校自身能力不足,没有形成长期深入合作的良好关系,高职院校没有成为技术技能积累中人力、财力、物力等的集聚中心,故政府强化高职院校的行业背景和行业关系,助力技术技能积累要素集聚,是促成高职院校技术技能积累的重要路径。

(四)技术技能积累实现机制单一

技术技能积累实现的路径主要依赖内生积累和引进积累,而目前高职院校的技术积累依赖引进积累,主要的方式是人才引进和设备引进。高职院校引进技术人才作为技术技能积累环节中最基本、最重要的方式,但引进的人才因高职院校待遇、平台等留不住,而引进的设备因没有技术与教学兼备的人才而无法有效利用,甚至于高职院校培养出的优秀技术师资频频跳槽到企业,这对高职院校技术技能积累更是损害;高职院校因缺乏与行业企业在技术技能积累等方面对话的资本,导致高职院校在行业参与、校企合作等过程中缺乏主动权和自主权,高职院校更多的是被动接受。虽然内生积累和引进积累是职业院校技术技能积累的重要路径,但并非唯一路径,如何联合政府、学校、行业及企业协同参与,发挥各自在技术技能积累中的优势,特别是高职院校发挥其弥补单一模式的企业技术技能积累自身无法克服的缺陷等问题[5],更应充分发挥高职院校稳定的组织机构和规范的技术传统等优势,拓展技术技能积累渠道,优化技术技能积累实现机制,对高职院校来说是任重而道远。

三、推进高职院校技术技能积累的路径探索

(一)完善技术技能积累政策法规,更好服务地方经济社会发展

随着我国经济发展进入新常态,经济结构转型升级,产业结构不断优化,技术技能积累在经济社会发展中的地位和作用凸显。高职院校作为服务区域、产业发展和国家战略需要的重要载体,加强应用技术传承和研发能力,提升人才培养质量和技术服务附加值是其重要职能,而高职院校这些职能的发挥是以技术技能积累为前提的。政府、学校、行业、企业分属不同的部门,要有效发挥各自在技术技能积累的优势,就需要厘定各利益主体的关系,通过完善法律的形式明确其权利和义务,建立健全技术技能积累体制机制。法律法规的制定和完善是国家和地方权力机构的职责,在完善技术技能积累法律法规过程中,应依托学校,政府主导,行业指导,企业参与。进一步明确行业、企业以股份制、混合所有制参与职业教育技术技能积累的法律地位,让校企之间的产权划分合法化,突破校企合作的障碍;同时,加快修订《职业教育法》,完善修订《公司法》《劳动法》《劳动合同法》《社会力量办学条例》,制定《校企合作促进条例》[6],使多方协同参与高职院校技术技能

积累。故高职院校依托强有力的法律法规支持，才能汇同技术技能积累的多方力量，实现技术技能的不断传承、积累和沉淀，更好地服务区域经济发展和企业技术革新。

（二）强化技术技能积累观念，打造产教融合共同体

观念作为行动的先导，直接反映了人们的认识水平，直接决定了人们的行动质量。技术技能积累不是高等职业教育独有的概念，是与行业企业等共同使用的，只是在不同主体间其内涵有所侧重。技术技能积累作为高等职业教育的重要范畴，是高等职业教育存在、发展的基本前提，但长期以来，囿于人们的认识水平，高职院校技术技能积累的观念并未深入人心，在学术研究、文化建设、专业建设及学生职业素养等方面有待进一步强化。为进一步增强高职院校强化技术技能积累观念，打造产教融合共同体，一是要强化高职院校技术技能积累的学术研究。研究政府、学校、行业、企业等不同主体参与高职院校技术技能积累作用、动力、机制等，研究不同主体在产教融合共同体中的地位、功能和价值，为高职院校技术技能积累奠定学理基础。二是将技术技能积累的观念融入人才培养。高职院校人才培养的目标即是高素质技术技能型人才，这一目标的实现需要将产业生产中的技术技能积累的观念融入到校园文化、专业建设、课程建设、教学设计、实习实训等方方面面，使产教融合成为可能；要将"劳动光荣、技术宝贵、创造伟大"的理念付诸实践，就必须在观念上高度重视技术技能在高等职业教育人才培养中的地位和作用，在高职院校、行业企业间达成共识，凝聚力量，共同重视技术技能积累，将高职院校培育成行业技术的聚集中心。

（三）整合技术技能积累要素，形成社会服务有机体

高职院校技术技能积累旨在人才培养和服务社会，但有关技术技能积累的要素是分散在不同职能部门当中，诸如政府的政策资源、行

业的协调能力、企业的生产技术等在自然状态难以集聚,而高职院校作为非盈利性的专门组织,具有整合资源的时间、场地、人员、意向等其他组织不具备的优势,故高职院校应整合技术技能积累要素,形成社会服务有机体。在整合相关要素时应突出两个方面:一是政府层面成立技术技能积累专门机构或是在机构部门中增设技术技能积累的工作职责。在组织机构中增设专门管理部门及人员,协调政府、行业、企业、学校等相关部门,制定产业技术技能积累与创新的发展规划,明确产业技术技能发展方向、目标任务,建立技术技能积累制度,形成技术技能服务社会发展的有机体;整合相关社会资源,促使政府、企业、职业院校、社会联动,形成技术技能积累与创新合力,[7]凸显高职院校参与技术技能积累的重要职责和作用,更好地服务经济社会。二是促进校企深度融合。破解校企合作难题是高等职业教育内涵发展成败的关键,针对高职院校在技术技能积累的实际水平和社会服务能力,高职院校可争取与大型国有企业积极合作,定位在与中小微企业的合作与服务。以技术技能积累为契合点,建立可行的校企合作的动力机制与调控机制,落实企业技术进校园制度,保障学校技术技能与市场持续同步。

(四)多态实现技术技能积累,构建高职教育综合体

高职院校在目标定位上,应突破人才培养的局限,不断强化技术传承、技术研发、社会服务等功能,朝着高等职业教育综合体的方向发展。高职院校技术技能积累应转变传统的人才引进和设备引进的积累模式,多形式、多路径促进高职院校技术技能积累。一方面,搭建高职院校技术转化与推广平台。在产业转型升级,技术革新增速的时代背景下,通过"推动职业院校与行业企业共建技术工艺和产品开发中心、实验实训平台、技能大师工作室等",提升高职院校技术技能积累能力和水平,让高职院校成为行业企业特别是中小企业技术研发、技术转化、技术推广的重要平台,突破高职院校只重视教学而忽视技术技

能积累的问题,实现研究促教学、合作促发展,使高职院校成为国家技术技能积累与创新的重要载体。另一方面,拓宽职业院校参与技术技能积累形式。将技术技能积累的要素资源引进来,转化成自身服务行业企业的能力,再"走出去"投入到行业企业当中服务发展,具体方式如"职业院校教师和学生拥有知识产权的技术开发、产品设计等成果,可依法依规在企业作价入股";高职院校结合自身行业优势注册公司法人,将教学、生产、管理、服务融为一体综合发挥效能;鼓励有技术有能力的高校教师到企业兼职,针对具体情况可给予这些教师优惠政策,以灵活多样的形式促成学校与行业企业的互动,这也才能让技术人才的流动更通畅。

四、浙江金融职业学院技术技能积累改革实践

浙江金融职业学院坚持契合浙江省经济金融产业发展布局,以浙江省万亿金融产业发展规划和钱塘江金融港湾建设为抓手,以供给侧结构性改革为行业企业带来的变革为突破口,以"大金融产教融合共同体""社会服务有机体""高职金融教育综合体"为依托,打造技术技能积累与应用平台。发挥平台"学校、政府、行业、企业"多元主体共同参与技术技能积累的优势,提升金融人才培养水平;学校通过技术技能积累提高行业决策咨询能力,加强产品研发,提升服务中小企业和金融企业的能力与水平;学校通过整合职业教育资源,提升职业教育整体办学能力与水平。

1. 构建大金融产教融合共同体,整合多方资源,提升金融人才培养水平,提高决策咨询能力。浙江金融职业学院组建由学院牵头,由省金融办、人行杭州中心支行、省银监局、省证监局、省保监局、全国金融职业教育教学指导委员会、浙商银行、浙江网商银行、浙江省农村信用社联合社等政府部门和行业企业参与,构建"1+9"校、政、行、企组成的大

金融产教融合共同体，通过多方协同参与，汇聚金融行业技术技能积累的资源要素，发挥政府、学校、行业、企业各自在地方金融领域中技术技能积累的优势，形成金融行业技术技能积累优势，共同开展人才培养，为政府提供政策建议与咨询，为行业企业提供优质服务，最终实现政府、学校、行业、企业多方协同，互补、互动、互惠、互赖的格局。

2.构建社会服务有机体，整合产品研发、资信评估、员工培训等资源，提升服务中小企业和金融企业的能力。浙江金融职业学院以浙江地方金融发展研究中心、小微金融学院为依托，提高专业教师技术技能研究能力与水平，为金融、保险机构提供以"农信产品""互金产品""保险理财产品"等为主的产品研发服务；加强"杭州资信评估公司""浙江众诚资信评估公司"评估队伍建设，进行行业细分，拓展行业评级指标体系，制定包括金融、跨境电商、先进制造业等100个行业评级标准，为省内外中小企业、小贷公司、小微企业、担保公司等提供评级评估服务，累计服务中小企业5000家；学校通过提升自身技能积累水平，加强继续教育与培训学院培训队伍和培训能力建设，为银行、证券、保险、期货、基金等金融机构开展新员工、业务骨干、金融高管等业务培训，面向新金融企业，提供"P2P""众筹"、大数据等互联网金融业务，建设跨境电商综合生产性实训基地，引入跨境电商平台企业、跨境出口、跨境进口及跨境供应链等跨境电商企业，为金融企业和中小企业提供技术指导和员工培训超50000人次，社会服务收入超过5亿元。

3.构建高职教育综合体，整合职业教育资源，提高学院整体办学实力。浙江金融职业学院主动适应区域经济转型升级和新型城镇化发展，强化自身技术技能积累优势，创办5个校企深度融合的特色学院，激发办学活力，打造中高职衔接，全日制和非全日制协调发展，学历教育和非学历培训兼具的高等职业教育综合体。在构建高职教育综合体过程中，以技术技能积累为核心，围绕职业教育中心工作，加强高职教育、素质教育、高职党建工作，为全国金融类高职院校、中职院校提供人才培养,为高职党建提供理论支撑及咨询指导;加强教师发展中心建设,积极拓展国培、省培项目,为中高职院校提供专业带头人、学术带头人、骨干教师等培训服务;丰富财经类专业优质教学资源,完善基于云计算的自主学习平台,为学生在线学习、教师业务交流、员工考级考证、大众金融知识普及提供服务,累计为职业教师培训、社会大众培训10000人次。

参考文献

[1] 中国社会科学院语言研究所词典编辑室. 现代汉语词典:5 版[Z].
北京:商务印书馆,2011:646.

[2] 徐霄红.创新校企协同的技术技能积累模式——基于企业大学的
对标分析[J]. 中国高教研究,2016(5):97-100.

[3] 孟景舟.职业教育名称的百年嬗变与职业教育学的重建[J].中国
职业技术教育,2016(34):87-90.

[4] 教育部.2010—2014 年教育统计数据.[DB/OL].[2017-2-23].ht-
tp://www. moe. gov. cn/publicfiles/business/htmlfiles/moe/
s7382/index. html.

[5] 张永,等.产学研合作促进高职院校技术技能积累[J].中国科技产
业,2016(5):76—77.

[6] 霍丽娟.现代职业教育的技术技能积累模式研究[J]. 国家教育行
政学院学报,2016(1):70—74.

[6] 从云飞.我国职业院校技术技能积累与创新机制的构建[J]. 华北
水利水电大学学报:社会科学版,2015(5):89—92.

(执笔人:郭福春)

第八章

推进国际交流与合作

　　教育,在教育者与受教育者之间历来具有融合进而相互学习提高的基本规律,因此,教育主体具有相互交流融合的内在需求,这一需求并未因时代变化而削弱甚至消失,相反,"互联网＋"时代的到来为教育的合作与交流提供了强大的技术支撑,教育领域在合作与交流的形式、层次、深度上均进行了积极有益的探索,新业态、新模式、新体系不断涌现,同时,新影响、新需求、新力量也层出不穷。"这是最好的时代,也是最坏的时代。"2017 年 1 月国家主席习近平在瑞士达沃斯论坛上援引英国作家狄更斯名言来形容当前的时代。这也同样适用于全球化和"互联网＋"双重作用下的高职教育领域的国际交流与合作,体现教育基本功能与时代特征,服务国家发展战略与行业人才需求,探索新时代优质高职院校国际交流与合作的创新实践,是新时期优质高职院校建设的重要评价指标与重点建设任务。

一、高职院校国际交流与合作的重要意义

中国高职院校的国际交流与合作可以追溯到20世纪80年代。三十多年来,高职院校在国际交流与合作领域不断探索,潜心学习,迅速发展,取得了一系列的成果。在中国经济发展新的时期,高职教育发展的宏观经济环境、政策环境、外部环境等都发生了重大的变化,"十三五"时期更是中国发展的重要关键时期,新的时代发展要求高职院校对国际交流与合作有新的认识与举措。

(一)世界经济全球化使得国际化人才需求更旺盛

全球化是一个整体性的社会历史变迁过程,它在经济一体化的基础上产生,并迅速蔓延至社会生活各领域,在世界范围内产生一种内生的、不断强化的多维联动机制。它不断跨越民族、国家的地域界限,超越制度和文化的障碍,经过不断的冲突、融合,使得世界逐渐形成一个不可分割的有机整体。世界经济全球化,不论发达国家还是发展中国家,不论拥抱还是抗拒,都是当今世界不可阻挡的趋势。国家与国家间的联系千丝万缕,难以割断,世界格局呈现扁平化趋势,联结变成一种绝对状态,独立则是一种相对状态。没有哪一个产业可以偏安在国内一隅,独善其身。因此,经济全球化对各领域各部门的人才都提出了全球化的内在要求,各个领域和部门一定程度上都需要以国际通用标准为准则,教育需要提供符合国际职业资格标准的专门人才,这对中国的高职教育提出了更高的要求,既是机遇也是挑战。

(二)国家发展新战略为教育国际化提出新任务

改革开放以来,中国经济取得了令世界瞩目的成就,国家地位及国家影响力不断提升,中国已经成为全球第二大经济体及第一贸易大

国,在世界政治经济格局中发挥着举足轻重的作用。进入"十三五"时期,中国要建设更高水平的对外开放格局,"一带一路"国家战略及"中国制造 2025"战略需要更多具有国际化视野和跨文化交际能力,具有国际职业标准认证资质,具有国际服务能力的高素质人才。经过多年的发展,中国的高等职业教育已经从高等教育的从属和配角地位演变为高等教育的重要组成部分,成为服务中国经济发展和产业升级的主力军,在与传统高等教育的同台竞技中,高等职业教育逐渐形成并在日益巩固自身特有的竞争优势,即应用型人才培养优势。中国高等职业教育理应承担起高素质国际化应用型人才的培养重任。因此,服务"一带一路"国家倡议和"中国制造 2025"战略,中国的高职教育也要树立世界领先的发展目标,才能适应中国经济发展的新要求,国际交流与合作在其中将发挥重要的作用,不可替代。

(三)产业转型升级的现实压力迫切需要高素质应用型国际化人才

"从历史来看,产业结构本身的变化跟教育方式、教育理念和教育结构的变化总是相辅相成的。"教育结构随产业需求而动,又反哺产业需求,促进产业发展,两者相互影响、相互作用。目前,中国经济进入"新常态"发展阶段,产业进入转型升级的关键时期,传统劳动密集型产业优势日益削弱,企业破茧重生需要新技术、新思路,更需要适应经济形势迅速发展需要的新型人才。同时,数字时代与数字技术催生产业新模式、新业态,新型人才需求更加旺盛。产业更迭时代必然是人才更新时代。因此,产业转型升级的洪流在为高职教育提出更高要求的同时,也必然为高职教育创造更大的发展空间。高职院校在产业转型升级的关键时期,应该发挥自身的智力优势,加强国际交流与合作,在服务产业转型升级方面发挥更积极主动的引领作用,为产业发展提供更有效的支撑。

（四）优质高职院校建设为教育国际化确立了新的标准

20世纪80年代以来，中国的高职院校开始开展国际交流与合作。通过不同形式、层次、程度的学习、交流与合作，中国高职院校发挥后发优势学习国外职业教育的先进理念，吸收和借鉴各国职业教育的先进经验，引进优质的教育资源，开发先进的职业教育课程体系，培养高素质的国际化师资队伍，因而得以不断发展壮大。这样的发展历程可以总结为起步—交流—参与—合作四个阶段。然而，伴随着中国整体实力的不断增强，与之相匹配的教育的国际地位也应该不断提高，中国的高职教育在世界职业教育体系中的地位也应该得到不断提升，与国家地位及国家需求相匹配，这就是国家发展对中国的高职教育提出的更高要求，也是优质高职院校需要承担的社会责任。这一要求体现在国际交流与合作领域，即未来的高职教育国际合作与交流应逐渐改变以引进资源为主的依附式合作模式为以引进与输出并重的均衡式合作模式为主，并进而实现以优质资源输出为主的主导型合作模式的构建。在"十三五"期间，高职教育国际交流与合作领域，应该加强与"一带一路"国家的交流与合作，集聚并输出中国高职教育多年来积累形成的大量优质教育资源，丰富教育资源输出的类型与载体，有计划地培育并形成一批在国际上具有一定影响力的教育品牌，不断提高中国职业教育的整体实力与国际地位，更好地服务于国家发展需要，更好地体现国家整体实力，尤其是软实力。

二、高职院校国际合作与交流原则与思路

（一）基本原则

高职院校国际合作与交流工作应认真贯彻《关于做好新时期教育

对外开放工作的若干意见》的文件精神,坚持"围绕中心、服务大局,以我为主、兼容并蓄,提升水平、内涵发展,平等合作、保障安全"的工作原则,坚持全面贯彻党的十八大和十八届三中、四中、五中全会精神,以邓小平理论、"三个代表"重要思想、科学发展观为指导,深入贯彻习近平总书记系列重要讲话精神,坚持"四个全面"战略布局,全面贯彻党的教育方针,以服务党和国家工作大局为宗旨,统筹国内国际两个大局、发展安全两件大事,坚持扩大开放,做强中国教育,推进人文交流,不断提升我国教育质量、国家软实力和国际影响力,为实现"两个一百年"奋斗目标和中华民族伟大复兴的中国梦提供有力支撑。

高职院校国际合作与交流工作应遵循以下基本原则:

1. 坚持为经济建设和社会发展服务的原则。把推进高等教育国际化与区域经济社会发展大局有机结合,从突破知识、技术、人才瓶颈,支撑区域经济社会发展的高度,从产业转型升级的实际需要出发,推动和加快高等教育国际化进程。

2. 坚持致力于提高高等教育发展水平的原则。主动把握高等教育国际化带来的机遇,不断创新国际交流与合作的途径和方式,通过教育创新获得更广的发展空间、更高的教育质量和更强的办学活力,形成"以开放促进创新,以创新带动质量提升和特色凝练"的格局。

3. 坚持"引进来"与"走出去"相结合的原则。以服务国家战略,提升国际地位的高度认识高职院校的国际合作与交流工作,坚持优质引进的同时,强化培育优质资源输出能力,不断扩大高职院校的国际地位、影响力,以培育具有国际影响力的中国高职教育品牌为目标,推进高职教育的国际合作与交流。

4. 坚持特色发展与重点推进相结合的原则。准确判断经济社会与行业发展需求,清晰认识高职院校自身优势,高屋建瓴开展高职院校国际化发展顶层设计,科学设计国际合作与交流具体路径,推进切实可行的举措以保证重点项目的实施绩效,并最终形成自身在教育国际化中的优势与特色。

(二)总体思路

高职院校坚持服务国家战略、区域经济发展及产业转型升级需要的人才培养定位,以互联网思维及全球化视野开展国际合作与交流工作,以广义的教育资源为核心要素,统筹专业、课程、师资、学生、实验实训基地等要素,开展具有战略高度的国际合作与交流顶层设计,构建体现职业性质、自身特色的国际合作与交流现实路径,创新国际合作与交流模式,不断提升国际化办学水平,培育国际竞争力,最终实现中国高职教育的国际化品牌建设目标。

新时期,高职院校国际合作与交流工作有以下三个战略重点领域:

1. 顶层设计要系统、科学、先进,具有战略高度。

高职院校国际合作与交流工作应站在教育国际化的全局立场布局教育开放格局。树立高远目标,即全面提高国际化办学水平,提升国际竞争力,培育、打造中国高职教育的国际化品牌目标;做好三个重点领域工作,即国际化应用型人才培养工作,国际化教育教学模式创新工作、国际化教育服务管理水平提升工作;坚持培育高职教育国际合作与交流的职业化特色;围绕教育资源这一微观核心要素,统筹课程、师资、学生等各项建设要素,充分利用互联网思维,并结合院校自身区位优势、行业优势、资源优势、管理优势或政策优势等,制订科学、合理,体现新形势、新技术、新需求的具有战略高度的教育国际化顶层设计路径体系,实现高职教育服务国家战略需要、服务区域经济发展需要、服务产业升级人才需要的功能。

2. 合作模式要不断创新,体现职业性质、特色鲜明。

新形势、新要求下高标准的高职国际合作模式应不断创新。已有国际合作模式主要包括中外合作办学项目,留学生项目,教师互访交流,教师语言或专业培训,参加国际学术会议,交换生项目或学生海外实习项目,在校生国(境)外非学历培训等形式。在此基础上,近年来一些新型的合作方式不断实践,如引进国外职业资格证书体系、参与政府间合作项目、与国(境)外院校老师学术科研合作、与国(境)外企业深度合作、承担国(境)外专业人员专项培训等。

在未来的发展阶段,高职院校国际合作与交流可以在两方面尝试创新合作模式,培育特色亮点:一方面,国际合作与交流模式上尝试"校行企"联盟国际合作模式的探索。即以高职院校为主,联合行业企业,探索三主体联盟共同开展国际交流与合作的新尝试。三主体联盟在起点上即实现了院校、行业、企业三方面的资源集聚,拓展面向合作范围,面向国(境)外院校开展人才培养合作的同时,也具备了面向国(境)外行业研究、企业咨询、员工培训等国际服务能力,与此同时,逆向合作也同样成立,即反哺国内联结的行业、企业,为其境外合作、投资提供咨询、调研或员工培训等服务。另一方面,国际合作与交流模式上尝试"产学研"三位一体国际合作模式的探索。在合作开展人才培养、师资培养、课程建设等基础上,可以结合行业、企业开展联合研究、技术开发、员工培训、管理提升、平台建设、信息集聚或咨询服务等合作。

3. 突出优质教育资源输出的战略意义。

高职院校国际合作与交流在"十三五"时期进入新的发展阶段,是外延式合作向内涵式合作转变的阶段,是依附型合作向主导型合作转变的阶段。因此,在这一转变过程中,中国的高职院校做强内功,形成并集聚优质的教育资源是转变的关键,这里的教育资源是广义的教育资源,即包括高职院校的素材建设资源、课程建设资源、专业建设资源、师资建设资源、实验实训资源等,也包括教育教学模式、教育教学标准等更高层次的资源。因此,将培育、集聚的优质教育资源借助丰富、合理的合作形式实现教育资源输出,实现教育国际化的双向互动、合作共赢的良性建设,为高职教育国际化品牌建设奠定扎实的基础。

三、高职院校国际交流与合作任务与举措

现阶段,高职院校国际合作与交流的主要任务包括学习和引进国际先进成熟适用的职业标准、专业课程、教材体系和数字化教育资源;选择类型相同、专业相近的国(境)外高水平院校联合开发课程,共建专业、实验室或实训基地,建立教师交流、学生交换、学分互认等合作关系;举办高水平中外合作办学项目和机构。同时,配合国家"一带一路"倡议,助力优质产能走出去,扩大与"一带一路"沿线国家的职业教育合作,实现专业教学标准与优质教学资源的输出;主动发掘和服务"走出去"企业的需求,培养具有国际视野、通晓国际规则的技术技能人才和中国企业海外生产经营需要的本土人才,提高高职院校国际化服务能力,提升国际地位,塑造品牌影响力。

(一)主要任务

1. 开发具有国际水准的优势专业教学标准,实现标准输出突破。

服务"一带一路"国家倡议,面向"一带一路"沿线国家,或发挥教育援助在"南南合作"中的重要作用,加大对发展中国家尤其是最不发达国家的支持力度,开展深度教育国际合作与交流,提升国际合作与交流层次,推动高职优势专业教学标准的国际输出,实现标准输出的突破。在各类国家级建设项目中脱颖而出的国内一流专业,应发挥引领作用,基于自身已有优势,汇集国内同类专业力量,整合国(境)外合作院校力量,联合开发并输出具有国际水准的职业教育优势专业教学标准,扩大专业的国际影响力,将优势明显的国内一流专业建成具有国际影响力的示范性国际化专业。

2. 集聚具有国际水准的优质教育资源,实现资源输出规模化。

依托五批立项的国家级专业教学资源库形成的丰裕教学资源,依

129

托中外合作办学、合作研发、交流互访等多层次的国际合作与交流形式,加大优质职业教育资源输出规模。与此同时,借助互联网技术支撑,顺应移动学习、碎片化学习新趋势,积极推广创新优质职业教育资源线上输出模式,服务教师、学生、企业员工三类主体,以语言学习、专业研究、文化交流三个重点领域为突破口,提供小班化、个性化、可订制的内容丰富、形式多样、灵活方便的学程制线上教育培训,使国内优质职业教育资源输出规模化,以不断推动国际文化交流与中国高职教育国际地位的提升。

3.建设具有国际水准的职业教育平台,实现模式创新和功能强化。

深化"互联化+"思维在国际合作领域的应用,构建集信息交流、业务培训、语言学习、学历教育、社会服务等功能于一身的"互联网+"职业教育服务平台,汇集国内外职业教育主体力量,实现职业教育国际合作与交流的模式创新。数据是"互联网+"时代新生的生产要素,具有强大的效益创造能力与功能挖掘空间。借助职业教育平台形成的"大数据",提升高职院校服务行业企业能力,对接企业"走出去"人员、专业、语言需求,面向"一带一路"沿线国家,开展市场分析、政策咨询。发挥学院语言优势,提供中、短期语言培训。发挥学院专业优势,服务众多企业海外分支机构及外向型企业需求,面向企业海外分支机构的当地员工开展业务培训、技术技能培训与学历职业教育。建立区域研究中心,发挥院校智力优势,开展区域经济研究、双边经贸合作、双边文化对比研究,培育研究优势领域,提升专业服务行业"走出去"能力,提升政府决策服务能力和"一带一路"国家倡议服务能力。

(二)具体内容

1.中外合作办学项目建设。

中外合作办学项目应注重引进国外先进成熟适用的职业标准、专业课程、教材体系和数字化教育资源,融入高职院校自身的专业优势和把握人才培养市场需求的优势,探索联合开发专业课程,符合条件的中外合作办学专业应积极参加中国教育国际交流协会组织的中外合作办学项目质量认证,通过外部评价,加强教学诊断,进一步提高项目办学质量。

积极创新和优化国际化人才培养模式和教学组织形式,积极引进国外课堂教学模式,强化课堂互动教学,实行课程体系的专题化和能力培养的模块化。在中外合作办学专业教学过程中,探索实行"小学期制",加强学生国际交流实践教学环节,为帮助学生更好地拓展专业领域和国际化视野搭建良好平台。

完善优化对优秀学生赴国(境)外学习交流的鼓励支持和资助政策,适度增加专项资助资金,使相关政策更好地起到杠杆引导作用。丰富中外合作办学项目学生与国外合作院校的学生交流形式,制定相关鼓励政策,增进中外合作办学专业的学生双向互动交流。拓展与其他国外合作院校的学生交流项目,为在校学生提供更多交流学习的途径和渠道。进一步完善面向在校生的外语培训、留学教育服务体系,加强学生的特色培养,提升学生的外语运用能力,进一步浓厚国际间学生交流学习氛围,力争每年赴国(境)外院校交流、交换、学习的学生人数逐年增加。

2.国际化课程建设。

高职院校应该在充分了解并尊重世界各国文化的前提下,开设适应经济全球化发展的专业,以及适应国际竞争与能力培养的课程,培养学生国际化视野和国际化生存能力。同时,高职院校也应该将讲好中国故事、传播好中国声音作为国际化特色课程开发的重要内容。

(1)多层次国际化课程体系建设。根据 OECD 的分类标准,国际化课程类型共包括九种:一是具有国际学科特点的课程;二是传统学科领域的课程通过国际比较的方法得以扩大;三是培养学生从事国际职业的课程;四是外语教学中的有关课程,讲授、学习特定的相互交流沟通问题,培养跨文化交流与处理技能;五是科际课程(Interdiscipli-nary Programs);六是旨在培养学生获得国际专业资格的课程领域;七是合作授予的学历证书课程;八是课程必修部分由海外当地教师授课;九是包含有专门为海外学生设计内容的课程。高职院校应该根据自身专业特点与人才培养需要,结合院校优势特色,科学布局,构建具有自身特色的多层次的国际化课程体系。扩大双语和全外语授课课程比例,加强国际化课程的基础建设。

(2)国际化特色课程建设。依托中外合作办学项目开展双语或全外语课程建设是高职院校国际化课程建设的主要模式。现阶段,在传统建设模式的基础上,高职院校应以更高视角谋划国际化课程体系建设,建设体现自身优势及特点的国际化特色课程。国际化特色课程应该面向五类主体:校内中外合作项目学生、留学生、校内非中外合作项目学生、外向型企业海内外员工、其他对中国文化有兴趣的社会学习者,当然前三者主体为国际化课程的主要服务对象。国际化特色课程内容可以包罗万象,体现院校自身的专业学科优势及学习者的需求,受众相对较广的国际化特色课程包括语言、文化、专业三类特色课程。

语言课程包括汉语学习、英语学习及目标国语言学习三部分课程,满足不同主体提高语言应用能力的需求。

文化类课程重点在于建设一批体现中华优秀传统文化和世界优秀传统文化及双边文化对比的课程群。通过文化类国际化特色课程可以讲好中国故事、讲好世界故事,增强国际文化交流,提高学生跨文化理解能力、交际能力与沟通能力,进而提升学生的国际化素养。与此同时,面向企业员工的国际文化素养培训将有助于外向型企业海外扩展及国际化运营。

专业类国际化特色课程建设是指在中外合作项目的专业课程建设基础上,根据院校自身的学科优势、专业优势,开发覆盖更广、更具特色的专业类国际化课程,如杭州作为中国电子商务之都,在杭院校可以结合自身的专业优势开发"Doing E-Commerce in China"等特色双语课程,可面向国(境)内外的学习者介绍中国电子商务发展基本情况。专业类国际化特色课程区别于传统中外合作项目中的专业课程,特色课程以服务国(境)内外的普通学习者,基于院校自身专业特点,以我为主、自主开发、彰显特色、突出优势,是高职院校国际化课程建设中的亮点工程。

3.国际化师资队伍建设。

国际化师资队伍建设是一项系统工程,是高职院校教育国际化工作的重要组成部分。国际化师资队伍建设需要解决目标、路径及重点领域等主要内容。

目前,高职院校开展国际化师资队伍建设,通过多种形式的培训合作、交流互访,目的在于提升教师队伍的国际意识、国际竞争力,建设"具有广博的文化知识和精湛的专业技能,具备现代化的教育意识和国际化的教育理念""了解国际先进的教学科研的新思想、新方法"的教师队伍。

通过选派高等学校优秀青年教师、学术带头人等赴国外高水平机构访学交流,加快引进世界名校师资,完善教师专业标准体系,推进外籍教师资格认证,加快高水平师资队伍建设。

自有教师的国际化素养提升主要借助多形式、多渠道的交流、学习、培训、合作。加强教师出国培养工作,鼓励支持教师申报各级各类公派留学项目,逐渐增加校派出国访学教师的数量。构建国家、省、校三级联动多层次师资出国(境)交流体系,出台扶持政策,鼓励教师参与国际合作交流项目、国际科研合作项目、国际组织合作项目等,遴选、培育一批能够赴国(境)外讲学、交流,可以参与国际事务和国际竞争的高水平国际化师资。加大具有国际视野的师资队伍的引进力度,提高新聘专任教师中具有海外留学经历的教师在当年新聘教师中的比例。完善教师国外访学进修考核评价制度,加强访学进修期间的过程管理和考核评价。

建立"国际化师资双向交流中心",加强国际化师资双向交流,引进外籍文教专家,打造通晓国际规则、能够参与国际事务的国际化师资队伍。加大海外引智工作力度,提高外国文教专家引进的数量和质量。多形式、多途径引进高水平的外国文教专家来校进行长短期授课、讲学、学术访问和科研合作。适度增加外国文教专家的数量。积极引进具有专业背景的外国文教专家,在现有语言外教为主的基础上引进胜任专业课程教学的优质外教。加强外国文教专家的管理和教学质量监控,通过专业课教学、举办讲座、进行教学督导等形式,在教学方法、教学模式改革等重点领域充分发挥外籍文教专家的优势和作用。

4.留学生项目建设。

留学生项目建设是未来高职院校教育国际化建设一个重要的增长点,是体现高职院校职业特色、服务行业企业优势的重要载体,是服务"一带一路"国家倡议及"中国制造2025"战略的重要渠道。高职院校应积极探索校企合作新领域,联合行业协会、龙头企业,共同开展国际化教育合作,吸引企业参与国际化办学,以智力要素服务企业国际化发展战略,同时,高职院校还应该努力寻求与国外政府部门、高等学校、产业界建立双边或多边共赢的合作关系。以政府部门或外向型企业为中介,大力拓展与国家重大战略相关国家的教育合作,开展校企共同参与的留学生交流项目,发挥院校语言、专业优势,发挥企业的业务优势,共同创新留学生培养模式,在平等协商的基础上搭建交流合作平台,构筑校企合作国际化办学共赢机制。

5.国际化管理服务能力建设。

继续加强校园国际化氛围的营造和建设,使更多国际化元素在校园多彩呈现。注重第一课堂与第二课堂、第三课堂的联动互动,继续办好丰富多彩的校内呈现国际文化元素的校园第二课堂和第三课堂活动。加强学生社团的建设和指导,发挥学生主体作用,吸引更多在校学生参与到教育国际交流中来,使学生在亲身参与的过程中切实受益,提升素质,助力成才。丰富宣传媒介,加强教育国际化工作的宣传和推广,使更多的师生切身感受到教育国际化的存在感。同时,不断完善满足在校工作、教学的长短期外籍教师和来校交流学习的国(境)外学生需要的教学、生活服务体系,优化教育国际化相关工作的校内办事流程,切实提高服务质量,提升国际化管理服务综合水平。

（执笔人：张海燕）

第 九 章

信息化与智慧校园建设

一、智慧校园建设是优质院校建设的应有之意

互联网时代,云计算、大数据、物联网、虚拟现实、人脸识别等现代科技深刻改变着人类的思维、生产、生活及学习方式。信息技术对教育发展也产生了革命性的影响。教育现代化是国家教育改革发展的战略目标,教育信息化是教育现代化的重要组成部分,加快推进教育信息化已经成为普遍共识。打造优质高职院校,应该正确把握互联网时代教育改革发展的时代特征,将信息技术与教育教学和管理深度融合,以信息技术为支撑促进教学方式、学习方式、评价方式、教研方式、管理方式的转变,将信息技术融入学生自主学习能力、解决问题能力及创新思维的培养,不断丰富优质教育资源,不断创新教学模式及方法,构建智慧型教育服务体系,助推教育模式、形态、内容、方式的变革,从而推动教学质量及办学水平的提升。

(一)智慧校园是数字化校园发展的新阶段

数字化校园以信息技术为支撑手段,结合校园的人、事、物,对校园各类活动进行数字化改造,主要涉及校园基础设施、教学资源、教学相关活动以及后勤保障等,在学校发展中主要起关键支撑作用。数字化校园具有技术多样性、业务集成性、资源广泛性等特征,其出发点是通过信息技术辅助或优化教育教学活动,提高教育教学质量和提升管理效率。而智慧校园是数字校园建设发展融合创新的新阶段,是对高校教育的彻底全面的改造,除了运用传统信息技术外,需综合运用云计算、大数据、物联网、移动互联、人工智能、社交网络、虚拟现实等新兴信息技术,全面改造并智能感知校园物理环境,智能识别并辅助师生群体的工作、学习及生活,将校园物理空间和网络数字空间有机融合,并相互作用,改变师生与学校资源、环境的交互方式,开展以人为本的个性化创新服务,实现学校智慧运行,支撑学校开展智慧教育。

(二)优质校智慧校园建设的战略定位

智慧校园是对数字校园建设的进一步深化与提升,是高校应对"互联网+教育"挑战的必然选择,是高校实施的"工业4.0",是"高校教育2.0"。信息技术与教育教学的关系从组合、整合演进到融合创新,其在高校整体发展中发挥的作用与日俱增,并且是无可替代、不可或缺的,因此,在高校教学创新改革发展中智慧校园的战略性定位将越来越突出,其将成为高校发展系统中的重要内容。作为优质高职院校,应该加大智慧校园建设力度,并不断探索融合创新的发展之路,引领高职发展。

二、以信息化为基础的智慧校园建设

(一)智慧校园建设的基本原则

1.坚持应用驱动,服务是宗旨。坚持以服务为宗旨,由点及面、由单一工作到教育教学的全过程,以服务促应用,以应用促建设,不断拓展信息化应用的广度和深度,开展教育教学、教学评估、学习空间、后勤保障、公共服务等各类应用,从而服务学生、服务教师、服务管理者、服务决策者、服务社会,进而服务高校教学改革及人才培养。

2.遵循标准规范,开放是核心。高校信息化平台建设是一项系统工程,在遵循国家、教育部、省级主管部门等制定出台的标准规范的同时,要构建校级相关的数据标准、建设规范,各业务应用要开放性设计,统一应用系统标准,保障系统互通、数据共享和业务的集成,避免"信息孤岛",使教育管理信息化能够发挥整体效用。

3.坚持统筹规划,共建是关键。高校信息化平台建设是一项庞大工程,是高校一把手工程,要坚持整体规划、统筹推进,需要统筹部门、业务部门、技术部门、企业等多方共同参与,凝心聚力、相互协作,构建权责清晰的组织体系,形成共建共享的开放合作机制。

4.坚持绩效评估,机制是保障。高校信息化平台建设是一项长期复杂工程,技术性强,要积极开展相关培训与绩效评价,以评促建,以评促用,以应用效果作为信息化建设的评价目标,建立应用绩效评估体系,创新信息化建设管理机制,构建运维服务体系,保障高校信息化建设的可持续发展。

(二)智慧校园建设的主要特征

智慧校园是高校信息化发展的新阶段,是高校数字校园建设的升级解决方案,是新兴信息技术与教育教学的创新融合。无论是信息化业务运行、技术框架还是建设模式,智慧校园建设都呈现出与数字校园不同的显著特征。

1.教育形态广泛重构,业务深度融合。从信息化业务运行来看,与数字校园主要注重传统业务的管理信息化相比,智慧校园更加重视跨部门间业务的衔接性,以及校园业务整合的一站式服务,更加重视利用云计算提供随需所用的资源服务,更加重视利用移动互联提供随时随地的服务,更加重视利用物联网提供实时动态智能感知,更加重视利用大数据提供科学分析和决策支持等更多的新兴信息技术的深度融合应用。在智慧校园建设阶段,高校信息化由条块式管理信息化发展为业务融合信息化,信息技术与业务的关系从组合、整合进入解构、优化乃至重构的融合创新阶段,新型教育教学模式广泛创新,打造智慧教育形态。

2.开放技术生态框架,柔性基础设施。从技术框架来看,随着大数据、云计算、物联网、移动互联、人工智能、社交网络、虚拟现实等新兴信息技术在高校的广泛应用,改变了数字校园的技术形态,各种技术形式的综合性复杂运用得到彻底发挥。单个企业在某一技术领域的深化应用产品得到用户认可,如基于云计算的网盘应用,产品的可集成度也大大提升。因此,在智慧校园整体解决方案中,建立支持开放技术生态的服务框架显得尤为重要,同时,也需要有柔性的技术基础设施。

3.轻量快速迭代开发,联合运维模式。从建设模式来看,数字校园传统的统筹建设、分步实施的建设模式已经无法适应当前的技术生态,智慧校园建设应在学校总体规划下多方参与、开放共享的建设模式,构建轻量级/碎片化、快速迭代的发展模式,如基于流程引擎的网上办事大厅。从智慧校园运维来看,智慧校园信息化基础设施及应用的平台技术复杂度不断提高,以及各类社会信息系统不断引入,如阿里云等,因此,高校自身信息化队伍及传统的自我运维方式已经难以支撑,应构建与智慧校园专业服务商、社会信息系统供应商、运维供应商协同的联合运维模式,智慧校园的建设发展才是可持续的。

(三)数字化校园建设与智慧校园建设的目标

数字化校园建设是一个与时俱进的发展过程,其建设需要与学校自身发展的阶段相适应,应该持续性加以推进,作为优质高职也应当不断优化升级,为智慧校园建设奠定基础。数字化校园建设要以促进学习方式和教育模式创新为核心,其主要建设目标如下:

1.实现校园环境数字化改造。利用计算机技术、网络技术、通信技术等先进的信息化手段和工具,实现从基础设施(网络、终端、教室等)、资源(图书、讲义、课件等)到活动(学习、教学、研究、管理、生活等)的数字化。

2.实现全方位的互联互通。拓展现实校园的时空维度,实现全方位的互联互通;打造有线无线网路环境,实现随时随地的网络接入;打造优质数字资源服务平台,实现优质数字资源的使用和共享,如智慧职教;打造师生网络学习空间,实现教学、学习、教研空间的互联互通,如世界大学城。

3.实现教、学模式和管理模式创新。推进信息技术与教、学的创新融合,实现课堂教学、学习方式的变革和创新,如翻转课堂、自主学习等;整合、重构学校管理与服务业务,实现流程的优化与再造,提升效率与水平,如网上办事大厅;加强师生信息素养培训,提高师生信息化生存能力,实现师生全面和谐发展。

高校建设智慧校园,是在数字校园的基础上,通过一系列新兴信息技术的引入,为师生提供各种智慧型的业务应用,改进师生在工作、学习和生活中的活动方式,推动教学、科研、管理和服务在 IT 支持下的模式创新,实现高校的智慧运行,支撑高校智慧教育的开展。高校智慧校园的建设要以支持高校智慧教育的开展为核心,一是实现智慧型人才培养,即大力推动线上线下融合教学和基于大数据的教学质量评价,开展广泛的因材施教和个性化的人才培养,实现智慧型人才培养。二是实现智慧型科学研究,即打造科研协同和知识管理平台,减少科研过程的低水平重复劳动,加强科研协作,提高科研水平与效率,实现智慧型科学研究。三是实现智慧型社会服务,即打造技术技能积累及服务平台,对接行业、企业,依托平台开展社会服务,提升服务效率和水平,实现智慧型社会服务。四是实现智慧型文化传承,即构建高校网络思想政治教育平台,强化社会主义核心价值观培养,开展先进的大学网络文化教育,实现智慧型文化传承。五是实现智慧型管理决策,即构建多终端、一站式网上协同平台,改造、重组管理服务流程,并通过大数据技术收集、整体、分析运行规律,为科学决策提供支持,实现智慧型管理和决策。六是实现智慧型生活服务,即基于物联感知、人脸识别、人工智能等技术,整合校内后勤生活服务和社会服务系统资源,构建综合性后勤及生活服务平台,实现智慧型生活服务。

(四)智慧校园信息化基础设施及应用服务建设

1.信息化基础设施建设。基础设施是数字校园建设的基础和外显形式,是数字校园的最底层,包括校园网络、数据中心、数字化教学环境(如多媒体教室、计算机教室等)、网络信息服务、网络管理与网络安全等,为校园信息化应用服务提供硬件支持。

职业院校信息化建设要充分发挥现有基础设施设备的作用,有条件的高职可以在信息化基础环境建设方面进行创新性探索,利用社会化公有云设施作为学校基础设施保障的重要组成部分。数字校园的基础设施包括基于计算机网络的信息基础设施、网络信息服务、数字广播与电视、多媒体教室、仿真实训系统环境、数字安防系统,其中信息基础设施包括校园网络、数据中心和安全设施等。

(1)校园有线无线网络建设要求。职业院校校园网络建设目标是建设一个实用、高速、运行稳定可靠以及安全可控的校园网络,为学校的资源共享、教育教学、职业训练、学校管理和网络文化生活等校园信息化应用和服务提供满足服务质量要求的网络支撑环境。

校园有线网络的设计应符合 GB/T 15269－2003 的相关规定;根据网络用户规模可以采用二层架构(核心层、接入层)或三层架构(核心层、汇聚层、接入层)建设校园网络;校园网络应采用成熟的千兆/万兆以太网络技术和设备,网络应满足冗余性要求。网络核心层应配置冗余设备(双核心),重要楼宇应配置冗余光纤链路。校园网络应设置DMZ区,专门放置 WWW 等允许外部访问的公共服务器,对外提供WWW 等信息服务,实现与内部网络的隔离;校园网络应具有内、外网不同访问控制策略,限定不同类型用户的访问权限,校园网出口位置应设置 NAT 设备及配套的 NAT 日志记录和查询系统,并保存至少60 天的 NAT 日志;校园网络应部署网络管理与用户管理系统。

校园无线网络应在校园有线网络基础上建设,选用最新成熟的无线技术标准;校园无线网络应采用基于无线控制器的瘦 AP 系统架构,满足可管理、安全、QoS、漫游等功能要求;AP 数量应根据场地面积、可能并发的无线终端数进行合理设置。室内区域满足 95％区域接收信号强度≥－75dBm,室外满足 95％区域接收信号强度≥－65dBm,每个 AP 的接入用户数宜小于 30 人。校园无线网络应部署用户管理系统实现用户认证和管理,可以共用有线网络的用户管理系统。

(2)校园数据中心建设要求。数据中心是数据汇集而形成的集成IT 应用环境,是各种业务的提供中心,是数据处理、数据存储和数据交换的中心。数据中心的建设目标是建设安全、节能、高效的机房环境,构建高性能、高可用性、高安全性的网络系统、主机(服务器)系统、存储系统、数据备份和容灾系统、数据库系统等,为信息服务和信息化应用提供良好的支撑环境。要配有专业的网络管理人员进行管理维护,并制定完善的管理制度。

（3）校园安全设施建设要求。学校网络安全需要通过制定网络安全政策和利用网络安全技术（包括软件和硬件）设备对网络系统和计算机系统进行安全防护，确保网络系统的硬件、软件及其系统中的数据受到保护，不因偶然的或者恶意的原因而遭受到破坏、更改、泄露，系统连续可靠正常地运行，网络服务不中断。校园网络安全设备是确保校园网络安全最主要的安全设施。校园网络安全设备主要包括防火墙、入侵检测系统、防病毒系统、漏洞扫描系统、安全审计系统、流量监控系统、上网行为管理系统和 WEB 应用防火墙等，这些设备根据需要部署在校园网络出口位置或数据中心出口位置。学校网络信息安全应遵循国家相关信息安全等级保护条例、标准及指南。

2.信息化应用服务建设。应用服务是数字校园建设的窗口，主要涉及业务应用以及业务支撑系统，是实现学校教学、管理、教研、生活等教育活动信息化的重要保障，主要包括教学服务、科研服务、管理服务、公共服务、文化生活服务、社会服务和决策支持服务等。职业院校数字校园应用服务建设应围绕职业院校发展与改革的目标，在教学、科研、管理、公共服务、校园文化生活、社会服务和决策支持等方面提供有效的数字化服务。软件应用系统的建设主要有两种模式，分别是云服务模式和自建模式。云服务模式即基础设施和应用平台的规划、设计、开发部署和维护由相关供应商负责，学校只管应用；自建模式即由学校负责规划、设计、建设和维护及应用，部署在学校数据中心，通过信息交换的方式与外部联通。

（1）应用服务建设的总体要求。院校应统一规划各类应用服务，根据自身特点和需求，分步构建或引用来自校内外的应用服务；各类应用服务应实现有效集成，避免服务间的"信息孤岛"。应用服务集成包括统一身份认证、统一信息门户和统一公共数据；应用服务应能适应学校的发展，满足学校教学改革和创新的需要，不断进行扩展；确保在用户数量多、使用频繁的情况下，保证应用服务的稳定性和可靠性，如教务选课系统、网络教学平台;应用服务具有开放性,提供开放接口,便于与其他应用服务进行集成;应用服务应具有操作简单、易于维护的特点,对技术人员依赖程度低。

(2)应用服务体系构成。数字化校园中的应用服务体系包括统一身份认证与门户服务、教学应用服务、管理应用服务、教研应用服务和生活应用服务。

一是统一身份认证与门户服务。统一身份认证与门户服务是指支持全局统一用户管理与认证,提供综合信息集成环境的信息化服务。其建设应提供全局统一的用户管理和用户认证服务,支持用户安全、便捷地应用各种信息服务;提供单点登录服务,支持用户一次登录即可在有效期间内访问任何已经授权的应用系统;提供综合信息门户服务,支持用户个性化设置各种信息资源和应用服务。

二是教学应用服务。教学应用服务是指支持教师备课、教师教学、学生学习等各种教学活动开展的信息化服务。其建设应提供电子备课服务,支持教师开展网络协同备课;提供网络教学服务,支持教师开展网络教学;提供网络学习服务,支持学生开展自主学习、协作学习和探究学习;提供在线学习评估服务,支持教师对学生开展在线测评和评价管理;提供远程实时授课服务,支持师生开展同步课堂教学。

三是管理应用服务。管理应用服务是指支持学校教务、行政、资产、人事等各种教育管理活动开展的信息化服务。其建设应提供电子档案袋管理服务,支持学生成长过程中各种信息的记录和存储;提供数字教务管理服务,支持学校高效开展排课、选课、评课、成绩采集等教务活动;提供数字行政管理服务,支持学校高效开展文件流转、知识共享、信息发布、公文审批等政务活动,全面实现办公自动化;提供人事师资管理服务,支持学校高校管理全体教职工信息;提供财务管理服务,支持学校高效开展信息化环境下的财务管理、监督和控制;提供设备资产管理服务,支持学校高效管理各类设备和资产;提供数字图书管理服务,支持学校高效管理各种纸质和数字图书资源。

四是教研应用服务。教研应用服务是指支持教学研究、教师培训等相关活动开展的信息化服务,其建设应提供教研网络社区服务,支持教师在线互动、交流、资源分享、案例研讨等;提供教研数字资源服务,支持教师自主学习和协作研究;提供跨校区域交流和评价服务,支持校际教师间远程评课互动;提供跨校区域协同备课服务,支持校际教师间协同设计教案和课件;提供教师专业发展的成长档案袋服务,为教师个性化发展提供指导;提供教师教育技术能力培训服务,包括培训、考核与认证。

五是生活应用服务。生活应用服务是指支持广大师生享受学校生活和文化的信息化服务,其建设应提供数字家校互通服务,支持家长与学校进行便捷的沟通交流;提供数字课外学习支持服务,支持学生开展各种课外活动;提供数字化校园文化建设与传播服务,支持学生开展各种校园文化活动;提供数字化社会公共服务,向社会开放学校的教育资源,为家长提供家庭教育指导。

(五)信息化数字资源及师生职业能力建设

1.信息化数字资源建设。数字资源是数字校园建设的重点,丰富的数字化资源是学校开展信息化教学的基础和条件。数字资源通过应用服务被用户使用,包括通用性数字化教学资源、数字化仿真实训资源、数字化场馆资源和数字图书资源。数字校园建设要加强优质教育数字资源的建设与应用,并广泛整合外部环境中的各种优质数字资源。学校在推进数字资源建设与应用的过程中,要吸纳教育界内部和外部的各种优质数字资源,特别要考虑与国家、省教育资源云服务平台的对接。数字资源的共建共享和优质资源的教学应用是数字化校园建设的重要内容和关键环节。

(1)数字资源分类。数字资源按照其应用目的分为学生学习资源、教师教学资源和教师专业发展与教研资源。

一是学生学习资源：供学生自主或协作学习的各种数字化资源，包括系统化的网络课程、数字图书、校本选修课程、个性化辅导的多媒体课件、针对学科专题的探究性主题资源等。

二是教师教学资源：供教师开展多媒体教学和网络教学的各种数字化资源，包括教学设计方案、多媒体教学课件、备课素材资源等。

三是教师专业发展与教研专业资源：面向教师专业发展的各种培训资源和供教师开展教学活动的各种数字化资源，包括网络培训课程、专家报告、公开示范课等。

数字资源按照其应用的场所分为课堂与实训室数字化教学资源、数字场馆资源和数字图书馆资源，其中课堂与实训室数字化教学资源包括通用性资源和仿真实训资源。

（2）数字资源来源。本着开放、共享的指导思想，应当拓宽资源生产渠道，广纳各方优质资源。数字资源主要有四种来源，分别是校本资源、引进资源、开放资源和公共教育资源。

一是校本资源，学校开发的自主版权资源，包括学校自主建设或与企业等单位合作研发的教学资源。

二是引进资源，学校以购买、合作等形式从外部引入的非开放性教学资源。

三是开放资源，基于非商业用途，借助网络信息技术自由地参考、使用和修改的教育资源，如各种视频公开课、开放课件资源等。

四是公共教育资源，是指由国家、省或政府部门主导，组织建设的社会公共教育资源，如国家、省基础教育、职业教育资源库，国家、省精品网络课程资源，等等。

（3）数字资源建设与应用要求。数字资源建设应结合区域特性和本校特色，建设校本课程资源，并通过多种渠道与外部共享；建设视频公开课资源，促进名师课堂的网络传播；建设支持学生自主探究、协作交流和研究性学习的资源；建设数字图书馆资源，支持师生开展数字阅读；遵循相关教育资源建设标准，以利于资源共享、系统间互操作和资源重复利用；尊重教学规律和要求，恰当应用技术，避免技术的过度应用；重视教学过程中各种生成性资源（讨论、试题、笔记等）的积累与应用；重组和改造已有数字资源，适应实际教学需要；遵守法律法规，尊重和保护资源版权。

2.信息化师生职业能力建设。师生是数字校园建设的核心，也是服务的对象。数字校园建设过程中要突出培养教师的教育技术能力、信息环境下创新教学的能力，学生的自主学习能力、协作学习能力、探究学习能力和信息技术素养。

互联网时代，职业院校数字校园建设将对职业教育的教学理念、教学内容和教学模式产生革命性的影响，对职业院校教师的信息化职业能力提出了新的要求。同时，也将改变学生的学习方式，增强学生自身的信息化职业能力也将成为学校教育的重要内容，关乎学生未来的生存与发展。

（1）学生发展。学生发展主要涉及学习态度与思想意识、学习方式与技能、社会责任三个方面对学生培养的要求。一是学习态度与思想意识要求，即具有正确的信息意识，能够准确评价信息，对运用信息技术持积极态度；具有利用信息技术进行创新性学习的意识；具有利用信息技术解决学习和生活中实际问题的意识。二是学习方式与技能要求，即能利用网络获取、储存、评价和应用数字化学习资源；能利用常见媒体终端进行随时随地的学习、交流和分享；能在教师的指导下，应用信息技术灵活开展自主学习、合作学习与探究学习；能提出问题、分析问题，并尝试应用新技术解决问题；能利用多种信息技术工具与教师、同学、家长、学科专家进行交流；能利用信息技术改进学习方法，提高学习效率；能正确使用信息技术及设备，初步具有应对系统中常见错误的能力。三是社会责任要求，即能安全、合法和负责任地使用信息技术,尊重知识产权和公民的基本信息权利;能理解与信息技术相关的道德、文化和社会问题;掌握网络基本礼仪,学做合格的数字化公民,并能引导他人做合格的数字化公民。

(2)教师发展。教师发展主要涉及工作态度与思想意识、教学理念方法与技能、社会责任三个方面对教师职业发展的要求。一是工作态度与思想意识要求,即能认识到信息技术对于教育教学改革的重要意义和作用;具有主动引导学生利用信息技术进行更好的学习与生活的意识与态度;具有在教学中开展信息技术与课程整合、进行教学改革研究的意识;具有关注新技术发展并尝试将新技术应用于教学的意识;具有利用信息技术进行终身学习的意识与态度。二是教学理念、方法与技能要求,即能利用信息技术获取新的教学理念与方法;能进行信息技术环境下的教学设计;能获取、加工和集成数字化教学资源,支持课堂教学;能利用网络教学平台开展混合式教学;能利用网络参与校本和区域教研活动;能利用信息技术对教学资源、教学活动、教学过程进行有效的管理;能利用网络与学生、家长、同事、教学管理人员、学科专家、行业领域专家等进行交流;能应用信息技术开展对学生的评价和对教学过程的评价;能正确使用常见的信息技术设备,具有应对系统中常见错误的能力。三是社会责任要求,即能安全、合法和负责任地使用信息技术,尊重知识产权和公民的基本信息权利;能向学生示范并传授与信息技术利用有关的法律法规知识和伦理道德观念;利用信息技术帮助全体学生平等地享有更多优质教育资源;掌握网络的基本礼仪,学做合格的数字化公民,并能引导他人学做合格的数字化公民;尊重信息社会公民的基本权利。

三、信息化与智慧校园建设的保障体系

数字化校园建设与应用的持续推进和创新发展离不开相关的机

制保障。信息化建设保障体系是整个数字校园顺利实施、平稳运行和持续发展的重要保证,也为数字校园建设的可持续发展提供必要支撑,包括信息化领导力、信息化组织机构、信息化人力资源、信息化建设规范、信息化经费保障五个方面。在具体实施过程中,各个学校可以根据自身条件和建设需要进行适当调整和补充完善。

(一)信息化领导力

学校领导应具备很强的信息化意识,把学校的教育信息化发展当作日常工作的一部分;应具备良好的信息化决策与规划的能力,能结合学校的特点与条件、根据学校总体发展规划,提出学校信息化发展的总体思路与主要内容;应具备良好的信息化组织与管理能力,为教师和学生创设有利于信息化应用和发展的条件和氛围,制定有效推进数字化校园建设的保障制度;应具备良好的学校信息化评价能力,能使用多种方法对学校教育信息化建设和发展的各个方面(基础设施、学习资源、应用系统、教师信息技术能力、学生信息化学习水平等)进行评价。

(二)信息化组织机构

信息化组织机构由学校首席信息官、信息化办公室、数字校园技术部门、学校业务部门以及监理与评价小组组成,其各自职责如下:

1.学校首席信息官(CIO)是负责信息化工作的专职校级领导,其主要职责是明确学校整体信息化发展战略;领导制订数字校园规划和标准;推进信息化环境下的组织体制改革;提升全体师生员工以信息化为新动力持续提升学校核心竞争力的战略共识;协调各个部门的信息化建设与应用。

2.信息化办公室是信息化常设工作机构,其负责制订数字校园规划和标准;监控规划的执行;协调学校各部门之间的工作;评价实施效果；协调校内部门与校外机构之间的关系。

3.数字校园技术部门是建设与运行的主要承担者，负责数字校园规划的实施，包括数字校园建设、运行维护、用户服务与培训。针对外购系统还需负责与外部机构的协调与合作。

4.学校业务部门负责提出业务系统的需求、制订信息化政策、推进业务系统的应用。在业务部门应该设有信息化主管领导和专职信息化人员。

5.监理与评价小组负责技术系统和组织体系建设与应用的监控和评价。协调与校外聘请的专业化机构和相关专家的关系；在数字校园建设与应用的各个阶段提供持续跟踪服务，并将获取的评价意见和建议反馈至相关部门。

(三)信息化人力资源

数字校园的建设与服务的主体包括信息化建设人员、信息化运行与维护人员、信息化培训人员和信息化研究人员。不同主体的信息化能力要求如下：

1.信息化建设人员应具备将学校数字校园规划转化为技术方案的能力，信息技术系统顶层设计、需求分析、软件开发的能力，落实规范与规章制度的能力；团队协作与协调能力，技术系统应用效果评价的能力。

2.信息化运行与维护人员应具备技术系统问题解答与咨询能力，解决技术系统运行故障能力，沟通交流能力。

3.信息化培训人员应具备进行信息化意识和规范培训的能力，进行信息化基本技能培训的能力、针对应用软件使用培训的能力，结合业务模式的变革促进用户发展的能力，组织实施各类培训工作的能力。

4.信息化研究人员应具备进行数字校园规划与设计的能力，起草数字校园规范与规章的能力，将数字校园研究的成果转化为实施建议与措施的能力,进行数字校园评价的能力。

(四)信息化建设规范

1.项目管理流程强调计划与过程管理,应合理制定计划、严格执行计划,抓好立项管理、项目计划、需求管理、质量管理、项目结题等重点环节,以确保技术系统的建设质量和效率;项目建设过程应制定并遵循统一的项目管理规范。

2.对于学校自主开发的项目,需要遵循信息技术系统设计和开发规范,主要包括系统选型、软件工程规范、系统设计规范、开发环境规范、软件开发规范和系统测试规范。

3.在数字校园建设过程中应当引进监理机制。项目监理方在项目的投资决策、招标、设计、项目管理与实施和评价验收全过程中,对项目的投资、计划、质量等多个方面,在事前、事中、事后进行全方位严格控制,重点进行质量控制、进度控制、变更控制、文档控制和安全控制等。

(三)信息化建设经费保障

1.应设立常态化的数字校园建设与应用专项资金,形成制度化的可持续经费投入机制。

2.应统筹考虑硬件经费和软件经费、系统软件经费和应用软件经费、教学平台经费和教学资源经费、建设经费和运行维护经费、系统建设经费和人员发展经费的合理比例,确保数字校园建设与应用形成良性循环过程。

3.应加强对经费投入的效益分析,形成项目应用效果的长期跟踪办法,建立专门的项目评估与审计制度。

职业院校数字校园建设的核心内容是构建职业教育教学和管理服务体系的技术系统,以及确保技术系统顺利建设和有效应用的组织结构与体系。数字校园为学生、教师、管理人员和校外人员等提供数字化教学、数字化科研、数字化管理、数字化公共服务、数字化文化生活、数字化社会服务和数字化决策支持服务,同时促进学生和教师信息化职业素养的全面发展,应作为优质院校建设重要的内容之一。在实际建设过程中,要根据学校实际,综合考虑各个方面的建设内容,分阶段、有重点地整体推进。

文案参考资料

[1]教育部职业教育与成人教育司:职业教育数字校园建设规范.

[2]教育部教育管理信息中心:教育管理信息化建设与应用指南.

[3]江苏省教育厅:江苏省教育信息化建设指南.

[4]教育部中央电化教育馆:数字校园示范建设指南(试行).

[5]教育部中央电化教育馆:数字校园示范校建设参考指标.

[6]清华大学、上海交大信息化专家谈高校智慧校园技术参考模型设计.

（执笔人：潘明凤）

第 十 章

构建素质教育体系

20世纪80年代,为了适应社会主义现代化建设对高校人才培养工作的要求,我国高等教育界提出了以加强文化素质教育为主要内容的素质教育思想,并在各高等学校尤其是理工类大学广泛展开。1999年全国第三次教育工作会议,党中央、国务院做出了《关于深化教育改革全国推进素质教育的决定》,发出了全面实施素质教育的动员令,素质教育开始在各级各类教育中迅速推进。高等职业教育作为我国高等教育大众化的直接产物,同时肩负着优化我国高等教育结构和我国人力资源结构等多重职责,如何办好学、育好人,尤其是在强调技能训练的同时,研究和实施素质教育,则是一个十分重要而敏感的问题。

一、正确认识高等职业院校素质教育的重要性

多年的实践证明,素质教育是切合中国国情、富有中国特色的教育思想和教育理念,多年的实践证明,重视和加强素质教育,对培养德智体美全面发展的社会主义现代化建设的可靠接班人和合格建设者

具有十分重大的意义。在高等学校,它对于解决仅纯重视专业教育而引出的问题,无疑是十分有意义的,而在中小学,它对改变过分偏面于应试教育的状况、对促进学生的全面发展,无疑是十分有益的。然问题在于,在以推进高等教育大众化为主要抓手的高等职业院校,素质教育是否仍有必要,对以培养技能动手能力为主要目标的高等职业教育而言,开展素质教育是否可行,我们的回答是肯定的,高等职业院校必须重视并加强素质教育。这是因为,高等职业教育既是高等教育,又是职业教育;是教育,就必须重视素质。

无论人们怎么理解高等职业教育,无论人们对高等职业教育中的技术技能教育多么重视,我们认为,高等职业教育仍然需要素质教育。

第一,素质教育和素质提升是各级各类教育的共同目的。或者说,是否重视素质提升和素质教育,它是区分教育和培训的重要标志。一般而言,培训是短期的,具有特定目的性和针对性。如岗前培训主要解决岗位必需的知识和技能问题,岗中转训主要是为了岗位发展需要的某项具体知识和技能问题,转岗培训是为了解决新岗位所需知识和技能问题。而教育是较长时间的,带有系统性和整体性,虽也有具体目标,但目的不一定非常直接和十分具体,它必然包括了知识、能力、素质的统一,包括了适岗适需和可持续发展的统一,包含了做人和做事的统一。

第二,高等职业教育的学生更需要弥补性素质教育。按照我国目前的考试制度和录取方法,高等职业院校录取的学生,一般都不是中学教育的成功者。这当中尽管有个人性格和特长因素,也有考试和考核方法问题,也有人的智能结构问题,自然,我们也不排斥有智商因素。但无论如何,从总体而言,高等职业院校录取的学生普遍考分较低,在中学教育模式和这一阶段的教育中,并非是成功者或十分成功者,他们总有学习习惯、行为习惯、学习方法等方面的差距或不足,甚至严重不足。正因为这样,其克服不足和不良习惯的重要路径就是接受补偿性教育,这就是最基本的、最基础的素质教育。

第三,用人单位的广泛实践表明,高职教育必须重视素质教育。高等职业教育的任务是培养社会主义现代化生产、建设、管理、服务需要的高素质技能型人才。技术和技能水平、岗位的适应性和业务操作能力,无疑是十分重要的。但据许多人力资源调研机构、学校人才培养调研情况表明,影响用人部门录用大学生的最为重要的条件并非是技术和能力,行为习惯、职业态度、敬业精神、交流沟通、文明礼貌等处于前列。这说明,虽然我们是高等职业教育,但素质教育仍然非常重要,因为我们的任务是通过三年的教育,要使我们的学生顺利实现从普通中学生向和谐的社会化的职业人的转换。也正因为这样,素质教育是不可偏废的。

二、高等职业院校开展素质教育的情况回顾

我国的高等职业教育发端于 20 世纪 80 年代的短期职业大学,当时正值改革开放初期,集体经济等有了一定发展,高等教育刚刚恢复高考制度,处在精英教育阶段,可谓百废待兴,百业待举。在有关方面支持下,适应经济社会需求和教育发展要求,我国先后建设了一批短期职业大学(曾达到 126 所),主要是通过走读、业余学习等方式进行,且实行“三不一转”,由于定位不明确,主要为了解决高中毕业生有书读和人才培养急需,并没有科学的人才培养模式,属于压缩饼干型教学,自然也就没有构建起素质教育体系。以后高等职业教育经历了高等专科、成人高校、职业大学三教统筹阶段,又经历了“中专戴帽”,“电大联办”等路径,但都始终没有统一定位,因而也就没有十分明确的培养体系和工作规范。

世纪之交,国家做出了推进高等教育大众化的战略决策,并把发展高等职业教育作为重要抓手,且下放了专科层次高等职业(技术)学

院的设置审批权,并于 2000 年出台了《教育部关于加强高职高专人才培养工作的意见》(教高〔2000〕2 号),统一用"高职高专"概念,并对素质教育有了一定的要求;2004 年 3 月,教育部又印发了《教育部关于以就业为导向 深化高等职业教育改革的若干意见》(教高〔2004〕1 号),统一了高等职业教育的概念。以后,自 2005 年开始,国家实施了示范性高等职业院校建设计划,并在全国范围内先后建设百所示范性高职院校,之后又启动建设百所骨干高职院校,高等职业教育从试办、到规范、再到示范,不断走向内涵。人才培养也不断走向规范,德智体美全面发展理念不断深入,以职业素质为重点的素质教育不断得到重视,促进了学校的发展。

在这一过程中,一批高职院校也开始参与高等教育文化素质教育的研讨活动,并实施素质教育。如顺德职业技术学院的通识教育、浙江经济职业技术学院的中华诗教、浙江金融职业学院的明理教育等。也正是在这种背景下,一些学校的领导开始全面参与并研究高等职业教育的素质教育。2010 年,由教育部高等学校文化素质教育指导委员会和深圳职业技术学院共同发起成立了全国高职院校文化素质教育协会,并组织高职教育文化建设与可持续发展论坛(至今已举办五届),出版了文化育人专刊。2012 年,教育部组建了全国职业院校文化素质教育指导委员会,近百所学校参与其中。

伴随素质教育的推进日,在时任中国高等教育学会会长周远清的倡议和支持下,2011 年在北京成立了中国高等教育学会大学素质教育分会,也有一大批高职院校参与,其中浙江金融职业学院党委书记当选为副会长。与此同时,由浙江金融职业学院发起、国内百余所学校参与的中国高等教育学会大学素质教育分会高职工作委员会 2014 年 4 月 18 日在杭州正式成立,中国高教学会名誉会长周远清、中国高教学会会长瞿振元、教育部职业教育与成人教育司司长葛道凯等领导出席并做了重要讲话,浙江金融职业学院当选为主任委员单位,从此,全国高等职业院校素质教育又有了新的正规的学术交流平台，首次学术年会的成果《高职素质教育理论与实践》和首部专著《高职院校素质教育研究》均已正式出版。在这一过程中，教育部主管职业教育的副部长鲁昕同志也在各种场合，强调高等职业教育要坚持立德树人、育人为本，重视和加强学生素质教育和素质养成。高等职业院校的素质教育越来越成为共识，并不断创新和更有成效。

三、正确把握高等职业院校开展素质教育的重点

素质教育是一个比较抽象又具有不同理解的概念，对于在清华大学、华中科技大学等学校开始兴起的素质教育，其主要是文化素质教育，事实上，它是相对于理工科大学重理轻文，重视专业教育而忽视通识性教育而言的，其概念相对清晰，目的也比较明确；对于中小学而言，其素质教育主要是相对于应试教育而言的，主要是为了防止和克服单一的以考试科目、考试分数论英雄，而忽视和忽略了全面发展，尤其是美、体、劳等的培养和发展，这些都是可以理解的，相对而言，也比较容易操作。

高等职业教育作为我国高等教育的一个新的类型，它主要是培养面向生产、建设、管理、服务第一线的高素质技能型人才，因此，素质教育是必需的，关键是需要什么样的素质教育。传统的理解，既然是职业教育，其素质教育必然是职业素质教育，粗看起来，它确实也没有错，但我们认为，如果这样理解，无疑过于单一简单，我们的理解是，高等职业院校的素质教育是一个复合、多重的，带有立体性质的素质教育，主要表现在：

第一，从发展高等职业教育的使命看，它的着力点是职业素质。众所周知，我国的高等职业教育无论是作为高等教育的一个新的类型和组成部分，还是作为现代职业教育体系中的一个层次，其重要职能是

为了优化我国的教育结构,尤其是高等教育结构,同时优化人力资源结构,这就是说,它主要是为了培养技术技能应用型人才。正是从这种意义上说,它既担负着克服本科压缩饼干型的培养模式的任务,也担负着培养面向生产、建设、管理、服务第一线的操作性实用型人才的任务,它需要培养具有较高适应性的职业化专业人才,职业化和专业性是十分重要的。正因为如此,崇高的职业理想、高尚的职业道德、良好的职业习惯、娴熟的职业技能是十分重要的。这实际上就是中央号召的"四德",即社会公德、家庭美德、职业道德、个人品德中的大口径道德范畴。正因为这样,我们必须突出职业素质,这是必须做好的。

第二,从高等职业教育目前的实际情况看,它必须实施补偿性素质教育。也就是说,由于种种原因,高等职业院校的学生并非是中学教育的成功者,他们之所以考分低,除了有一些考试方法和模式等因素外,更多的是他们自身的因素,或者行为习惯不好,或者学习习惯不好,或者其他因素。正因为这样,小至文明礼貌、见人问好,大至理想信念、宗旨目标,或多或少都有一些问题,尤其是在中小学应试教育严重的背景下,这显得更加突出。虽然有人批评我国目前的思想政治教育是小学生讲共产主义远大理想之信仰、中学生讲中国特色社会主义宏观目标之理念、大学生讲见面问好文明礼貌之养成。但无论如何,作为补偿性教育,我们还得补,包括补文化素质、补中国传统文化、补文明礼仪等。

第三,从高等职业教育培养目标要求看,它必须是综合性的素质教育。如前所言,高等职业教育也是高等教育,是我国高等教育的特殊类型和有机组成部分,它担负着培养合格建设者和可靠接班人的任务,它培养的人才要具有直接上岗的适应性,并具有可持续发展的能力,即德才兼备并具有可持续发展能力的人。在一些领域和一些岗位,还需要所培养的人具有国际视野、国际化能力,具有创业意识和创业能力。正因为这样,其素质教育必然具有综合性,包括了最基本的身体素质、文化素质,包括了一定的创新创业素质、国际化意识和素质,自然,身心健康也是十分重要的,专业和职业素质更是必需的。

第四,从办人民满意的教育的高目标追求看,它必须是也是一种加量加料教育。坦率地讲,同本科相比,高等职业教育学制只有三年,高职学生的考分比"985"大学录取分至少要差 300 分,比"211"大学要差 200 分,比本科院校录取分要差 100 分。在这样的情况下,我们要贯彻好以服务为宗旨、就业为导向的办学思想,既要开放开门办学,又要深化校企合作,走产学研相结合的道路。时间非常紧迫、课时十分有限,如果只满足于常规,那就很难实现和实施,而必须从办人民满意教育的标准出发,实施加量加料,即学生改习惯加时间、老师加精力做奉献、学校加投入少收费,通过增加课程、增加课时、增加活动、增加机会等途径,通过优化方法、优化理念、优化环境、优化机制等手段,推动综合性素质教育的完成,积极创造条件、争取可能,实现"三大于四、职优于本"的培养目标。

总之,我们认为,高等职业教育不仅需要素质教育,而且更需要素质教育,它的特点是以职业素质为基本前提的综合性素质教育,是融合了补偿性因素的素质教育,是需要用加量加料的方法和路径去实施和实现的。

四、科学研究高职院校开展素质教育的基本方法

素质教育的目的,是谋求做人和做事的有机结合,高职教育必须坚持素质和能力并重,具体地说,对素质教育问题,必须做到:

一是系统设计。要把素质教育贯穿人才培养工作全过程,突出爱岗敬业、踏实肯干、谦虚好学、合作精神、安心基层、乐在一线。也就是说,素质教育和素质养成问题,绝不是临时和权宜之计,而必须系统设计从入学到毕业的全过程,有第一、第二、第三课堂的通盘考虑。有课

程、社团、活动、学分等具体层面的安排,学校高层更要有一个统筹协调和规划领导机构,在制订人才培养方案时要有整体思考,统筹安排。

二是分类培养。高等职业教育是一个多层次、多门类、多生源的教育机构,就生源来说有普高生、三校生;从地域来说有本地生、外地生;从招考形式来说有统招统考、单招单考、"3+2"和自主招生;从办学形式来说,除面向以外,还有中外合作"3+2"等;从发展目标来说,有专升本、有就业创业、有出国深造;对此,我们要根据培养总体目标和基本定位,既要保持最基本的,同时,更要强调分类指导,分类培养。

三是覆盖全员。高等职业教育是我国高等教育大众化的产物,作为大众化的高等教育,承担着立德树人、育人为本的光荣任务,必须树立人人成才的观念并采取相应举措。在素质教育问题上,必须防止出现优者越优、弱者愈弱的情况,必须设立面向全体学生的素质教育基础和必修项目,对每个同学提出必须达到合格的要求,真正做到素质教育使每个同学都受益。

四是强化特长。教育的目的是使人增值,其最高境界则是增值最大化,在有限的时间和条件下,要使每个同学实现增值最大,就必须做到扬长避短。在确保做到保基本、保底线的情况下,积极创造条件,让有特长的同学更有特点,让有优势的同学更有优势。学校的重要任务是发现特长、拓展特长、提高特长,使大多数同学能够有一技之长或多项特长,以提高其生存发展能力和市场竞争能力,更好地实现人生价值,为社会多做贡献。

五是困难帮扶。在大众化的环境和条件下,一定会出现一部分特殊和困难的人群,尤其是高职教育的对象多数是农村家庭、贫困地区、山区、欠发达地区的孩子。由于教学环境和条件的限制,在实施和推进素质教育的过程中,必定有少部分同学出现心理、生理、身体等方面的困难。我们一定要满腔热情地予以指导和帮助,教师与学生的结对,学生与学生的结对,老生与新生的结对,企业与学生的结对,都是其中重要的形式，我们应该予以支持和关注，目的是决不让一个同学掉队和后退。

六是激活整体。作为大众化的高等教育，它有别于精英教育，我们的目标是办人民满意的教育，因此，我们开展素质教育和人才培养工作，必须通过系统化的设计和分类培养，最后达到激活整体的目标，实现绝大多数同学的合格毕业、就业创业、成长成才。整体的水平提高和普遍的增值是我们的目标追求。

五、自觉遵循高职院校推进素质教育的基本原则

如前所述，素质教育是一项系统工程，因此，必须注意把握相关原则，我们认为，其基本原则在于：

一是理论与实践相结合。我们既要向学生讲清做人做事的道理，让学生通过学习加深对中国特色社会主义、对社会主义核心价值，对道德规范、法律法规的了解、理解；为行为规范化提供人文和思想基础。更重要的，一定要做到知行结合，既要以正确的理论武装人、科学的知识指导人，更要以丰富的实践激励人、榜样的力量激发人，在实践中加强养成教育，这也实际上是指知识与养成的结合。正是从这种意识上，教育部等七部委颁发的《关于进一步加强高校实践育人工作的若干意见》，具有十分重大的指导意义。

二是课内与课外的结合。从广义角度看，课堂由第一课堂、第二课堂、第三课堂所组成，各个课堂也有不同的使命和任务。但通俗来说，我们也可以把主要进行理论知识学习、技能训练的称为课内，而社团活动、社会实践乃至顶岗实习等归为课外。这实际上是说，我们在开展素质教育的时候，不仅要求教师在课内深入浅出，讲清讲深讲透做人做事道理，更要在课外关心学生的思想、生活和学习，把第二、第三课堂作为重要的环节，把身教当作比言教更重要的环节，在时时处处、事事

处处都体现素质教育的情和景。

三是校内与校外结合。高等职业教育强调和突出产教融合、校企合作，重视开放办学、工学结合，突出双证、双能。正因为这样，我们在研究素质教育时，必须充分听取校外和企业意见，主动构建学校、企业、家庭、社会、政府和校友多元一体的素质教育格局。形成素质教育的真正合力，尤其是充分发挥认识实习、专业实习、社会实践等活动的效果。通过与杰出校友、行业模范等代表的互动交流，通过志愿者和暑期实践等活动的锻炼，一定会取得比校内更有成效的结果，真正做到校企合作、校社合作，谋求素质教育真实践、真成果。

四是显性与隐性结合。素质教育这一概念站在不同层面有其不同的理解，教育部原副部长、中国高教学会名誉会长周远清曾给出过一个比较权威的解释，"素质是在人的先天生理基础上，经过后天教育和社会环境的影响，由知识内化而形成的相对稳定的心理品质"。正因为这样，我们完全可以这样认为，素质教育渗透于学校工作的每一个环节，贯穿于教书育人的全过程，显性课程有目的、有意识、有计划地加强素质教育的融入、渗透和转化工作，同时，学校的环境和文化对学生素质的养成也起着十分重要的作用，可谓是此处无声胜有声，有时潜移默化，有时影响深远。

五是共性与个性结合。在素质教育的目标和要求上，我们既要把握基本规律，又要掌握基本原则、明确基本要求。这就是我们通常所说的共性和一般，基本和基础。与此同时，由于不同类别、不同个性、不同性别的同学在条件、要求、愿景方面有不同的诉求，我们应该分类指导，既要有教无类，也要因材施教，在基本面上保证保障，个性面上扬长、树长，推动人人发展和特长发展。

六是载体与文化结合。开展和实施素质教育，需要有相应的载体，如物质、制度、课表、课程、课堂、社团等。在这些具体的条件下，让学生学有收获，在活动中产生思想和心灵的撞击。与此同时，人的成长和发展,更需要阳光雨露,需要文化熏陶。因此,校园文化氛围的营造,校园文化环境的构建,有时会起着润物无声的作用。如浙江金融职业学院以"诚信文化、金融文化、校友文化"为主要内容的三维文化建设,以"诚信、明理、笃行"为主要内容的学风宣传,就十分有意义。

六、创新探索高职院校实施素质教育的基本策略

有人说,素质教育是一个框,什么东西都可以装,有人说,素质教育就是养成,就是看一个学生的行为规范;有人说,高职学校的素质教育,就是看其职场表现;有人说,素质教育就是重视其心灵内涵,关注其人文底蕴。我们认为,高职院校素质教育的基点是职业素质,这是核心和重点,更是特点和特色,但与此同时,我们应该围绕学生职场的生存、发展和成长,围绕学生的健康、平安和幸福,构建起完整的素质教育体系,这个体系就是强化职业素质、解决做人深度,重视思想素质、解决做人高度,加强人文素质、解决做人厚度,注重身体素质、解决做人长度,关注心理素质、解决做人宽度,培养创业素质、解决做人强度。具体来说:

一是重视思想素质,解决做人高度。思想素质从广义上说又包括思想道德素养、思想政治觉悟,实际上也是学生的世界观、人生观、价值观问题。为此,中央反复强调必须要开设"思想品德修养和法律基础"课、"毛泽东思想和中国特色社会主义理论体系概论"课,开设好形势和政策课。最近中办等部门又要求各级各类学校要加强中华优秀传统文化教育,在高等学校开设"中国文化"课程,同时,中共中央又反复强调重视培育和践行社会主义核心价值观,这都是为了解决好青年学生的做人方向和目标定位问题,我们必须严格执行中央的要求,抓好这些工作,努力把学生培养成为中国特色社会主义的合格建设者和可靠接班人,并从中造就一大批卓越领导者,实现我们培养德才兼备的目标和要求,使一代又一代青年学子做人有高度。

二是强化职业素质,解决做人深度。职业素质对于高等职业教育来说是一个非常重要的概念,在道德建设的体系中也占有十分重要的位置,职业素质包括了职业理想、职业责任、职业精神、职业道德、职业伦理、职业技能等一系列工作。其中具有崇高的职业理想、牢固的职业责任、坚定的职业精神、明晰的职业伦理、良好的职业道德、娴熟的职业技能,能够做到干一行、爱一行、钻一行、会一行、成一行,并在职业岗位发展中敢于创新、善于创新,是职业教育需要培养和努力造就的,也是三年教育中必须打好的基本功,这也是学生生存发展之根本。应该通过校企合作、通过工学结合、通过"双师"教学团队,通过开放办学等切实加以解决。

三是加强人文素质,解决做人厚度。从1995年开始兴起的大学素质教育活动中,文化素质是切入点、也是关节点,这对于高等院校提高教育质量无疑具有重要的影响。对于高职学校的学生而言,专业知识过窄、人文素质缺失,也是用人单位真实的意见,因此,通过必修、选修等形式,为我们的学生补学经典、强化人文素质,是非常有必要的,也可以通过第二课堂、社团活动等深化这项工作,更是非常有意义的,这对于学生在岗位发展中的顺利优岗和人生发展亦具有决定性作用。在这一方面,我国的上百所大学做了近20年的探索,有了许多宝贵经验,我们可以吸收借鉴。

四是重视身体素质,解决做人长度。身体是革命的本钱、发展的基础和前提,这道理人人都懂,但由于受应试教育的影响,我国的大学生身体素质欠佳,尤其表现在视力、体能等方面。正因为这样,许多学校打出"每天锻炼一小时、健康工作五十年、幸福生活一辈子"等口号,就是为了激励和动员学生进行身体锻炼。不少学校鼓励学生走出寝室、走出教室、走向操场、走到户外,也是为培养学生体育锻炼习惯,因为身体素质状况对于一个人的贡献和发展太重要了,是素质中的基础素质。

五是关注心理素质,解决做人宽度。一直以来,我们对心理健康问题是忽视的,以至出现了众多的忧郁症患者,出现了众多人际相处难,乃至常出现大学生跳楼自杀等情况,才引起了人们的重视。面对学习、生活和工作的众多压力,面对人与人之间相处过程中可能出现的矛盾,我们一定要重视学生健康心理的培养,通过各种条件,打造阳光心态,让每一个学生感受到这世间充满爱。我们应该为自己、为家庭、为社会、为国家、为民族振兴贡献聪明和才智,生活是美好的,我们要为美好而生活得更美好,宽心做人、爱心做事。

六是培养创业素质,解决做人强度。创业素质广义上包括创新创意素质。现代社会,青年学生不仅要通过就业为社会做贡献,而且可以通过自主创业带动就业,为国家和社会做更大的贡献。对此,党和政府及教育行政部门采取和出台了一系列鼓励和支持大学生开展创业的政策和措施,作为高职院校,在开展素质教育过程中,可结合地域、行业、专业特点,结合学生个性爱好、激发特长,有计划、有针对地培养学生的创业素养,并创造条件、扶持一部分创业团队,促进创业氛围在学校的广泛形成。

七、高职院校开展素质教育的具体路径分析

前面分析已经阐述了高等职业院校开展素质教育的必要性及其主要特点,从前面分析我们就可以看出,要实施和开展好素质教育,必然地面临着许多矛盾,只有科学地进行设计和合理地进行安排,才能达到事半功倍的成效。我们的理解:

第一,明确一个指导思想,必须正确处理知识能力与素质的关系,培养全面发展的人。学校的根本任务是培养人,高等职业教育的主要任务是培养适应社会主义现代化生产、建设、管理、服务第一线的高素质技能型人才,这类人才既要有较强的业务操作和实际动手能力,要能够做到岗位适应快、动手能力强,又要具有较强的技术和技能水平。

但与此同时,我们培养的学生必须有良好的职业素养和可持续发展能力,有道是"无德无才是废品、无德有才是毒品、有德无才是次品、有德有才是正品、德才兼备是佳品"。我们要培养好学生的能,更要培养学生的德,明确了这样的指导思想,我们才能在设计人才培养方案时统筹考虑,在统筹各项活动时综合协调,切实把素质教育融入其中。

第二,抓住一个基本阵地,开设好思想政治教育类课程,致力于提高学生的思想道德素质。中央规定,各类高等学校必须开设好思想政治教育类课程,其中高等职业院校必须开设好"毛泽东思想和中国特色社会主义理论体系概论""思想品德和法律基础"两门课程,并统一了教学大纲、规定了教学时数,设计了教学条件保障的要求。这不仅是党中央对各类学校下达的统一任务和政治要求,也应该成为我们实施和开展素质教育的基本工作和主要规范,确保两门课程应有的地位,达到应有的建设标准、选配和培养优秀的教师,创造足够的教学条件,探索有效的考核方式,形成积极的学习氛围。这也是各学校党委的重要工作职责。

第三,积极探索多样化路径,形成齐抓共管素质教育的良好机制。在这方面,各校有各校的特点,各校有各校的传统,各校有各校的优势。具体而言,主要可考虑以下几个路径:

——按照中央的总要求,突出抓一些教学工作。如最近,中央强调践行社会主义核心价值观,强调了"三个倡导"和"二十四字"重点方针,高等职业院校必须带头践行,积极实践。

——按照缺什么补什么的原则,进行素质教育。如当前普遍感到学生的公民道德素质、文明礼仪规范、人际交流能力是当下青少年的弱项,应该给予补偿性教育。

——按照青年学生普遍状况来开展。如当前除了关注和重视身体素质,还应十分强调心理素质,因为在大众化背景下,各类学校层次不一,现在社会环境又比较复杂,学生压力也比较大,因而心理健康教育显得比较重要。

——按照中华传统,对学生有针对性地选择补课。如中学时期由于忙于应试教育,而对于中华优秀传统文化的学习和了解不够深,在新的历史条件下,我们要弘扬优秀传统,繁荣社会主义文化,必须进行补偿性教学。

——按照专业和类型教育特点来进行。如作为财经商贸类专业和高等职业教育,必须也应该重视创业创新教育,通过引企入校,通过校友力量,等等,来推动创业教育开展,培养学生的创业素质和能力。

当然,也可以根据学生群体的具体情况,如性别等开展各种不同形式的活动,以切实提高素质教育的针对性和有效性。

八、在提高认识的基础上推动素质教育自主创新和实践

浙江金融职业学院作为全国第一批28所示范性高等职业院校之一,近年来积极致力于内涵提高和品牌建设,始终践行"特色鲜明、人民满意、师生幸福"的办学宗旨,努力按照"物有所值、名副其实、无悔选择"的标准要求自己,积极构建多样性、立体化的素质教育体系,既进行了积极探索,又进行了有效实践。具体如下:

第一,致力于培养高适应性职业化专业人才。学校从高等职业教育特点和主要为财经类专业特征出发,坚持按照职业化专门性要求培养人才,防止所培养的人既缺少实践和能力,理论上又没有高度,积极防止压缩饼干式教学。通过创新模式、健全机制,培养了一批又一批"职业操守好、岗位适应快、动手能力强"的职业化专业人才。为了确保高等职业教育针对有效,学校坚持开放开门办学,注重了解需求、研究实践、培养学生具有较快较强的适应性,较好较快地满足了用人单位的需求和要求,并为学生在岗位上实现可持续发展奠定了基础。

第二,注重以综合性要求,用立体化机制提升学生素质。具体做

法是：

——思想引领。学校采用形式多样、内容丰富,学生易于接受的思想教育活动。培养学生正确的世界观、人生观,教育培养学生堂堂正正做人、兢兢业业做事、勤勤恳恳谋业。

——学做统一。遵循和把握高等职业教育的规律,老师在教中做、学生在做中学、坚持"教学做"统一,提高学生解决实际问题、处理具体事务的方法和能力,学会做人做事的真本事。

——文体并进。学校既重视对学生进行人文素质的教育和培养,如开设中华优秀文化课程、演讲与口才课程等,又重视对学生体能素质的锻炼,坚持体育锻炼打卡考核制度,努力培养学生成为文武双全、文体并进的高素质技能型人才。

第三,注重有序推进、扎实有效地提高培养质量和实效。根据高等职业院校和高等职业教育的办学特点和规律,对学生在校三年进行系统设计和规划。

——一年级金院学子。突出学业规划,强调懂做人。全校形成大致统一的课程和课堂教学及课外活动,从整体上推进素质教育。

——二年级系部学友。突出职业方向,强调精专业。主要以系部或专业群为单位推进专业和素质教育,尤其是围绕专业特点和发展要求开展更有针对性的素质教育。

——三年级行业学徒。注重实践能力,强调会做事。通过订单培养和以行业企业共同（联合）培养人才为抓手,进一步夯实学生从业素质和能力,切实提高学生适应行业企业和社会的能力。

第四,重视素质教育载体建设,统筹协调第一、二、三课堂,提高素质教育综合成效。

——创设明理学院。通过课堂和实践活动,强调学生明事理、明情理、明学理。

——创设银领学院。把订单培养进行归集汇总,把职业素质培养和职业能力培养结合起来。

　　——创设淑女学院。根据女生特点和需要培养女生的才艺和特长。

　　与此同时,辅之于学校积极弘扬的"披沙拣金、融会贯通"的校训,和"勤奋、严谨、求实、创新"的校风建设,通过建设"诚信文化、金融文化、校友文化"发挥文化育人功效,切实推动了育人质量的提高,毕业学生积极践行"135791"(一年熟悉岗位、三年成为骨干、五年顺利优岗、七年实现发展、九年初成事业、一生平安幸福)职业生涯规划,育人成效明显提高,品牌效应持续攀升,学校被誉为"金融黄埔""行长摇篮"。

参考文献

[1]周远清.素质教育是体现中国教育方针性的教育思想[J].中国高教研究,2011(1).

[2]周远清.大学素质教育:源头·基础·根本[J].中国大学教学,2014(5).

[3]周建松.高职院校素质教育研究[M].北京:中国人民大学出版社,2015.

[4]谭属春.论高职院校素质教育的特点及其实现途径[J].高等工程教育研究,2010(2).

[5]沈苏林.体系化构建高职院校学生职业素质教育探析[J].江苏高教,2011(4).

[6]周建松.抓好基本建设 推进高职院校素质教育[J].中国高等教育,2014(17).

[7]黄道平.高职院校"体验式"职业素质教育的思考与实践[J].中国高等教育,2009(15/16).

［8］徐锋. 高职院校实施综合素质教育的有效途径［J］. 中国职业技术
　　教育，2012(25)．

［9］周建松.科学构建高职院校素质教育有机体［J］.职教论坛，2014(7)．

(执笔人：周建松)

第十一章

强化创新创业教育

创新是民族进步的核心灵魂,创业是国家发展的不竭动力。2013年,李克强总理在国务院第一次全体会议上提出大力推动创业创新,此后,神州大地掀起"大众创业""万众创新"(简称"双创")的新浪潮。2015年的《政府工作报告》中把"双创战略"提升到国家经济发展新引擎的高度。在建设创新型国家和推动双创过程中,我国各级政府对高校创新创业教育工作高度重视并加大了投入和支持力度,作为高技能人才培养的重要机构,高职院校不断加强创新创业教育,并以此助推教育教学质量提高,促进学生全面发展。

根据国务院办公厅《关于深化高等学校创新创业教育改革的实施意见》(国办发〔2015〕36号)的精神,我们结合高职院校开展创新创业教育的实际,将高职创新创业教育内涵界定为创新精神培养、创业意识培育和双创能力提升等要素,为此,我们将在围绕上述三方面内容展开研究的基础上,提出深化高职创新创业教育内涵的对策与建议,并以相关高职院校创新创业教育的探索与实践作为案例支撑。

一、高职创新精神培养

（一）创新与创新精神

创新一词早在《南史·后妃传上·宋世祖殷淑仪》就已提到，"仲子非鲁惠公元嫡，尚得考别宫。今贵妃盖天秩之崇班，理应创新"。现代意义上的创新经过不断的发展演变，内涵不断扩大，外延更加丰富，涉及更多的领域。美国经济学家熊彼得认为：创新就是"建立一种新的生产函数"，即把一种从来没有过的关于生产要素和生产条件的新组合引入生产体系。创新是通过观察、思考和反思等认知活动，在解决问题的过程中产生灵感进而发现了事物间的新关系，并按照事物间的新关系通过思维的不断反思、操作和灵感去形成精神或物质的新作品或新产品。

创新已成为知识经济的显著特征。《科学发展观百科辞典》将创新精神解释为"在实践开拓基础上，形成新的知识、创造新的活动方法和构建新的理论的科学精神、心理特征。它是人所特有的认识世界和改造世界的能力"，包括创新意识、创新兴趣、创新胆量、创新决心，以及相关的创新思维活动。具体指能够综合运用已有的知识、信息、技能和方法，提出新方法、新观点的思维能力和进行发明创造、改革、革新的意志、信心、勇气和智慧等。

（二）高职创新精神内涵

高职学生创新精神的培养，实质上是其创新意识、创新思维、创新能力和健全人格的培养，旨在促进其树立奋斗目标，顽强地去超越自我，不断地追求卓越，成为具备创新精神的高素质的专门人才。并且要求在学习的过程中，具有进行发明创造、改革、革新的意志、信心、勇气和智慧,不迷信权威、拘泥书本、墨守成规,能够综合运用所掌握的知识、信息、方法和技能,结合实践和对未来的设想,独立思考、大胆探索,勇于标新立异。积极提出自己的新观点、新思想、新问题和新方法。这是知识经济时代人才培养的基本目标,也是当今社会对人才的基本要求。

1. 培养问题意识。培养大学生的创新精神,首先要培养他们与众不同的问题意识。问题意识,表现在发现问题、提出问题、分析问题和解决问题的突出创新能力上,实际上是一种寻根究底的态度,是一种批判与革新的创新精神。问题意识是创新思维的动力,是创新精神的基石,强化学生的问题意识是培养学生创新精神的起点。培养大学生的问题意识,就要教会他们如何提出问题、分析问题和解决问题。一是提出问题。问题就是矛盾,提出问题的过程就是发现矛盾的过程。培养大学生的问题意识,就要先学会发现问题、确认问题和界定问题。二是分析问题。分析问题要采用系统分析、辩证分析等多种方法,要遵循思维的一般规律,注意分析问题产生的原因,并全力找出产生问题的主要原因。三是解决问题。解决问题就是解决矛盾,是提出问题的目的。在解决问题中,无论是新知识的产生,还是创造作品的完成,主要是靠创新思维。

2. 发展创新思维。创新思维是大学生创新精神培养的核心,主要包括创造性思维、辩证性思维、批判性思维和非逻辑性思维等。这些创新思维保证大学生深刻地理解和熟练地掌握理论和运用知识,并将这些理论和知识广泛地迁移到生产新知识、解决新问题的过程中,使其创新精神培养得以顺利进行。由于应试教育等方面的原因,大学生多数存在思维定式的问题,这使得他们在认识新事物、解决新问题和进行创造性思维的过程中,往往会造成先入为主的成见,从而产生一定的消极作用。所以在培养大学生创新精神过程中,就必须克服思维定式,发展创新思维,鼓励大学生发散思维,学会独立思考,敢于标新立异,鼓励学生学会解决一个问题时能提出多个方案。

3. 培养创新能力。创新能力是大学生成为创新型人才的基础条件,是大学生培养创新精神的前提。大学生创新能力的培养包含以下几方面内容:一是熟练的信息能力。在信息化的社会里,只有具备熟练的信息能力,才能根据所研究的课题,获取、选择、加工所需的知识和信息,进行知识的创新和能力的培养。二是难点的解决能力。大学生在创新精神的培养过程中,必将面临大量的问题和难点,特别是在培养创新能力方面。因此大学生要善于从运动、联系、全面、深入的角度分析问题,解剖难点,透过现象看本质,通过局部看整体,基于现实看发展,抓住关键看联系,在错综复杂的问题和难点中找出主要矛盾。三是创新的突破能力。要培养大学生创造和发明的突破能力,就要使其奠定坚实宽广的知识基础,掌握系统、扎实的创造理论,培养其艰苦奋斗、持之以恒的探索精神,锻炼其鞭辟入里、切中要害的分析能力,掌握并应用必要的创新技法,提高排除障碍、直达目标的工作效能。

4. 塑造创新个性。创新个性是指大学生创新的稳定的心理品质。创新个性包括创新人格倾向性和创新个性心理特征。塑造大学生的创新个性,首先是要增强创新情感。大学生创新活动并不是纯粹的活动过程,它还需要以创新情感为动力,才能使主体在艰苦的创新活动中勇往直前、义无反顾。只有充分发挥大学生创新情感的能动作用,大学生在培养创新精神中才能得到创新情感力量的支持,并优化大学生创新素质结构,提升创新精神培养的实效性。其次是要培养大学生对人类社会发展的责任感和进取心。要让学生懂得造福人类是学术的伦理道德,社会责任感是最崇高的情感。最后还应注意,个性需要人格来培养的特点,教师要为人师表,言传身教。

二、高职创业意识培育

(一)创业与创业意识

创业是社会生活各个领域里的创业者对自己拥有的资源或通过努力能够拥有的资源进行优化配置和整合,进而创造出更大经济或社会价值的过程或活动。作为一种劳动方式,创业是需要创业者运营、组织、运用服务、技术、器物作业的思考、推理和判断的行为,它为机会所驱动,需要在方法上全盘考虑并拥有和谐的领导能力。创业是必须要贡献出时间、付出努力,承担相应的财务的、精神的和社会的风险,并以获得金钱的回报、个人的满足和独立自主为目的的社会行为。

创业意识包括创业需要、创业动机、创业兴趣、创业理想、创业信心和创业世界观的培养。创业需要和动机是创业意识的基本层面。创业兴趣是从事创业活动的积极情绪和态度定向。创业理想是对创业活动未来奋斗目标的持久向往和追求。创业信念是对创业活动和实践所形成的认识、看法和见解,并坚信其真实性和有效性的心理倾向。创业世界观则是由一系列创业信念所组成的逻辑系统。

(二)高职创业意识内涵

1. 创业需要。创业需要是指创业者对现有条件的不满足,并由此产生的最新的要求、愿望和意识,是创业实践活动赖以展开的最初诱因和最初动力。仅有创业需要,不一定有创业行为,只有创业需要上升为创业动机时,商机意识才有可能产生。真正的创业者,会在他创业之前、创业中和创业后,始终面临着识别商机、发现市场的考验。他必须有足够的市场敏锐度,可以宏观地审视经济环境,洞察未来市场形势的走向,以便做出正确的决策来保证创业活动的持续发展。创业需求所涵盖的需求层次较多,内涵较为复杂,既有通过创业实现经济收益的物质需求,也有通过创业获得社会尊重的人生目标。

2. 创业动机。创业动机是推动创业者从事创业实践活动的主要内生动力。对于创业者本身而言,创业动机来源于个体意识的职业意识的选择。创业动机是一种成就动机,是竭力追求获得最佳效果和优异成绩的动力。创业赋予了创业者特定的价值取向和社会使命,创业者往往将其与所承担的社会责任联系在一起。创业动机的出现已经超越了创业需要阶段,有了创业动机,就有可能会有创业行为。在市场日益完善的今天,目标市场在被逐渐细分,社会个体和群体的消费需求在被不断地激发,而面对新的需求和新的供给不断产生,在创业动机的形成中,创业者要认真分析自己在创业过程中可能会遇到哪些风险,一旦这些风险出现,要懂得应该如何应对和化解,这就需要具备风险意识。

3. 创业兴趣。创业兴趣是指创业者对从事创业实践活动的情绪和态度的认识指向性,是在创业者性格特征的基础上形成的职业价值判断。个性的后天养成是创业兴趣产生的重要因素,而创业兴趣是在多元价值互动的基础上形成,在共同的创业愿景下,它能激活创业者的深厚情感和坚强意志,如个体和团队开拓、创新、变革、进取等创新创业能力意识的养成就能有效激发其创新兴趣。由于随着信息技术的不断发展,现在的创业形式也由原先的单一资源配置模式向多元的技术要素投入转变,使创业兴趣与商机、机会相结合,创业意识进一步转化为现实的生产力。

4. 创业理想。创业理想指创业者对从事创业实践活动的未来奋斗目标较为稳定、持续的向往和追求的心理品质。创业理想属于人生理想的一部分,主要是一种职业理想和事业理想,创业理想是创业意识的核心,它是创业者本身的职业生涯目标和社会责任意识的综合体现。创业理想构建了创业者的创业知识结构体系,形成了完整的创业逻辑意识,养成了习惯性的创业思维模式,这对创业意识产生具有积极的影响。创业理想作为创业者创业行为的出发点,也是其创业行为的落脚点。在创业这条道路上应时刻保持战略意识,不以朝夕得失论成败,而要根据不同的阶段整合市场、产品、人力方面的创业策略。

三、高职双创能力养成

(一)创新能力与创业能力

创新能力是运用已有的知识和理论,在科学、艺术、技术和各种实践活动领域中不断提供具有经济价值、社会价值、生态价值的新思想、新理论、新方法和新发明的能力。管理大师彼得·德鲁克指出:"事实上,创新创造出新资源。凡是能改变已有资源的财富创新潜力的行为,就是创新。创新的行动就是赋予资源以创造财富的新能力。"创新能力包括通用能力和专业能力。通用能力是现代社会职业人的基本素质,主要包括办公能力、商务礼仪、时间管理等。专业能力是人们从事某一特定社会职业所必须具备的本领,是维持生存、谋求发展的基本生活手段。

创业能力包括经营管理能力和综合性能力。经营管理能力既是现代社会的一种十分重要的社会职业要求,又是一种谋求理想社会职业的工具。经营管理能力是一种人、财、物、时间、空间的合理组合、科学运筹和优化配置的心理能量的显示,是一种较高层次的创业能力。综合性能力包括发现机会、把握机会、利用机会、创造机会的能力,收集信息、处理加工信息、综合利用信息的能力,适应变化、利用变化、驾驭变化的能力,非常规性的决策和用人的能力,交往、公关、社会活动能力,等等,是一种社会环境和社会关系的综合开发和运筹的能力,是一种最高层次的创新能力。

(二)高职双创能力内涵

1. 学习力。学习力即知识获取能力,在知识经济时代,知识获取能力是个体和组织适应社会发展的能力基础。创新创业知识包括专业知识、经营管理知识和综合性知识。专业知识是从事某一专业或职业所必须具备的知识,一般是与专业、职业能力结合在一起发挥作用的。经营管理知识是从事经营管理工作必须具备的知识。综合性知识是发挥社会关系运筹作用的多种专门知识,其中包括政策、法规、工商、税务、金融、保险、人际交往、公共关系等。在创业知识的构成中,经营管理知识、综合性知识与经营管理能力和综合性能力一样,具有内部资源配置和社会关系运筹的特征,并与经营管理能力和综合性能力结合在一起,共同发挥作用。知识获取能力的提升不仅取决于个体的知识积累,还取决于组织的网络学习环境。

2. 思维力。思维力即思维转换能力,思维是客观事物在人脑中概括和间接的反映,它是借助语言、动作等实现的人的理性认识过程,它可以揭示事物的本质和规律。根据思维任务的不同性质、内容和解决问题的方式,在抽象逻辑和形象思维间转换,并将其转化为行动思维和实践能力。作为培养高技能人才的主要机构,高职院校通过开设课程、资助资金、提供咨询等方式开展创新创业教育,在课程体系建设中更加注重实践活动课程的引入,更加注重教学与社会、教学与生产、教学与生活、教学与时代紧密联系,以使学生成为真正意义上的实践主体、创造主体,强调学生在创新创业过程中"动手"与"动脑"的协调统一,使学生掌握思维转换能力,从而更好地将专业知识转化到现实的解决问题过程之中。

3. 组织力。组织力即设计组织结构和配置组织资源的能力,是一种能够相互凝聚的合力,组织力在学习上不仅要理解、巩固知识,而且还要树立独立思考、探索创新的精神,渐渐地萌发一种重新组合各种知识、从新的角度解释已有现象的创新愿望，从而产生探索和创新的需求，主要体现为团队合作能力。在创新创业过程中，团队或群体共同的兴趣需要有沟通机制作为链接平台，需要构建相应的情感维系和兴趣互动模式。团队合作要求创业者具有善于对别人认同，善于向他人学习，善于交往、合作、共事的心理品质。在组织的沟通协调过程中将创业者的知识与其所拥有的经济资本、社会资本融合，并具有规避风险的能力，这是创新创业成功的重要保障。

4.领导力。领导力即领导决策能力。领导力包括独立性、敢为性、坚韧性、克制性和适应性等要素。独立性是对能够独立地思考、判断、选择、行动的心理品质的描述；敢为性是对敢于行动、敢冒风险、敢于拼搏，并勇于承担行为后果的心理品质的描述；坚韧性是对为达到某一目标而坚持不懈、不屈不挠、顽强努力的心理品质的描述；克制性是对自觉调节和控制自己的情绪和情感，善于克服盲目冲动和私利欲望的心理品质的描述；适应性是对能及时适应环境和条件变化，善于进行自我调查和角色转换的心理品质的描述；这五种领导品质是从特定角度来反映创新创业者的意志和情感要素。

四、深化高职创新创业教育内涵的对策与建议

(一)确立一个理念，以创新创业教育推动教育教学改革的理念

在高职教育内涵发展进程中，创新创业教育是一种职教理念和职业精神的教育，要融合"大众创业、万众创新""绿色创业""职业担当"等创新创业的时代精神，以创新精神、创业意识的品质要求赋予技术技能人才培养目标新的内涵。在全面培养学生创新创业思维、精神与意识的基础上，才能激发高职学生的创新创业潜质，培养出与社会相适应、与企业发展期望一致的人才，形成科学先进、广泛认同、具有中国特

179

色的创新创业教育理念,就是要将创新创业教育融入人才培养全过程;探索创新创业教育与专业教育有机融合的方法;建立一个完善的集政策服务、资金支持、宣传服务为一体的创新创业服务体系;并以此为契机,全面推动学校的教学改革和人才培养模式创新。

(二)开好通识课程,对每一位学生实施创新创业教育

"创新创业指导"等通识课程需突出项目课程教学的成果,注重对学生创业意识和创业能力的培养,每讲均设有知识目标和能力培养目标,所有内容围绕这两个目标展开。在内容上,突出高职教育的实务性特征,以创业前期准备与创业初期的经营管理为主线,介绍创业的基本知识和技能,包括创业者素质与能力、创业环境分析、创业计划书制订、登记注册、相关政策法规、风险与防范控制等内容。在结构上,每讲先通过案例导入、案例分析讨论引入知识点,然后围绕能力目标展开学习,通过实训项目为学生具体演示相关的操作,再通过实训练习,使学生进行实际操作训练。

(三)建好一个课程模块,着力培养一批创新创业专门人才

课程模块是创新创业教育的深层基础,目前高职院校开设的公共性思想教育与就业指导课程、专业性课程以及第二课堂维度的活动性课程,难以支持创新创业人才的系统培养。要把创新创业教育和专业教育拧成"一股绳",需要在构建"嵌入式"课程上下足功夫。根据人才培养定位和创新创业教育培养目标,调整专业课程设置,优化课程体系,重构专业教学过程。开设研究方法、专业前沿、创业理论与实务、区域特色创业等方面的必修和选修课程,纳入学分管理。加快建设创新创业教育在线优质课程,建立在线开放课程学习认证和学分认定制度,组织教师和行业企业人员共同编写优质教材。

(四)搭建一个实践平台,让有创新创业愿望的学生施展才华

积极开展学生创新创业教育实践教学,推进以培养能力为导向的创新创业实践教育体系建设,加大实践教学环节比重。教学过程中加强教学管理,保证实践环节的实施。增加综合性、创新性实践训练环节,突出实践能力与创新创业能力培养。建设功能集约化、资源优化、开放充分、内外融通、运行高效的校外实践教学平台,利用大学生创业园作为创业教育实践平台,建好一批校外实践教育基地、创业示范基地、电商创业孵化基地。

(五)建立一套工作机制,推进创新创业有效深入开展

1. 争取政府部门支持。创新创业是一个系统工程,需要学校发挥教育及平台优势,集聚创新创业载体、科技、人才资源,也需要地方政府提供工商、税务、专利、法律、水电等公共服务及政策支持。高校应与地方政府加强战略合作,发挥双方比较优势,共建创新创业服务体系。

2. 提供各方面便利。创业指导机构及时提供国家政策、区域经济社会发展规划、市场动向等信息,为创业和有创业意向的学生提供创业项目评估、融资咨询、申办企业手续、项目运行管理、创业项目对接、知识产权交易等多方位、多形式的服务。

3. 改革考核办法。明确全体教师创新创业教育责任,完善专业技术职务评聘和绩效考核标准,建设既具备扎实专业理论知识又拥有参与创业或者担任企业高管的经历的师资队伍。制定兼职教师聘用标准和管理规范,建立教学效果评价指标体系。将创新创业意识和能力作为岗聘条件、岗前培训、课程轮训、骨干研修重要内容。加快完善科技成果处置和收益分配机制,支持教师以对外转让、合作转化、作价入股、自主创业等形式将科技成果产业化,鼓励带领学生创新创业。

五、浙江金融职业学院创新创业教育的探索与实践

浙江金融职业学院结合自身的实际,在长期实践中探索形成"行业、校友、集团共生态"办学模式,并将创新创业教育融入,突出创新精神、创业意识和创新创业能力的培育和培养,并将其作为推进人才培养模式改革的重要抓手,以此撬动教育教学改革。在具体的探索实践中,提出并践行"八个一"机制,不断丰富拓展高职创新创业教育的具体内涵。

(一)搭建一个运行平台

2006年,学校成立了笃行创业教育学院,2012年,更名为笃行创新创业教育学院,2016年,又进一步丰富充实了创新创业教育学院的内容,并优化了运行机制。主要经验有:一是学校成立了由校长担任组长,教务处、招生就业处、学生处以及各二级学院主要负责人为成员的创新创业教育领导小组,顶层设计学院的创新创业教育,全面履行学院创新创业试点工作领导职能。二是成立创新创业教育学院,全面负责学校创新创业教育工作的开展,牵头二级学院和专业落实创新创业教育的相关工作。三是创设"产、学、研、创"合作创新创业教育联盟与发展理事会,设立创新创业奖学金和发展基金,努力把笃行创新创业教育学院建成创新创业教育的教学基地、实践基地、改革基地和孵化基地。

(二)开发一体系列课程

结合学校以财经商贸大类专业为主的特点,面向全校全体学生开设培养创新创业基本素养的校本课程"创新创业导论",重点在于激发在校学生的创新创业热情,培育创新创业意识,形成基本的创新创业

理念。在专业课程中,细化原有课程创新创业项目,围绕创业财务、创业法务等开发创新创业教育课程模块如"创业计划""创业财务""创业法务"等,为有创业意愿的学生提供更多创新创业素养提升课程,增加学习选择空间,同时,辅以创新创业仿真综合实验教学平台、ERP 创新创业实训基地等实践场所的建设,进行系统化、专题式教育和培养,重点培养在校学生的创新创业的素质和能力,为后续创业奠定专业基础。建立在线开放课程学习认证和学分认定制度,实现创新创业课程全覆盖、分层次和差异化的教学目标。

(三)打造一支导师队伍

依托学校牵头的金融行业职业教育集团,自 2006 年开始学校在原行业、企业、用人单位、学校、校友会共同组成的专业建设委员会中增加就业创业导师,组建了一支由校内优秀教师与校外行业专家打造的双导师团队。通过创新创业导师培训,让相关教师既有创新创业理论素养,又兼具行业实践能力,让校内教师到企业挂职锻炼,对接校内创业学生,进行创业指导;选聘具有较高理论水平和丰富实践经验的企事业单位知名专家、创业成功者、企业家、风险投资人等到学校兼职,尤其是聘请校友企业家作为兼职创业导师,承担创新创业课程授课,并适时引进第三方创新创业培训机构。同时,完善教师激励约束和发展机制,明确全体教师创新创业教育责任,完善专业技术职务评聘和绩效考核标准,建设既具备扎实专业理论知识又拥有参与创业或者担任企业高管的经历的师资队伍。制定兼职教师聘用标准和管理规范,建立教学效果评价指标体系。将创新创业意识和能力作为岗聘条件、岗前培训、课程轮训、骨干研修的重要内容。

(四)建好一个实践场所

学校推进以培养能力为导向的创新创业实践教育体系建设,加大实践教学环节比重。教学过程中加强教学管理,保证实践环节的实施。增加综合性、创新性实践训练环节,突出实践能力与创新创业能力培养。建设学校大学生创业园,让学生进行模拟企业的注册、运行和管理。激发学生创新创业意识,积极培育学生进行创业项目策划,并在大学生创业园中进行模拟实践。在项目模拟实践的基础上,进行项目孵化。推动对创新创业项目的准入和资金支持,建设若干个校外大学生创新创业实践基地,打造校企合作共生体,联合建立相应的校外实践教育基地、创业示范基地、电商创业孵化基地等作为创业园区的校外延伸,帮助学生进行创新创业项目的成果转化。

(五)开发一系列实践项目

依托创新创业协会等社团组织,推进学赛结合的创业项目建设。积极组织学生参加浙江省高职高专院校"挑战杯"创新创业竞赛及其他创业大赛,提高学生的创新创业能力。适应互联网产业迅猛发展的时代浪潮,紧贴杭州互联网金融等新业态的崛起,在整合与优化全校各类创新创业资源的同时,通过由校友捐助创业奖学金和由浙江金融教育基金会发起,筹措扶持基金支持创新创业项目。在双导师团队指导下,学生在各类大赛中荣获佳绩。也同样在这支团队教师的引领和帮扶下,涌现出品忆琴行、网易印象派、我的花店等一大批学生创业新星。顺应互联网的时代浪潮,学校以互联网+思维优化专业结构,设置竞赛与实战项目,取得较好成效。而在创业园区内则为学生及时提供国家政策、区域经济社会发展规划、市场动向等信息,为创业和有创业意向的学生提供创业项目评估、融资咨询、申办企业手续、项目运行管理、创业项目对接、知识产权交易等多方位、多形式的服务。

(六)探索一种培养体系

与学校在学生就业指导方面的职业生涯规划"135791"相对应的是

自 2014 年开始,笃行创新创业学院从全校学生中选拔具有创新创业潜质和意向的学生组建"才俊"创新拔尖人才实验班(以下简称"才俊班")。"才俊班"组建若干创新创业专题(兴趣)班,参照订单培养形式进行集中学习培养,形成创新创业预备和实践团队。开发"创业实践项目""互联网创业""浙商创业案例"等课程模块,增加创新创业实习和创业实践,为学生校内创业园项目孵化和走出校门进行实际创业活动提供指导和服务,有完善的创新创业师资培训体系和强化激励措施并积极尝试多元化的教师评价标准,为学生自主创业奠定基础和提供保障,探索了一条批量培养大学生创业者的有效途径。

(七)完善一套保障制度

一是制定学分转换制度。逐步将学生开展的与专业相关的创新实验、发表论文、课题研究、科技成果、相关竞赛、职业证书、获得专利,以及自主创业等情况折算为学分,为有意愿有潜质的学生制定创新创业能力培养计划,建立创新创业档案和成绩单,客观记录并量化评价学生开展创新创业活动的情况。二是完善专业和课程建设管理办法,全面落实创新创业教育在专业和课程实施过程中相关事项,把创新创业教育变为专业和课程建设内容中的重要组成部分。细化实践教学与管理相关制度,明确创新创业实践在各实践教学环节中的管理内容和要求,修订其他相关教学管理制度。三是制定鼓励教师自主开展创新创业活动的政策,鼓励教师将申请专利与产业应用相结合。

(八)营造一种文化氛围

通过举办校友创业论坛,将创新创业教育融入素质教育,并与专业教育相融合,激发学生创新创业热情。自 2009 年以来,笃行创新创业学院已经连续举办了八届校友创业论坛,每届论坛均有独特的主题,邀请创业成功的校友分享创业经历和心得体会,为有志创业的同学答疑解惑,由于校友与母校、与在校学生的天然情感,校友的创业历程、理念更能获得在校学生的认同感。该论坛已成为深受师生欢迎的创新创业教育"金名片",不仅进一步丰富"行业、校友、集团共生态办学模式"的核心内容,而且更加浓厚了学校的创新创业文化氛围。

(执笔人:周建松、陈正江、陆春光)

第十二章

营造全方位育人格局

作为一所高等职业院校,浙江金融职业学院以学生"千日成长"工程为载体,坚持"立德树人",树立人人成才和多样化人才的观念,面向全体学生,鼓励个性发展,在学生思想政治工作联席会、学生工作委员会、学生思想政治工作研究会"三位一体"学生思想政治工作体系建设的顶层设计下,构建实施素质教育体系,培养了一大批"懂做人、精专业、能做事"的优秀金院学子,他们"行业操守好、岗位适应快、动手能力强",深受用人单位欢迎。

一、顶层设计,以立德树人为根本

(一)学生思想政治工作联席会:立德树人把方向

为了保证和促进学生思想政治工作的深入开展,不断创新完善工作机制,我院成立了由党委书记任组长的学生思想政治工作联席会,注重学生思想政治工作的顶层设计,把握育人方向,突出政策保障,进一步加强了学生思想政治工作。

1. 做好顶层设计，形成立德树人机制。我院以立德树人为根本，注重学生思想政治工作的顶层设计，创新工作载体，出台政策措施，形成工作机制。如学院党委、行政出台了《关于进一步推进全员育人、全过程育人、全方位育人的若干意见》《关于进一步完善班主任、辅导员工作机制的实施意见》《关于班级工作班主任责任制的实施意见》《学生千日成长工程实施方案》《关于进一步深化学生"千日成长工程"，完善立体化育人体系的实施意见》等文件，加强了制度建设；开辟专门的社团活动场所及学生干部办公场所，确保了学生第二课堂文化活动的有序开展；在校内科研立项上，为学生思想政治教育的管理者和教师增设了学生思政课题。

2. 抓好意识形态，掌握立德树人主导权。党的十八大以来，习近平总书记对做好意识形态工作提出了一系列新思想、新观点、新论断，强调"意识形态工作是党的一项极端重要的工作"。习近平总书记的讲话为加强和改进新形势下意识形态工作提供了基本遵循和指导方向。作为党的一项极端重要的工作，学院党委应将抓好意识形态工作作为党员干部的应有之责、应负之责、应尽之责。学院通过学生思想政治工作联席会整合多方资源，通过抓队伍、抓课堂、抓网络、抓阵地等措施，通过定期调研、理论引导、文化熏陶、实践感知、思想动态研判等途径，做好新闻舆论、文化文艺、网络新媒体等工作，积极开展马克思主义宗教观教育，抓好学生意识形态工作，牢牢掌握了立德树人的主导权。

(二)学生工作委员会：夯实基础抓落实

学生工作委员会由主管学生工作的校领导牵头，有效整合教学、管理、服务等资源，定期召开会议，促进了学生工作的科学民主管理。

1. 加强队伍建设，提高思想政治工作质量。工作中，我院通过众多基于工作的比赛、培训、研讨活动，提升了学生工作队伍的能力和素质；

辅导员职业技能大赛和总支书记"说系情"、辅导员"说学情"、班主任"说班情"活动,进一步提升了辅导员、班主任的职业技能和职业素质;学生成长笔记暨"千日成长"工程记实大赛和班主任、辅导员育人文章、工作案例征集评比活动,促进了班主任、辅导员工作交流;学工战线趣味运动会,增强了我院学生工作队伍的凝聚力,提升了学生工作战线教师的体能素质;班级工作班主任责任制和辅导员素质提升计划,进一步加强了学生工作队伍建设。

2.加强工作协调,形成思想政治工作合力。我院通过每月一次的学生工作委员会(遇重大事件临时召集),集中商讨学生工作中的重大问题,研究解决学生工作的难题。主要包括:统筹协调相关职能部门为学生工作提供支持和帮助,研究学生工作的改革与创新,研究学生权益维护与发展相关事宜,研究教书育人、管理育人、服务育人工作,研究学生自我教育、自我管理、自我服务能力建设等工作,形成了学生思想政治工作的合力。

(三)学生思想政治工作研究会:科学研究提层次

学生思想政治工作研究会的会员包括直接从事一线学生工作的教师以及从事学生思想政治教育研究和管理服务工作的教师。研究会坚持每学年召开会员大会,集思广益,研究学生思想政治教育工作中遇到的重点和难点问题,探索学生思想政治教育工作新途径。

1.学情研究,有的放矢开展思想政治工作。一直以来,学院要求教师做到因材施教,按需施教,促进老师和管理干部走进学生、了解学生,在师生零距离的交流中为学生成长成才提供服务。学生思想政治工作研究会注重基于学情的工作研究,通过课题立项、年会论文征集、学术沙龙、班主任论坛等工作,引导会员有的放矢开展学生的思政工作。2013 年,学院在全校范围内开展了基于学生需求的育人工作研讨和实践,组织召开基于学情研究的学生工作会议,专题研讨了我院学生的特点、需求以及基于学生需求的教育引导工作,推动了学情研究。此外,学院每年都会对在校生开展不少于四次的思想动态及学情调研,并形成调研报告,加强了学生思想政治工作的针对性。

2. 理论研究,明确方向提升思想政治工作。学生思想政治工作研究会会员每年都会围绕学习型党组织建设,学习型学生工作队伍建设,党员教育管理、校园文化建设、学生教育管理、文明教室、文明寝室建设等方面开展广泛深入的理论研究。近年来,学院学生党建与思想政治工作的一些创新思路来源于课题研究启发,一些创新工作举措来自于理论研究成果。据不完全统计,仅 2014 年、2015 年,学生思想政治工作研究会会员就公开发表了 20 多篇论文,立项厅级及以上课题 5 项,立项院级及相关学会专项课题 20 项,获得金融教指委教学成果奖一等奖 1 项,全国高校学生工作优秀学术成果一、二等奖各 1 项,结题 2 项省哲社规划思政专项研究课题,结题 2 项厅级课题,出版专著 4 本、论文集 2 本,完成专著草稿 1 本。

二、创新载体,助推学生千日成长

在"三位一体"高职学生思想政治工作体系建设的顶层设计下,我院创新育人理念,创新工作载体,实施学生"千日成长"工程,开展素质教育工作。

(一)学生"千日成长"工程的基本内涵

1. 学生"千日成长"工程的由来。2009 年底,我院以优秀的成绩通过"国家示范性高等职业院校建设项目"验收。为了巩固示范院校建设成果,推动学院由示范走向卓越,2010 年初,我院进一步明确了内涵建设干在实处,创新发展走在前列,全力打造特色鲜明、人民满意、师生幸福、国内一流、国际知名的高职院校的办学目标。为实现这一目标,学院实施了"985"工程,提出并实施了"三千"工程,即校企合作"千花盛开"工程,教师"千万培养"工程,学生"千日成长"工程。

2.学生"千日成长"工程的理论依据。社会心理学理论认为,大学生成长是由一个多种要素共同组成的过程,这些要素在不同的发展阶段所处地位的重要程度不同,对于大学生成长的促进作用也各有不同,因此,大学生成长规律既是各个成长要素的发展规律的统一,又是不同阶段规律的统一。如,埃里克森的生命周期理论,奇克林的变量理论。认知结构理论认为,环境所划分的成长阶段与学生年龄虽不直接相关,但个体对环境的认知及矛盾有助于个体发展及成长。如,皮亚杰的认知心理学。人与环境互动论描述了环境与学生之间的关系,强调校园环境对学生成长的影响和作用。指出学校需要尽可能创造多样的条件帮助学生成长,为不同类型学生设计各种不同的发展规划,积极营造适合学生发展的物质环境和精神环境,确立科学合理的学生发展效果评估机制和工具。同时,学生也需要主动寻找自身健康成长的机会,参与群体的学习和发展过程。如,阿斯汀(Astin)的大学影像模式,丁托(Tinto)的辍学理论。

3.学生"千日成长"工程的含义。学生"千日成长"工程,是一项贯彻"三全育人"理念,体现"三全育人"机制的素质教育系统工程。全员育人,该工程既注重校内师资队伍建设和管理队伍建设,又注重校外兼职教师队伍建设;全过程育人,该工程科学规划学生在校1000天时间,贯穿学生入学至毕业的全过程;全方位育人,该工程既有机协调第一、二、三课堂,创新载体,做好明理学院、银领学院、淑女学院各具特色的育人工作,又注重以诚信文化、金融文化、校友文化育人,初步形成了多维度、立体式融会贯通的素质教育体系。学生"千日成长"工程,以提高人才培养质量为目的,以"行业、校友、集团共生态"办学模式改革为统领,以"品德优化,专业深化,能力强化,仪表美化"为内容,统筹规划学生成长成才途径,切实加强学生的文化知识学习和思想品德修养,不断提高学生的创新思维和社会实践能力,注重学生的全面发展和个性发展,通过创新机制和载体,将学生培养成为既能面向基层一线,又有一定可持续发展能力的高素质应用型人才。

(二)"千日成长"工程的设计理念

1.坚持以社会主义核心价值观统领学生"千日成长"工程。思想政治素质是学生的核心素质,坚持以社会主义核心价值观统领学生"千日成长"工程,是高校政治意识、政权意识、阵地意识的直接体现。学生"千日成长"工程以国家层面的价值目标——富强、民主、文明、和谐,社会层面的价值取向——自由、平等、公正、法治,公民个人层面的价值准则——爱国、敬业、诚信、友善为指导,并以教育活动为载体,将核心价值观融入到校园文化活动中,在活动中加强核心价值观的教育引导工作。

2.巩固"以生为本"理念,形成爱生文化。学生的健康成长、成功就业、优质成才,是学院工作的出发点和落脚点。2000年,学院提出并构建了以"关爱学生进步、关注学生困难、关心学生就业"为主要内容的"三关"服务体系;2008年,学院将5月23日确定为"爱生节",谐音为"吾爱生";2010年,学院提出并将"有利于学生健康成长,有利于学生素质提升,有利于学生就业创业,有利于学生可持续发展"作为检验育人工作得失成败的衡量标准,促进了人才培养质量的提高;2011年,将11月23日确定为深化"爱生节"活动日,寓意为爱生为本,爱生为办学的第一理念。每年"爱生节"我院均举办订单班招聘会,每年深化"爱生节"活动日,我院均举办毕业生供需见面洽谈会,并且在5月23日、11月23日开展由全体领导、教师参加的与学生"零距离交流"活动。活动分年级进行,每年视情况确定各年级的主题。深化实施学生"千日成长"工程、完善立体化育人体系的关键在于用真心、真情,真抓真干,在于进一步落实"以生为本"理念,巩固形成具有金院烙印和特色的爱生文化。

(三)"千日成长"工程的工作平台

学院根据不同年级的学生特点,分层分类搭建工作平台,积极实施学生"千日成长"工程。一年级学生,以"明理学院"为平台,以培养"金院学子"为阶段目标,突出学生学业生涯规划,面向全院学生开展"明法理、明德理、明事理、明学理、明情理"教育,增强学生的感恩意识和责任意识;二年级学生,以所在系的专业教育为平台,以培养"系部学友"为阶段目标,体现育人的职业性和开放性,突出学生的职业能力和学生职业生涯设计,提高学生的职业技能;三年级学生,以"银领学院"为平台,以培养"行业学徒"为阶段目标,注重学生实践能力、创业意识的培养,提高学生的就业能力和创业能力。全体女生,结合"淑女学院"这一平台,以提升内在修养、塑造气质形象、培养才情才干为重点,通过"内修""外塑""才技"模块,使全院女生在掌握必需的专业知识与技能的同时,能够正确认识和把握自身角色,成长为现代职业女性。

(四)"千日成长"工程的课外育人载体

根据已有的育人平台和人才培养质量提升的要求,结合学院特点,我们设计了"123456"课外育人载体。

1 即一条主线:以学生职业素质提升为主线,以"品德优化、专业深化、能力强化、仪表美化"为模块,实施学生职业素质提升工程,通过系列活动,着力提升学生的职业素质。

2 即两个抓手:将学生党建和思想政治教育活动作为学生教育引导和素质提升的载体和抓手。学生党建:宣传党的基础知识和基本理论,构建党员发展质量保障体系,优化学生党员发展机制和流程,突出政治表现,严格发展程序和纪律,坚持标准,提高学生党员发展的质量。同时,以"创先争优"活动、党员"示范工程"、党员"十大成才先锋"评选为抓手,进一步加强学生党员的后继教育,不断提升学生党员的素质和能力,以优良的党风凝聚青年学生、带动学风。学生思想政治教育:提高学生思想政治素质,坚定学生的理想信念是"千日成长"工程的首要任务。我们将理想信念教育浸润到各类校园文化活动之中。一是以主题演讲、征文等形式深入开展"中国梦"主题教育活动;二是举办党史知识竞赛,组织开展"重温入党誓词,引领千日成长"、寻找"最美金院人""最美金院事"等活动,在广大学生中积极开展社会主义核心价值观教育;三是做好学生思想动态调研工作,增强工作的针对性和时效性;四是组织优秀团学骨干、校外奖学金获奖学生开展红色之旅,让学生接受红色教育和熏陶。

3 即三维文化:坚持并创新以"诚信文化、金融文化、校友文化"为内容的三维文化育人体系建设,坚持以文化育人、以德润心。

4 即四类竞赛:举办文艺体育类竞赛、专业学科类竞赛、职业技能类竞赛、创新创业类竞赛,通过竞赛进一步提升学生的竞争能力和创新能力。

5 即五百个榜样:重点培养和培育百名理论骨干、百名学习标兵、百名学生骨干、百名技能尖子、百名文体之星,树立了学生身边可亲可学的榜样。

6 即六个千万活动:通过开展覆盖全体学生的具有金院特点的"六个千万活动",有效地提升了学生说、写、做的能力,锻炼了学生的理性思维,提升了学生的政治敏感度和综合素质。

"千名学生写万封书信":以"我的大学生活""母校我要对你说"等为题目,每学期设计一主题,以撰写书信的形式,进一步增强学生对环境的适应力、书面表达能力和思考力。

"千名学生评万象风云":以课前三分钟演讲、"道德范畴解读"、"新闻速递与时事点评"、班级主题讨论会、团支部演讲活动等为内容,锻炼学生的语言表达能力、信息筛选能力、组织架构能力、团队协作能力、提炼总结概括能力、胆量和信心等。

"千名学生读万卷书":通过组织读书节、读书漂流评、读书征文,动员各处室系部、明理学院、银领学院分年级、分专业推荐书目等活动,引导学生多读书,读好书。如,国际商务系组建读书小组,开展读一篇英国名著、看一部英文优秀影片、写一篇英文书评活动,将读书与专业结合,让同学们既读好书,又提升专业知识。

"千名学生行万里路":社会实践工作是加强和改进大学生思想政治教育、促进大学生成才的重要途径。通过引导大学生深入社会、了解社会、服务社会,提高大学生实践能力、适应能力和创业能力,促进大学生健康成长。

"千名学生传万句箴言":箴言短小精悍,寓意丰富,蕴含无穷人生智慧,你传给我一句,我传给你一句,通过手机短信、微信传递箴言,既增进彼此联系,又交换智慧。

"千名学生访万名校友":"访校友,学干事,学做人",结合学生寒暑假的社会实践、顶岗实习、校友返校日等机会,组织学生开展访校友活动。通过走访校友,为校友带去母校建设发展的消息,征求校友对母校发展的意见,记录校友对母校的情怀与建议。同时通过对校友的接待访谈,力所能及地帮助在校生认识社会、缩小从学校走向社会的距离,作好新老校友的传帮带工作,进一步加强了新老校友之间的沟通和交流,增进了新老校友的联系。

(五)"千日成长"工程的育人环境建设

在学生"千日成长"工程推进过程中,我院多方联动,精心布局,加强了有利于学生成长成才的环境建设。一是维护校园安全稳定。"稳定是第一要务,平安是第一责任"。学生的安全稳定是党和政府的要求,是家长和社会的期望,是学校发展的基石,是学生成长成才的根本保障。我们按照重教育、重防范,抓重点、抓难点,出实招、见实效的思路,以"平安校园"建设为抓手,在进一步落实安全稳定工作责任制上下功夫,在预防化解校园突出矛盾上下功夫,在提高校园治安防控整体水平上下功夫,筑牢了安全稳定之墙,做好校园安全稳定工作。二是学院构建发展服务型学生心理健康工作体系。注重诊疗型咨询与预防型教育相结合,适应型教育与成才型辅导相结合,心理咨询与结合德育的整体素质提升相结合,进一步加强了学生的心理健康教育。三是构建并形成发展服务型的学生资助体系。以经济资助为保障,以教育活动为载体,以帮助经济困难的学生成长成才为目标,构建并形成发展服务型的学生资助体系,做到确保不让一个学生因家庭经济困难而失学,不让一个学生因家庭经济困难而吃不饱饭,为家庭经济困难的学生增加一次就业能力提升的培训机会,为家庭经济困难学生提供更多的素质提升平台,使家庭经济困难的学生在校期间一样具有大学出彩的机会。四是做好大学生生活指导和文明寝室建设工作。构建了"一套制度、两片社区、三个主题、四季风情、五线交织、六大平台"立体化公寓学生工作体系,得到了主管部门及省内兄弟院校的一致好评,2015 年 10 月,浙江省高职院校公寓学生工作体系建设现场推进会在我院顺利召开。诸多举措,进一步优化了育人环境,保障了各项育人工作的顺利有序开展。

(六)"千日成长"工程的保障支撑

1.成长专项经费,促进"千日成长"。为保障学生健康成长,有效推进学生"千日成长"工程。自 2013 年以来,在各项常规经费随学生人数增加而增长的同时,学院每年投入 100 万元专项经费用于学生工作。在计划财务处的支持下,学生工作部会同各系开展了学生工作品牌项目建设,有力辅证了学生"千日成长"工程,积极促了学生"千日成长"。

2.素质养成学分,推进素质养成。为更好地推进学生素质提升工作,调动更多学生积极参加健康有意义的学生活动,学院规定,学生在校期间必须完成 10 个素质养成学分方可毕业。同时,学院还将学生素质养成学分与学生综合测评相结合,进一步完善了学生评价机制。学生素质养成学分方案的实施,推进了学生的素质养成,保障了学生"千日成长"工程的有效实施。

三、成效显著,金院学子万人成才

(一)面向全体学生,促进学生成长成才

学院以"立德树人"为根本,构建立体化育人体系以来,我院学生的成长成才效果明显,初步形成了"千日成长,百花绽放,万人成才"的育人局面,直接受益学生逾 2 万人。据统计,2010—2015 年年间,我院学生共有 2000 余人次在国家、省、市级学科、文体、社会实践及素质拓展类 900 多个项目中获奖,其中 2012 年以来,获得省级一等奖以上的数量每年以 50% 的速度递增。有 150 多个集体获得省市级荣誉称号,有48 人次获得国家奖学金,1200 余人次获得各类校外奖学金,近 10000人次获得素质拓展奖学金。2 名学生先后分别当选为浙江省第二届、第四届"十佳大学生",2 名学生获得浙江省国家奖学金特别评审奖,1名学生成为浙江省第十三次党代表。

通过实施学生"千日成长"工程,进一步提升了学生的综合素质和可持续发展力。我院学生就业率连续多年保持在 98% 以上,其中,金融系统订单培养数量占毕业生人数的近 50%。据麦可思公司对学院毕业生的调查报告显示,毕业生对母校的人才培养工作非常满意,如2013 年毕业生对母校的满意度为 97%,对母校的推荐率为 84%,大大高于同类学校。在浙江省教育评估院 2015 年开展的高校毕业生职业发展状况及人才培养质量调查中,毕业三年后毕业生对母校的总体满意度居全省高职院校第一。

(二)与学生同发展,教师团队成功颇丰

在助推学生成长的同时,学生"千日成长"工程的实施,也促进了我

院学生工作队伍建设,提升了教师的工作水平。例如,2013 年,我院辅导员王琴及其团队开展的"金手指"项目获得教育部辅导员精品项目;间春飞、俞婷、王琴等 3 名辅导员先后在浙江省辅导员职业能力大赛中获奖;3 人次获得省优辅导员荣誉称号;间春飞、吴爽老师获得学院首届金牌辅导员荣誉称号并获得纯金奖牌,郑晓燕、牟君清老师获得学院首届金牌班主任荣誉称号并获得纯金奖牌,等等。学生工作队伍素质的提升也更好地推动了学生的优质发展。

(三)拓展社会影响,彰显示范引领作用

2013 年 12 月,作为唯一一所高职院校代表,我院党委书记周建松在第 22 次全国高校党的建设工作会议上做"以'千日成长'工程为抓手,推进立体化育人体系建设"为题的典型经验交流发言。2017 年,作为唯一一所高职院校代表,我院党委书记周建松在浙江省高校思政工作会议上做典型经验交流发言。2012 年,我院申报的《"千日成长"与"素质教育"——我院学生"千日成长"工程纪实》《高雅睿智唯美塑造现代职业淑女——我院淑女学院创设》均被浙江省委教育工委、浙江省教育厅入选为 2012 年全省高校教书育人典型案例。学院有 3 个案例入选《全国分类引导青年案例汇编》,2 个案例入选《全国分类引导青年电教片》。2012 年,该工程获得学院第五届教学成果特别荣誉奖,并于 2014 年 9 月获得全国金融职业教育教学指导委员会教学成果评选一等奖。2015 年 5 月,省教育厅领导特别将本成果向省委书记夏宝龙同志做了专项汇报。中国青年报、浙江日报等多家媒体先后相继报道了我院学生"千日成长"工程所开展的系列活动及所取得的成效,得到了广泛的好评。

(执笔人:张鹏超)

第十三章

完善学校治理体系

经过三十多年的发展,我国高等职业教育有了长足发展。据统计,截至 2015 年,我国高等职业院校数已达到 1341 所,在校生为 1048 万,占到了高等教育的 41.2％,已成为高等教育的半壁江山。校均规模近8000 人,不少地区和学校,"千亩校园、千名教师、万名学子、万人培训"已成为常态。从理论上看,我国高等职业教育既是高等教育的一个类型,又是现代职业教育体系中的一个层次,既受《中华人民共和国高等教育法》的调整,也受《中华人民共和国职业教育法》的规范。如此规模,并具有鲜明特色的高等职业教育应当如何推进治理体系建设,特别是如何处理好高教性与职教性的关系以及学校层面运作机制与两级(院系)等问题,显得十分迫切,值得我们认真研究和思考。

一、充分认识高职院校治理体系建设的现实意义

当前,高职院校治理体系建设是一项十分紧迫而重大的任务,这不仅关系到"四个全面"战略布局的推进,也关系到高等职业教育类型

特色的打造,更关系到各项改革建设任务在高职院校的落地,具有重要的现实意义。

(一)落实"四个全面"战略布局任务的战略要求

高等职业教育是我国高等教育的重要组成部分,必须认真贯彻"四个全面"战略布局,在全面建成小康社会中积极作为,在全面深化改革、全面依法治国中积极回应,尤其是中央提出全面从严治党,高职院校如何在治理体制体系中充分体现,国家提出全面建成小康社会,提出人民对美好生活的期待就是我们的追求,高职院校在办学成果和机制上也应该有充分的显现,因此,"四个全面"战略布局对高职院校治理体系建设有战略层面上的要求。

(二)推进国家教育治理体系与能力现代化的要求

党的十八大以来,以习近平同志为核心的党中央提出了一系列治国理政新思想,十八届三中全会提出了治理体系和治理能力现代化的新要求,据此,国家也正在制订推进教高教现代化的新战略,高等职业教育如何按照国家治理体系和能力建设的要求,积极构建适应其发展要求的体制和机制,以提高自我管理的能力,提高财政资金使用绩效,提高人才培养质量和水平,同样显得十分重要。

(三)实现高职院校特色办学的要求

时至今日,我国的高等职业院校已初具规模,号称中国高等教育的半壁江山,如何进一步探索,形成其特色和亮点,真正实现高等职业教育的不可替代性,推进中国特色、世界水平现代职业教育体系的形成,既需要借鉴国外先进的经验,更需要研究自身的特点和规律,把具有高等教育和职业教育双重属性的高职教育抓好并抓出特色、形成亮点,并真正建立起具有高职特色的治理体系。

（四）提升管理高职院校水平的要求

经过多年的发展，不仅高等职业教育总体上初具规模，成为半壁江山，而从每一所高职院校而言，也已经达到了一定规模，现在全国高职院校均规模近 8000 人，不少学校在校生超过 10000 人甚至 20000 人。因此，如何提高学校的管理水平，就显得十分重要和必要。这就是说，一切规模较大的组织需要管理，高职院校发展规模越大、越需要加强管理、重视治理。

（五）教育行政主管部门对高职院校的新要求

随着高等职业教育进入内涵发展新阶段，学校工作重心转移，领导人思维属性发生转移是必然的选择。在这一过程中，教育部适应发展新形势，及时提出了加强院校管理的一系列要求。2015 年以来，更是下发了教育部《关于深化职业院校教育教学改革，提高人才培养质量的若干意见》《创新发展高等职业教育行动计划》《提高职业院校管理水平行动计划》，对学校治理体系建设、管理制度建设、管理能力建设提出了具体要求，并列出了相应项目和任务，需要我们认真落实，切实在管理实践中提升我们的水平。

二、正确把握高职院校治理体系建设的法律依据

既属于高等教育体系，也属于职业教育范畴，这是我国高等职业教育最大的特点，也是研究高职院校治理体系和制度建设的重点和难点。从现实情况看，国家对高等教育有更多的从严管理的要求，而对职业教育则有更多的优惠和政策倾斜。从这种意义上说，高等职业教育的治理规范化和现代化，必须立足高教性、兼顾职教性，具体来说：

(一)遵照《高等教育法》和《职业教育法》进行双重调整

为了发展高等教育,实施科教兴国战略,我国于1998年制订并颁布了《中华人民共和国高等教育法》(以下简称《高等教育法》),并于2015年进行了修订。《高等教育法》对我国高等教育的基本制度,学校的设立,学校的组织和活动,学校的教师和学生、投入和保障等都做了规定,明确了领导体制和运行框架,还对若干重大治理组织提出了要求,因而对每一所高等学校(包括高等职业学校)都具有约束性。

与此同时,为了实施科教兴国战略、发展职业教育、提高劳动者素质,促进社会主义现代化建设,国家于1996年制订了《中华人民共和国职业教育法》(以下简称《职业教育法》),就职业教育体系、职业教育的实施、职业教育的保障条件等做出规定。对于从事职业教育的主体而言,都必须遵守。

上述两部基本法律对高等职业教育机构的各项基本职能等都做出明确的规定,《高等教育法》对学校内部体系及治理框架等相关问题都有涉及和要求,而《职业教育法》则主要是针对整个体系做出的规定,关于学校内部组织及运行问题涉及不多。因此就具体治理框架而言,《高等教育法》更具体,更好执行。

(二)贯彻《中国共产党普通高等学校基层组织条例》

我国《高等教育法》明确要求,国家举办的高等学校实行党委领导下的负责制,党委的建立和运行,应该按照《条例》的要求来实施,对此,中共中央在其印发的《条例》中有明确要求,《中国共产党普通高等学校基层组织条例》(以下简称《条例》)是《中国共产党章程》在高等学校的具体化,这是中国特色的社会主义高等学校不同于其他国家的重要特点,也是确保社会主义办学方向的重要保障;与此同时,中办还印发了《关于坚持和完善党委领导下的校长负责制的实施意见》,该文件规定了高等学校党委和校长工作运行的具体办法,便于操作。

(三)遵守《高等学校学术委员会工作规程》,正确处理学术权力和行政权力的关系

高等学校管理的一个具体特点和难点就是它具有行政性和学术性双重属性,学校具有学术权和行政权双重权力,如何处理好这两者的关系,在高等职业院校治理体系建设中显得十分重要,为此,《高等教育法》第四十二条明确,高等学校要建立学术委员会,履行学术事宜,教育部据此制订了《高等学校学术委员会工作规程》,并以中华人民共和国教育部 35 号令的形式公布,明确其作为内部治理结构的重要组成部分,对基本作用、组成规则、职责权限、运行制度等做了具体规定,应该说,这是我们在落实学校治理体系建设中须遵循的重要依据,应当据此制定相关规则和规定。

(四)制订《教职工代表大会实施办法》,切实解决民主管理机制问题

《高等教育法》第四十三条规定,高等学校通过以教师为主体的教职工代表大会等组织形式,依法保障教职工参与民主管理和监督,维护教职工合法权益。相应地,教育部制订了《学校教职工代表大会规定》,并以中华人民共和国教育部 32 号令的形式发布,对建立教职工代表大会的要求,教职工代表大会的职权,教职工代表大会的代表、组织规则、工作机构等做了规定。应该说,它是各学校建立民主管理制度的基本要求,我们必须在此框架内制订各校特点的《实施办法》,确保教师和其他教育工作者当家作主。

(五)遵循以法治校理念,制定并贯彻好学校《章程》

依法治校、科学发展是高等职业院校治理的基本要求,为完善中

国特色现代大学制度,指导和规范高等学校章程建设,教育部对国家举办的高等学校章程的起草、审议、修订及核准、备案等做了规定,并发布了《高等学校章程制定暂行办法》(以下简称《办法》),并以中华人民共和国教育部 31 号令形式发布,全面明确了高等学校章程制订的规则,对章程内容、制订程序、核准与监督等提出了明确要求。近年来,《办法》对各学校章程的制订起了很好的指导作用。对于每一所高等学校而言,我们必须按《办法》的要求重视和加强章程建设,并认真遵守章程,因为对于高等学校而言,《章程》相当于学校的宪法,其一经程序制订和上级审定,就具有法律效力,必须以此为依据,推进学校工作规范化和法制化,提高学校治理能力和水平。

(六)高职院校治理体系建设要充分体现职业教育的具体特点

如前所述,我国的高等职业教育的特点是既具高教性又具职教性,除了必须同时遵照《高等教育法》和《职业教育法》进行调整外,在构建以高教性为基本要素的治理框架的同时,必须充分体现高等职业教育的职业教育属性。我们认为,产教融合、校企合作、工学结合、知行合一是职教教育的基本特征,合作发展、合作育人、合作就业、合作办学是职业教育的基本要求,探索建立职业教育集团化办学、现代学徒制和订单式人才培养,建立混合所有制办学体制等应是其重要特点,而这些内容和要素,对学校治理体系建设也提出了要求。如何在校政(政府)、校行(行业)、校会(协会)、校企(企业)等方面探索建立合作发展机制乃至利益分享机制,值得我们思考和研究,期待探索和创新。

三、科学界定高职院校治理体系建设的基本职责使命

我们之所以要研究高职院校的治理体系建设,其目的是要办一所好学校,为打造百年品牌,实现基业长青奠定基础,这是我们研究有效

治理的重要职责和使命。

（一）努力建设一所好学校

高等职业教育是高等教育的一个新的类型，衡量学校好坏的标准既与其他学校具有相通性，又有其自身特点。我们认为，一所好的高职院校，必须具备以下一些条件要素，即：

1. 满足国家需要。这个目标看似抽象，实则明确。因为国家举办的高等职业院校，投入了大量人财物力，从绩效角度看，必须体现国家意志，即源源不断地培养适应社会主义现代化建设中生产管理服务领域需要的高素质高技能人才，这些人才必须适应市场和岗位的需要，有较快且较强的适应能力，并且具有一定的发展潜力。正因如此，《国务院关于加强发展现代职业教育的决定》明确将服务发展、促进就业作为高职院校基本任务，正是在这种意义上讲，从培养合格公民，到合格建设者和可靠接班人的培养最为重要。

2. 推动学生增值。学校以培养人才为根本任务，而人才培养体现在学生身上，因此，为适龄合格青年创造学习条件，并通过一定的学制达成培养目标是学校的最基本任务。这就是说，学校的目的就是让学生增值，包括了学生人生观、世界观、价值观的形成与升华，专业知识的获得、专业技能的强化。就职业教育而言，从某种意义上要实现从普通中学生到和谐职业人的飞跃，实现最大可能的综合增值或特长增值，以此为社会创造最大价值。

3. 实现教师发展。教师是学校办学的主体，也是学校资源的重要组成部分，对学校事业发展和学生培养成长起着极为重要的作用。教师的发展既是以人为本理念的重要体现，也对提高人才培养质量，对学校又好又快的发展起着重要作用。因此，实现主体最好发展，意义十分重大，学校治理体系建设的重要目的也在于此。

4. 学校和谐运行。学校治理体系建设的出发点就是要处理好各类主体,各个方面的关系,处理好内部与外部、上级与单位、教师与学生、学校与行政、民主与集中等各种矛盾,从而达成最大公约数,在实现事业发展的同时实现平稳有序的运行。

5. 锻造优质品牌。追求好的治理,除了保持常规和常态以外,从更高的要求和标准看,还是要办特色鲜明的高职教育,以不可替代的人才培养和追求一流的学校建设推动学校由小到大、由弱到强、从平到优的发展,最终成为本领域、本区域的先进学校,推动特色和品牌的形成。

(二)正确处理各方面关系

我们研究治理体系及制度建设,就是要从高职院校的实际出发,根据国家法律法规,探索研究具体的工作机制,正确形成工作程序,具体来说,主要有以下关系:

1. 民主和集中的关系。民主和集中是治理工作中最为敏感的话题。一般而言,现代学校都具有一定规模,一元化的集中管理显然难以为继,两级管理成为必然,这就出现了集权还是分权,集中管理还是民主管理,民主基础上的集中,集中指导下的民主,统一制度下的分权,分权基础上的相对统一等等形式,如何把握一个度、形成一套机制,必须研究好、落实好这一机制。要充分发挥教工代表大会的作用,科学划分两级的职权。

2. 党委和行政的关系。国家举办的高职院校,实行党委领导下的校长负责制,党委和行政的关系如何协调,具体又包括党委书记和校长、党委书记和党委、校长和副校长等等,需要建立一个党委统一领导,校长依法独立行使职权的机制。

3. 行政权力和学术权力的关系。学校是一个学术组织,学术权力是其重要的权力组成,学术权力如何分配,其与行政权力是什么关系,教授在学校治理中发挥怎样的作用,学术权力如何有效行使和保障,避免行政权力包办和代替学术权力等等,必须要认真研究,并界定好校长与学术的关系。

4. 学生主体和教师主体的关系。通俗地说,老师与学生皆为主体,办学以教师为主体。但在现实运行中,这两大主体的地位有时也是有矛盾的,学校要确保学生主体地位,坚持以生为本,但为了推进学生发展,必须重视和加强教师队伍建设,提高教师的能力和水平,调动和保护教师的积极性。两者必须和谐处理,坚持以生为本,确保教师主体地位。

5. 制度和文化的关系。每一所学校都有其历史和文化积淀,因此形成治理过程中的许多习惯和惯例,而治理又必须遵循道德和法治原则,必须以制度建设为前提,两者之间如何协调,同样显得重要。要重视制度功能,又必须重视文化培育。

(三)研究好创新下的治理

研究高职院校的治理体系问题,必须从高等学校出发,同时也要体现职业教育的特点,因此,在治理体系构建中,应该在依法办学的前提下研究创新。如前所述,既然高职教育是高等教育的一个新的类型,必须在治理体系中赋予新意。

1. 集团化办学的治理问题。按照教育部关于推进职业教育集团化办学的要求,必须保证集团成员尤其是参与企业有一定的权力和义务,而权利和义务往往也是对等的,责任和利益也是协调的,这应当在治理框架中有所体现,以更好地推动学校发展。

2. 校企合作双方责权和问题。校企合作办学是职业教育的特色和生命力所在,探索建立良好的校企合作体制机制,是办好职业教育的关键,在治理体系中嵌入这些因素,充分发挥校企合作理事会的作用,也是必须研究和探索的机制。

3. 研究混合所有制办学模式。混合所有制是经济领域的新理念,用改革的办法把职业教育做大做强,需要研究其有效途径,混合所有制被实践证明行之有效。如何在国家举办的高等院校中吸入并消化吸收这种办学模式,值得我们认真探索。

四、切实推进高职院校治理体系建设的有效路径

研究高等职业院校的治理问题,不仅要关注和研究体系建设框架,更要关注治理体系和框架下的运行机制,从实践和有效治理角度看,下列问题必须引起我们的重视。

(一)必须制订和落实好一部《章程》

《章程》是高等学校依法自主办学、实施管理和履行公共职能的基本准则,高等学校应当以章程为依据,制定内部管理制度及规范性文件,实施办学和管理活动,开展社会合作。《章程》在学校运行中的地位相当于宪法之于国家治理,它是总指引,对学校各项活动具有约束和指导作用。《章程》也是学校实行自治的基础,因此,必须以章程为依据开展各项活动。根据教育部规范要求,按程序制订好章程,这是研究和落实治理体系建设的重要的和首要的任务,也是全部办学活动的基础,如《浙江金融职业学院章程》就包括了序言和八章 77 条,对学校各方面活动进行了全面的界定和规范。

(二)必须具体制订好一批规章制度

按照《章程》的框架和治理思想,围绕党委会、校长办公会与行政管理、教职工代表大会、学术委员会、各项工作专门委员会和校企合作理事会等方面系统地进行制度设计和制度建设,使学校各项工作有法可依、有制可循,在一个好章程的指导下,制订形成一批好制度,是确保学校各项工作顺利运行的重要保障,必须切实重视和加强,制订的制度

要遵守章程,要符合上级精神,要经过合法程序,要注意相互衔接,更要具有可操作性,必须常抓不懈。

(三)必须探索形成一脉好的文化

一所学校既需要从章程出发,靠制度保证,更需要文化传承。学校在办学实践过程中形成的校训、校风、教风、学风等是学校文化建设的重要组成部分,也是学校治理体系建设的重要内容,同样必须重视和加强。"一训三风"的建设既是学校文化建设的重要内容,也是学校治理体系建设的重要环节,在高等职业教育内涵建设新阶段,我们必须贯彻和落实。

(四)必须探索形成一些好的机制

其实,从细节上形成具有较强操作性的工作机制,对提高学校的治理能力和水平也是十分有意义的,如规范的教代会制度、年度工作计划、财务预决算必须经教代会批准,学校改革发展重大举措和关系教职工切身利益的问题必须经教代会讨论审定。在具体运行中,一些好机制如党委书记和校长主动协调工作机制即重大工作共同牵头,常规工作分别牵头,即时工作相互补台等机制,实践中十分有效。而学校的日常工作机制,如分管校领导协调统筹工作制、职能处室负责人主谋工作制、院系(主任、院长)相对独立面向市场工作制等的建立,对实施日常运行帮助和促进较大。这些都应该积极探索,及时总结,并加以推广。

(五)必须始终坚持善治的目标追求

科学完善的治理,必须以自治为基础、法治为保障,同时必须以善治为目标。在研究治理体系建设、落实治理机制、梳理治理关系的过程中,应当坚持从善治目标出发,要坚持以人为本,要尊重教师、学生、校友的主体地位,要尊重和维护合作方的权益,要努力实现各方利益诉求的平衡,要努力以最小的投入取得最大的绩效,努力推进学校各项事业持续快速健康平稳发展,实现教师发展与学校发展的良性互动。

总之,高职院校治理体系建设是一篇大文章,只有体系健全,才有助于提升治理能力和推进水平现代化,我们要与时俱进、探索创新,以切实推进办"特色鲜明,人民满意,师生幸福"的高等职业教育的目标的实现。

参考文献

[1] 俞可平.治理与善治[M].北京:社会科学文献出版社,2000:12.

[2] 张建.教育治理体系的现代化:标准、困境及路径[J].教育发展研究,2014(9):27—33.

[3] 褚宏启.教育治理:以共治求善治[J].教育研究,2014(10):4—11.

[4] 李立国.大学治理的转型与现代化[J].大学教育科学,2016(1):24—40.

[5] 崔炳辉.整体性治理视域下高职院校治理体系研究[J].江苏高教,2016(3):148—151.

[6] 周建松,陈正江.高职院校治理体系现代化:理论意涵与实现机制[J].现代教育管理,2016(7):6—12.

[7] 陈光臻,王郁葱.基于院系两级管理的高职院校内部治理研究与实践[J].中国职业技术教育,2016(7):49—52.

[8] 余华.高校治理体系完善与治理能力提升探析[J].湖南师范大学教育科学学报,2015(3):58—62.

(执笔人:周建松)

第十四章

重视高职教育文化

文化在中国古代就有"以文教化""以文化人"之意，表示对知识的积累，性情的陶冶，品德的教养。作为我国高等教育的新的类型，从20世纪80年代开始摸索和探索，逐渐从无到有、从小到大，从确定性到相对定型，成为推进我国高等教育大众化的重要载体和主要抓手，成为高等教育的重要组成部分，成为现代职业教育体系的重要环节，已初具规模。据统计，截至2015年，我国的高等职业院校已达1341所，在校生规模已达1048万，占高等教育的41.2%，其院校数量更是超过了普通高等教育，因此，高职教育被誉为高等教育的半壁江山，同时，从生源等多方面条件看，规模扩张已不太可能，在这些背景下，我国的高等职业教育如何建设、如何发展，必须进行认真思考，不失时机地推进内涵发展和质量提升，应当是正确的选择。而在内涵发展的诸多要素中，文化建设是一个十分重要而又不可或缺的内容。

一、高等职业教育发展新阶段与文化建设

经过三十多年,尤其是 21 世纪以来我国高等教育的大发展,无论从事物本身发展规律,还是发展条件而言,我国的高等职业教育都应该也必须进入内涵发展阶段,其原因在于:

(一)国家关于高等职业教育的大致方针已经清晰明了,这为内涵发展提供了前提。

我国的高等职业教育起步于 20 世纪 80 年代初,从短期职业大学起步,期间经过了"三不一高"(即不发统一内芯的毕业证书,不转户籍关系,不包分配和较高学费收费上学)甚至经历了被改革、被调整和被整顿的折腾。20 世纪 90 年代初,国家开始明确高等职业教育的发展政策,逐渐明确以"三改一补"(即改革高等专科学校、改革成人高校、改革短期职业大学)及符合条件的中专学校作为补充,我国高等职业教育真正迎来大的发展,而世纪之交的中国推进高等教育大众化的政策和教育部下放专科层次高等职业院校设置审批权,使高等职业教育在我国得到了快速而迅猛的发展,逐渐成为一个重要类型和重要力量,国务院和国家教育行政主管部门也采取了有力措施加以持续推进。在这过程中,国务院先后召开多次全国性职业教育工作会议,出台发布了相关文件,明确了大力发展,加快发展的方针,明确高等职业教育为我国高等教育的一个类型,明确普职大体相当,明确构建现代职业教育体系,所有这一些,都明确了我国高等职业教育的方针政策并基本定论,这为我们探索规律、打造特色、提升质量创造了有利条件和极大可能。

（二）当前经济社会发展的种种条件，决定了高职内涵发展的必要性

改革开放以来，我国实施高等教育连年扩招政策，特别是世纪之交实行的高等教育大众化的政策，更使我国的高等教育得到空前大发展，我国高等教育的毛入学率迅速从10％左右上升到40％多，一些发达省份已达到甚至超过50％，进入普及化阶段，高考招生录取率更接近90％，个别地区甚至更高。这就形成了我国高等职业教育的几种情形：一是学校教育教学及后勤保障条件已经饱和甚至超负荷，教师和教室等资源相对紧张，难以再扩大；二是中班、大班教学已成常态，小班教学、分类培养、个性教学事实上已不可能；三是从生源等具体情况看，高等教育再扩招的可能性已经不存在，一些地区如江苏、湖北等出现了部分学校零投档等新现象。正因为这样，无论从外部可能条件还是自身资源要素等分析，我国的高等职业教育从总体上应该从外延发展转向内涵发展，必须研究如何优化结构，提高质量，必须进入内涵发展新常态。

（三）抓好以文化建设等为主要内容的内涵建设是一项系统工程

从高等职业教育从外延发展转入内涵发展这是一项革命性的变革，关系到教育思想、教育观念、管理理念等一系列的变化和调整，包含有十分丰富的内容，如：专业结构的优化和专业建设水平的提升，特别是特色专业和专业特色的凝练和形成；科学研究和社会服务能力的提升，以及以立地式应用型研究和区域经济社会发展和中小企业技术和产品开发为主要内容的社会服务，应该有新的加强和提高；教师队伍特别是青年教师的培训和双师结构教学团队的建设必须提高到一个新的水平；校企合作体制机制应该从框架协议阶段进入具体深入阶段并取得更加深入的成效；学校的文化建设无论是从类型特色打造，还

是学校文化育人等视角都应该有更加扎实的成果,也就是说,包括文化建设在内的系统工程必须有新的加强和推进。

(四)为什么要在内涵发展中重视加强学校文化建设

党的十七届六中全会指出,推动社会主义文化大发展大繁荣。当今时代,文化越来成为民族凝聚力和创造力的重要源泉,越来越成为综合国力竞争的重要因素,越来越成为经济社会发展的重要支撑。因此,学校在内涵发展时期,必须重视和加强文化建设。正因为这样:学校文化是学校的生命基因,作为一个有机体,学校的发展状态和生命周期往往是由基因决定的,需要把好的文化传统定格、传承下去。学校文化是一种管理方式,在学校这座巨大冰山中,文化是根基,其他才是有形的管理,文化在管理中起着潜移默化的影响。学校文化是学校品牌和形象的灵魂,决定了学校的特色、地位及社会影响力,必须始终重视和加强。从某种意义上说,文化更是学校的竞争力所在,文化既是软实力,也是硬实力,在竞争发展中意义重大,作用明显,因此,必须正确理解、科学把握。

二、正确把握高职院校文化建设的内容和结构

从广义看,文化是人类社会所创造的物质财富和精神财富的总和。具体来讲,人们对文化的理解各有不同,可谓仁者见仁、智者有智,不同视角也有不同理解和认识。高等职业教育作为高等教育的重要组成部分,人们一般从高等教育即大学文化着手,分析文化建设的内容和结构。

(一)大学文化及其引领作用

大学文化是大学在长期教育和办学实践过程中形成的理想追求、

遵循准则、思维方式和行为习惯,以及蕴涵在物质成果中的理念与意境。站在不同的角度,人们对文化也有不同的分类,有二分法、三分法、四分法、五分法等。二分法是指物质文化和精神文化,这比较少见;三分法指物质文化、精神文化、制度文化,赞同这种分类的专家学者不少;四分法是物质文化、精神文化、制度文化和行为文化,赞同这种分类的也比较多;五分法是物质文化、精神文化、制度文化、行为文化和活动文化,但这比较少见。一般来说,采用四分法的比较普遍。

大学精神文化是大学文化的内涵和最高表现形式,是大学在长期的发展过程中形成的独特气质和价值规范体系,具体表现在大学的办学理念和价值追求等,具有凝聚、激励、导向和保障作用,属于最高层次的文化。

大学制度文化是大学在办学和发展过程中一系列权利、义务及责任的综合,是大学存在和发展的规范、规则,同时也表现为大学在长期的发展和实践中形成的观念、习惯等等。一方面,它约束着大学的行为,另一方面,也为大学发展提供保障。

大学的物质文化是大学和大学精神文化存在的物质基础,是大学文化的物质形态和综合实力的重要标志,它主要是指办学条件,也包括所积累起来的办学成果,也是大学实力的重要的、最为显性的体现和标志。

大学的行为文化是大学师生员工在教育教学、科学研究、学术交流、学习生活、文化活动中所表现出来的精神状态,行为操守和文化品位,具体又包括教师、管理服务人员及学生的行为。

一般而言,从结构分析看,大学文化应包括这样几个方面,当然这四者之间又是联系的、相互影响的。

(二)学校文化建设的相关概念研究

1. 校园文化与文化校园。在现实生活中,我们经常会碰到这样一组概念即校园文化和文化校园,有人认为,它不必加以细分,我们认为,它们两者之间还是值得区分的,校园文化强调的更多是一种文化活动,而文化校园更多强调的是一种文化氛围,校园文化讲的是局部的某个具体内容,而文化校园是带有全局和整体性的文化行为,校园文化可以说是一种现象,一种并不成熟的状态,而文化校园则是学校文化过程中相对稳定的形态和理想状态,从校园文化到文化校园有一个较长的建设过程,有一个系统和整体的推进,是人、财、物和思想行为的综合和提升。

2. 校园文化和学校文化。我们认为,学校文化和校园文化既有联系,也有差异。学校文化是一个学校长期办学实践过程中形成的独特价值观,信仰信念、历史思维、行为方式、语言环境等特质和风范,也广泛体现在物质、精神、制度和行为之中,而校园文化则是校园环境建设和校园活动中所体现出来的风尚与氛围。有时候,校园文化更与第二课堂紧密相连。

3. 职教文化与大学文化。高等职业教育既具高教性又具职教性,既是高等教育的一个类型,也是职业教育的一个层次,这种双重属性,决定和影响着其文化特征和文化建设要求。作为高教性,它必然要继承大学文化传统,以大学精神为引领,作为职教性,它又必须有职业化氛围,体现产业文化、企业文化和行为文化的特质。正因为这样,大学精神引领和职业文化融合,会构成高职文化建设的重要内容。

4. 类型文化与学校文化。高等职业教育作为高等教育的一个类型,它具有高等教育的一般特征,要遵循高等教育的一般规律。与此同时,它作为一个特殊的新的类型,它也具有自己的特质。被誉为半壁江山的高等职业教育,在规模上取得发展和突破后,必然要形成自身的文化,这就是类型特色文化,它是高职教育的共性,体现了高等教育与职业教育的结合。有了这样的文化,高职教育才会自尊、自信、自律、自强,才会实现可持续发展,而学校文化又是基于高等职业教育类型特征基础上的个性化探索,与学校的区位特征、行业背景、历史积淀有关,是进一步具体化,这也是需要各个学校努力探索和实践的。

文化这么大,涉及的问题非常多,需要我们探索和研究。我们研究高职院校文化建设,应当关注宏观、着眼微观,关注类型、着眼自身,积极践行,努力创新。而立足学校研究的文化建设似乎更有意义。

三、充分认识高职院校文化建设的作用及其机理

(一)从学校文化建设的形成分析

作为一种独特的社会文化形态,高职院校的文化建设也有其形成规律,其大致轨迹如下:

1. 高职院校文化是长期办学过程中积淀而逐渐形成的。尽管从名称上看,高等职业教育发展时间不长,但树有根、水有源,高等职业院校大多有其前身,一代又一代的教师和学生长期积累形成而成的习惯、经验,都为今天的文化建设提供了实践经验,并成为重要依据。正因为这样,我们需要追根溯源,尽管高职院校大多经历了迁校、经历了合并,经历过停办、经历过升格,但文脉是相通的,也是割不断的。

2. 高职院校文化是人积淀创造的。正因为这样,有人说,文化是环境、是历史,更是事件、是故事,特别是人、事件和故事的综合和结合,尤其是一些学术大师的远见卓识和先进的办学理念,往往上升为文化,形成为文化和传统,因此,我们必须尊重人,必须重续昨天故事。

3. 高职院校的文化是以专业和知识为基础的。专业是我国高职教育存在的基础和土壤,这是区别了其他社会组织的一个根本特征,从这一点出发,高职院校的文化往往会呈现出育人为本、探索真理、服务社会、追求卓越等特点。

4. 关键(重要)人物的价值观可能会对院校文化产生重大作用。

我们是唯物论者,我们必须承认人民群众尤其是广大师生创造文化,但我们也必须看到,在一所学校的形成和发展过程中,名人包括知名专家、主要领导人的价值观念,有时会起着重要的乃至决定性的作用,中国如此,外国如此,过去如此,今后也如此。

5. 学习交流也是高职院校文化形成和发展的助推力量,当今社会是一个开放社会,学习交流不仅对事业的发展起作用,更对文化的形成和发展作用巨大。文化既具有国际性,又具有区域性、行业性、本土性,交流和交互十分重要,学习借鉴更有意义。因此,我们在研究文化建设过程中,必须重视学习交流的作用,在相互学习交流中提升和推动文化建设,促进文化发展和繁荣。

(二)高职院校文化建设的作用表现

文化建设既是内涵建设的重要内容,也是高职院校推进发展的重要力量,主要表现在:

1. 文化增强自信。一所高职院校探索形成和积累文化以后,为师生共同遵守和执行,并渗透到学校发展和运行的方方面面,这有利于增强大家的认同感、自豪感和自信心,从而有利于更加同心同德的创新创业,推动学校各项事业持续健康发展。

2. 文化彰显特色。一所高职院校形成什么样的文化物质,既与历史发展有关,也与人物贡献有关,但一个学校的文化尤其是高职院校的文化与地域和行业密切相关,如浙江金融职业学院的诚信文化、浙江建设职业技术学院的鲁班文化就具有十分明显的行业特征。所到之处、所见之事、所阅之人,明显有其特色和特征,便于传承和创新,它有利于学校特色化发展。

3. 文化推动育人。文化建设本身也是手段,学校是一个文化组织,更是一个育人机构,文化建设的目的是为了更好地育人。因此,一方水土养育一方人,用在文化建设上,就是有什么样的文化就培养什么样的人,浙江金融职业学院的毕业生以"动手能力强、岗位适应快、实践水平高"而享誉业界,就是传承的结果,也是文化育人的成效。

4.文化促进发展。一个学校的发展和壮大,需要强大的硬实力,更需要足够的软实力,关键时候需要巧实力。一般而言,文化属于软实力的范畴,但软实力有时候,尤其是关键时候会变成硬实力,对事物的运行和发展起支撑乃至决定性作用。它关系到人们的精气神,关系到人们能否克服困难、战胜困难、争取胜利。

5.文化铸就品牌。一个学校的文化既是其特色和特征,也是世界品牌的展示。从某种意义上说,文化就是品牌,而且还有文化品牌,如浙江经济职业技术学院的诗教品牌,浙江金融职业学院的校友文化品牌,浙江商业职业技术学院的创业教育品牌等等。

(三)重视发挥各类主体在文化建设中的作用

文化是一个复合的系统,需要众人拾柴,需要众志成城,但各类主体在文化形成和发展中确实具有不同的作用。

1.校长(领导者)的作用。学校领导人在文化建设中的作用,从不同角度看,可以有不同表现和作用方式。学校领导人在初创时期是奠基者,在发展时期是引领者,可以通过个人影响力和组织影响力发挥双重作用,尤其是其个人思想和信念、人格魅力、道德品行的作用不可低估。

2.学校教师。一般而言,大学教师具有三重角色,因而也具有三重文化功效:作为知识分子,他具有人文情怀;作为专家学者,他研究文化;作为人民教师,他引领文化。大学教师在文化建设中的作用,也有特殊的方面,如官本位文化、功利主义文化,那是不良文化,而优秀文化的独特的人格魅力,则具有重要引领作用,我们必须研究。

3.学生和校友。学生和校友是学校最广泛和重要的主体,我们往往忽视其作用,其实,一所学校的文化最终是由学生和校友所积累起来的,也是由一届又一届学生提升起来并不断传承下来的,而社会对一所学校文化的认识,往往也是源自学生和校友身上,对此,我们应予以重视。

四、基于共性特点和个性特质的高职院校文化建设实践

高职院校文化建设既是一个整体,体现类型特色,同时又是一个个个体所组成,具有鲜明的院校特色,促进了高职文化建设的整体繁荣。浙江金融职业学院作为全国首批国家示范性高等职业院校,作为全国高职首次文化建设论坛的发起和组织单位,在这一领域做了一些努力和探索,也取得了一些成效。

(一)早动手,有序推进文化建设

浙江金融职业学院坚持传承和创新的结合,在探索学校事业发展过程中,坚持学校建设发展与文化建设同步同行。在学校历史发展进程中,大家认为,浙江金融职业学院名为金融、历史在金融、情在金融、成果在金融,因此,在文化建设中必须做足金融这一金字招牌,并充分彰显其特点。早在2001年建校之初,她们就着力学校发展规划,明确提出"办第一流高职、建有特色品牌、创示范性院校",在2002年规划建设新校区时,就研究提出要把代表金融品格的诚信要素充分体现出来,把学校办学最为显性的成果充分体现出来,并把金融文化做足做透,2003年新校区建设,学校就把构建有特色的文化校园,诚信、金融、校友三维文化进一步布局和外显,概括为:每一个重要地方都体现诚信要素、每一幢建筑都体现金融风骨,每一个景观都体现校友烙印,形成诚信、金融、校友三维文化缩影的校园。2005年,学校结合建校三十周年,充分发动金融行业、广大校友和社会各界力量,具有三维文化特色的校园基本建成。

(二)早培育,创新培育文化品牌

文化建设有了规模后,学校就抓住各种时机进行文化建设,结合学校特点进行文化品牌培育,学校较早建立了文化建设领导小组和文化建设指导委员会,设立了文化建设处,统筹研究学校文化建设工作,当时,恰逢教育部和中共浙江省委推出文化建设品牌评比活动,学校坚持硬件建设和软件建设一起,文化活动和文化育人一起做,先后把金手指工程(代表金融文化)、诚意铸诚信(代表诚信文化)、校友文化与高职发展(代表校友文化)作为文化品牌来建设和打造,经过几年努力,三项文化活动先后被省委教育工委和教育部评为优秀文化品牌,使文化建设和文化品牌有机呈现。

(三)早领悟,积极推进三维文化育人活动

在文化建设和文化品牌建设的同时,学校充分发挥文化建设的积极功效,深刻把握高职院校的主要任务是立德树人的要求,及时把成果转化为育人载体和路径,早在 2007 年,学校党委就下发了《全面构建三维文化育人体系的若干意见》——强调诚信文化重精神塑造,是育人体系之精髓;金融文化重职业养成,是育人体系之主干;校友文化重职场发展,是育人体系之天地;三维文化既有交融、又有互动,共同推进育人工作全面发展。这几年,结合中央提出的涵盖社会主义核心价值观的要求,结合全面加强素质教育和创新创业教育的要求,学校通过创设明理学院、淑女学院、银领学院,结合一二三课堂建设,适时提出"品德优化、专业深化、技能强化、形象美化"四个化的要求,全面实施学生千日成长工程,有力地推动了三维育人体系的完善和工作的深化,文化育人工作进一步巩固和深入。去年,学校列入浙江省文化校园建设首批试点单位,学校抓住有利时机,在全力打造文化校园的同时,大力推进文化育人向纵深发展。

(四)多硕果,文化建设促进和推动了学校品牌发展

浙江金融职业学院早谋划早启动学校文化建设,组织召开全国性文化建设论坛,不仅使学校文化建设成为自觉,而且也带动了全国高职战线文化建设的开展,更为重要的是,对学校自身建设和品牌发展产生了巨大推动力。

1. 文化育人成果显著。由于文化建设和文化育人的巨大功效,十多年来,学校招生考分均为全省第一,促进了优质生源加盟,通过三维文化培育,学生品行端正、学业进步、素质提升,毕业率达99%以上,就业率达98%以上,深受用人单位好评,且毕业生在岗位上捷报频传、发展健康,为行长摇篮、金融黄埔不断增添光彩。

2. 学校声誉不断美化。近年来,全国高职各类组织分别推荐学校担任领导职位,学校目前是全国高职研究会会长单位,全国高职教育工作委员会主任委员单位,浙江省高职教育研究会理事长单位,浙江省高职党建研究会会长单位,全国高职院校当中,约有600余所学校前来学校交流参观和取经,彰显了学校在全国高职教育界的巨大声誉。

3. 学校品牌发展顺利。学校积极践行特色鲜明、人民满意、师生幸福的宗旨,积极构建行业、校友、集团共生态办学模式,全面推进高品质幸福金院建设,先后被评为全国职业教育先进单位,浙江省劳动模范集体,全国高等教育就业竞争力50强等一大批荣誉,学院教师在各类教学、科研评比中频频获奖,进一步丰富和提升了学校品牌,彰显了中国高等职业教育的魅力。

应该说,高职院校的文化建设才刚刚起步,与历史悠久的大学校比差距不小,与半壁江山的规模发展状况相比急需努力,尤其是如何从以物质、精神、制度、行为为主要结构内容的文化建设走向文化育人,从落小落细落实的要求推动教室、寝室、教学等文化的系列化、精细化,更需要进一步花大力气,而从文化建设到文化育人再到文化治校,正

需要我们长期不懈努力。

参考文献

[1] 周建松,褚国建.基于文化视域的高职教育内涵发展研究[J].中国高教研究,2013(8).

[2] 蒋赟,陈云涛.高职文化转型:目标及路径构建[J].职教论坛,2015(5).

[3] 何兴国,王炜波.技术文化:高职文化建设新视野[J].江苏高教,2015(5).

[4] 李祥国.关于高职院校文化育人功能的思考[J].教育探索,2014(8).

（执笔人:周建松）

第十五章

健全质量保障体系

为贯彻落实《国家中长期教育改革和发展规划纲要(2010—2020年)》中"把提高质量作为教育改革发展的核心任务""制定教育质量国家标准,建立健全教育质量保障体系"的要求,教育部于 2012 年 3 月颁布了《关于全面提高等教育质量若干意见》,明确要求高等学校要"树立科学的高等教育发展观,走以质量提升为核心的内涵式发展道路",同时,把健全教育质量评估制度作为重点推进的 30 项工作之一。2012年,国务院教育督导委员会办公室成立,标志着我国教育质量保障体系的顶层设计做出了重大调整,教育教学评估进入一个以"管办评分离"为主要特征的新的发展阶段。2013 年,十八届三中全会把"深入推进管办评分离"列为深化教育领域综合改革的重要任务之一。2015年,《教育部办公厅关于建立职业院校教学工作诊断与改进制度的通知》(教职成厅〔2015〕2 号)、《高等职业院校内部质量保证体系诊断与改进指导方案(试行)》(教职成司函〔2015〕168 号)等系列文件,将高等职业教育的"规模、结构、质量、效益"作为衡量教育发展成效的主要方面,并要求高等职业院校全面建设内部质量保证体系,在学校、专业、课程、师资、学生等不同层面建立起完整且相对独立的质量目标、质量标准、质量制度,并形成教学工作诊断改进的工作机制。2016 年,国务院教育督导委员会办公室印发了《高等职院院校适应社会需求能力评估暂行办法》。综上教育政策的行政导向预示着我国高职教育正逐步形成政府依法履职、院校自主保证、社会广泛参与,教育内部保证和外部评价协调配套的现代职业教育质量保障机制。职业院校必须主动适应"管办评分离"的职业教育大环境,切实履行人才培养质量主体责任,确立"以生为本,人人成才"的质量理念,以"五纵五横一平台"为基本框架,将质量计划、组织实施、过程控制、质量提升融为一体,建立全员参与、全程贯穿、全面覆盖,质量目标明确、主体责任明晰,具有现代化信息技术支撑和预警功能的内部质量保证体系,形成自主、系统、常态的诊断与改进工作机制,促进学校人才培养质量的持续提升。作为优质高职院校,其在担负引领我国高职教育发展中国特色、世界水平的使命中发挥着重要作用。因此,如何在现代高职教育理念引导下开展优质高职院校内部质量保证体系的诊断与改进,本章主要从诊改"是什么""做什么"和"怎么做"等方面来论述工作的具体开展。

一、高职院校内部教育质量保证的相关概念与内涵

(一)高职院校内部教育质量保证的概念和内涵

关于高职院校内部质量保证的概念没有一个统一的界定。作为占据高等教育半壁江山的高职教育在其 30 年的高速发展中充分体现出了高教和职教的双重属性及其优势,这意味着高职教育各项工作内容不仅要展示职教特性,也要很好地达成高教标准。据英国学者戴安娜·格林所说,高等教育质量保证是指特定的组织根据一套质量标准体系,按照一定程序,对高校的教育质量进行控制、审核和评估,并向学

生和社会相关人士保证高等教育的质量,提供有关高等教育质量的信息。其基本理念是对学生和社会负责、保持和提高高校的教育质量水平、促进高等教育整体的发展。[①] 高校教育内部质量保证体系由学校内部质量保证体系和外部质量保证体系两大部分组成。内部质量保证一般由高校机构自己负责,主要是采集各种行动使高校的领导确定本校能够提供高质量的产品和服务;外部质量保证主要指政府及全国性、区域性社会中介机构,基本任务是领导、组织、实施、协调高等教育质量鉴定活动和监督高等教育机构内部质量保证活动。内部和外部质量保障体系只是依据质量行为主体和行为实施范围的不同而对整体的高等职业教育质量保障体系进行的简单划分;外部质量保障措施要通过内部质量保障体系发挥作用,内部质量保障措施折射的是外部质量保障体系的要求。

综上,我们认为高职院校内部质量保证体系就是为了使高职院校的消费者(政府、社会、学生、家长)对高职院校在人才培养,科学研究,社会服务,文化传承和合作交流等方面的质量感到确有保证,学校运用系统理论的概念和方法,把质量管理各个阶段、各个环节的职能组织起来,形成一个任务、职责、权限明确又互相协调、互相促进的能够保障和提高教学质量的,稳定的、有效的质量管理系统,并在质量生成的周期中不断改进和优化系统,从而推进质量不断持续提高。

(二)诊断与改进工作的概念与内涵

从概念定义上看,"诊断与改进"(以下简称"诊改")是指质量生成主体以服务发展需求为宗旨,为高质量地全面达成计划目标并不断创造性的超越原定目标,以事实和数据为基础,以体系化制度为保证,根

---

① Diana Green,what is quality in higher education? Bristol:SRHE and Open University Press,1944.

据按目标影响要素制定的指（座）标体系对现实工作状态进行常态化自我定位、诊断，进而激发内在学习、创新动力，实现持续改进、同步提升的工作模式。[①]

教职成厅〔2015〕2号文件也对"诊改"工作下了定义：职业院校教学诊断与改进是指职业院校根据自身办学理念、办学定位、人才培养目标，聚焦人才培养工作要素，查找不足与完善提高的工作过程。从概念定义上看，诊改的第一责任主体为高职院校及其所有师生员工，说明了该项工作全员参与的重要特征；从实施路径上看，诊改就是要完成"确定目标""聚焦要素""查找不足""完善提高"等系列工作过程；从任务要求上看，诊改就是要完善职业院校内部质量保证体系，提升教育教学管理信息化水平和树立现代质量文化。[②]

回顾我国高等职业教育不同阶段的质量诊断活动，其质量观也经历着不同阶段的变迁。第一阶段：以教育教学保障资源为核心的"基础性质量观"。由于仅将保障资源作为教育质量形成的必要条件，而非充分条件，因此，教育质量的形成具有一定的偶然性；第二阶段：以系统性内部质量体系为保证的"一致性质量观"。通过质量体系的组织机制、制度、标准等来约束质量行为；第三阶段：以校园质量文化的形成为依托的"必然性质量观"。通过构建学校质量文化氛围，使全体师生员工认同教育质量的价值，并自觉融入质量主体的行为中。教育水平高低和培养效果优劣的评价，最终以培养对象的质量体现出来。基于此，需要高职院校借鉴国际权威质量认证普遍遵循的理念，建立以学生成长成才为核心、基于PDCA质量循环的内部质量保证体系，以此来保证培养质量。首先，对于高职院校，应以服务学生发展和经济社会发展为

[①] 《教育部办公厅关于建立职业院校教学工作诊断与改进制度的通知》，http://www.moe.edu.cn/srcsite/A07/moe_737/s3876_zdgj/201507/t20150707_192813.html.

[②] 任占营：《职业院校教学工作诊断与改进制度建设的思考》，《国家教育行政学院院报》2017年第3期，第41—46页。

宗旨,关注学生的成长与全面发展,建立符合高职教育发展基本规律、体现学校特色的教育和培训服务体系,满足学生多元学习的需求,为学生成长成才提供优质服务;其次,建立以学习成果为目标导向(OBE)的过程理念,OBE(Outcome Based Education)是以预期学习产出为中心来组织、实施和评价教育的结构模式,是一个学习产出驱动整个课程活动和学生学习投入与产出评价的结构与系统。这一理念被认为是一种教育范式的革新,是追求卓越教育的正确方向。目前,华盛顿协议、悉尼协议、都柏林协议等权威国际教育认证机构的教育质量认证普遍遵循这一核心理念。在日益开放的教育国际化背景下,高职院校内部质量保证体系要与国际教育质量认证相接轨、与国际职业资格证书相接轨,体现以学生的学习"目标、需求、过程、诊断、改进"为目标导向的过程理念。[①]

教职成司函〔2015〕168 号(以下简称"指导方案")文件明确了诊改工作目标之一即建立现代质量文化。因此,对于优质院校来说,其开展的教学诊改工作正由前述的第二阶段向第三阶段迈进,从文化的高度建设,由监督、检查向指导、服务转变,由外在监控向自我监控转变,由制度约束向文化激烈转变,让文化自觉成为行动。

虽然教职成司函〔2015〕168 号文件详细说明了诊改工作的要求和重点。但仍被部分院校领导和教师"误读"为"管办评分离"下的另外一种变相形式的"评估"。众所周知,教育评估是指根据既定的教育目标,运用科学的指标体系和手段,通过系统地搜集、整理信息资料,并进行定量、定性分析,对教育机构的办学方向、办学条件和办学水平等做出评议和评估的过程。它是教育管理的重要环节。[②] 通过概念比较,不

---

① 《无锡职业技术学院内部质量保证体系建设实施方案》,http://www.zyjyzg.org/info_eWZzeQ%3D%3D.html。

② 教育部高等教育教学评估中心:《中国高等教育评估词汇》,高等教育出版社 2010 年版。

难发现:教育评估与教学诊改的差异更多地体现在两项工作开展的组织主体、标准设置、运作动力、运行形态、远景目标、指标体系和操作方法等方面的不同上。因此,明确两者工作内容的差异,将有效推进诊改工作的落实[①]。

二、高职院校内部质量保证体系诊断与改进的要素分析

"指导方案"提出诊改工作的目标任务是"促使高职院校在学校、专业、课程、教师、学生不同层面建立起完整且相对独立的自我质量保证机制,强化学校各层级管理系统间的质量依存关系,形成全要素网络化的内部质量保证体系"。按照 TQM 全面质量管理理念,但凡涉及人才培养层面的都为诊改对象。可见,学校、专业、课程、教师和学生等五个不同层面只是串联诊改工作的诊断点,且学校诊改工作必须把握各层级之间的相互协调和相互独立关系。因此,全国诊改专委会主任委员杨应崧教授对诊改工作提出了"五纵五横一平台"的总体框架设计:五纵即是保证质量的五个过程控制系统,包括决策指挥系统、质量生成系统、资源建设系统、支持服务系统、监督控制系统;五横是质量体系中的五个层面,即学校、专业、课程、教师、学生等;"一平台"为质量监控管理平台。对于五横层面,其为办学质量的五大主体,指向性明确,但仍需要厘清各层面之间存在着的相互依存关系。而对于五纵层面的内容,仍有一定的边界需要界定,对此做出如下解析,以供加深理解:

1.决策指挥系统指学校质量保证的领导体制、组织结构、制度建设、协调管理等。一般情况下,学校的一章(学校章程)四会(党委会、校长办公会、学术委员会、职工代表大会)是决策指挥系统的重要组成部分。

---

① 杨应崧:《教学质量要"医院体检",更要"自我保健"》,《中国教育报》,2015 年 10 月 29 日。

2.质量生成系统是指教学、学生工作组织实施,校园文化建设,包括教学课堂、教风学风、第二课堂活动、实习实训等,其主要参与对象为教务处、学生处、团委、成教学院(培训学院)等。

3.资源建设系统是指组织、人事、校内外教学资源开发、储存、使用、管理等,包括师资队伍水平、实习实训基地水平、图书资料、当地或行业产业发展状况等。

4.支持服务系统是指生活服务、社会服务、合作平台、数字化校园建设、安全保障等,包括学校生活设施、服务水平、服务质量、校企合作的深度与广度、信息化水平、安全设施与管理能力等。

5.监督控制系统是指质量数据(信息)采集、汇总、分析,质量报告,预警发布等,包括状态数据、实验室建设数据、年度质量报告、合作企业报告等。

虽然不同院校的职能划分不同,但在五纵系统中的基本要求还是大体相同的。在此提出如下表1中所示的各系统在"五横一平台"层面的主要职责和诊改工作的建设任务。

表1 各系统在五横层面（学校、专业、课程、教师、学生、平台）的主要职责和建设任务

五横\主要任务\五纵	学校	专业	课程	教师	学生	平台
决策指挥	目标定位，学院章程 "十三五"发展规划 优质课程重点校建设规划 质量标准，年度计划	专业建设规划 专业建设标准 专业调整	课程建设规划 课程建设标准	师资建设规划 教师发展标准	学术发展规划 学生全面发展标准	信息化规划 校本状态数据平台 智能校园建设标准
质量生成	培养体系 校园文化	专业人才培养方案	课程教学 组织实施	师资培训 学历提升 双师团队 交流研习	自我教育 自我管理 自我发展 校企合作育人	教学应用平台 管理应用平台 服务应用平台
资源建设	校企合作 资源开发 校园建设	基础建设 师资团队 专业教学资源库	教学条件 实训条件 资源使用	工作设施 教学及科研设施 生活设施	学习设施 生活设施 文体设施	硬件设施 软件设施 推广机制
支持服务	政策支持 内控制度	运行管理 环境管理	条件保障 文化营造 社会服务	工作保障 生活保障 安全保障	学习保障 生活保障 安全保障	环境管理 经费保障 安全保障
监督控制	监督保证体系 预警指标发布 质量全程监控 质量报告，第三方评估	质量全程监控 专业质量报告	质量全程监控 课程质量报告	绩效评价 师德师风 教学能力 社会服务能力监控 教师发展质量报告	学习能力 学习风气 学业水平监控 学生发展质量报告	教学状态数据全程监控 智能校园建设发展报告

上述五个纵向系统体现了事前保证（质量计划，重点在决策系统），事中保证（质量控制，重点在质量生成、资源建设、支持服务系统），持续改进（质量提升，重点在监督控制系统）。

三、高职院校内部质量保证体系诊断与改进的具体实施

（一）目标与任务

1. 总体目标：主动适应"管办评分离"的职业教育大环境，切实履行人才培养质量主体责任，确立"以生为本，人人成才"的质量理念，以"五纵五横一平台"为基本框架，将质量计划、组织实施、过程控制、质量提升融为一体，建立全员参与、全程贯穿、全面覆盖，质量目标明确，主体责任明晰，具有现代化信息技术支撑和预警功能的内部质量保证体系，形成自主、系统、常态的诊断与改进工作机制，促进学校人才培养质量的持续提升，为实现重点名优高职院校的战略目标提供保障。

2. 重点任务：

（1）构建"五纵五横五体系"的质量保证体系。以"五纵五横"为基本框架，构建学校、专业、课程、教师、学生五个层面的质量保证体系，使五个层面不同的决策指挥系统、质量生成系统、资源建设系统、服务保障系统和质量监控系统在人才培养过程中，形成互相关联、互相映衬的目标链、标准链、操作链、保障链、信息链等五大体系，并不断完善以"8字型质量改进螺旋"为基本特征的常态化诊改机制。

（2）开发"实时动态共享型"的管理信息平台。根据学校人才培养工作运行的实际需要，研究开发学校人才培养工作的管理信息平台。人人参与数据采集，时时实施数据采集，实现管理信息平台数据的源头采集、实时采集、动态采集，防止重复数据、交叉数据，使数据成为"唯一"。消除现有各职能部门的信息"孤岛"，建立学校人才培养工作数据

中心,实现互联互通和有效共享,并充分利用管理信息平台实施常态监控,提供预警。

(3)培育"全员全程全方位"的校本质量文化。坚持目标导向,将教职员工成长发展和学生成长成才的价值取向与学校整体发展目标融为一体,激发部门和个人的内生动力。增强责任主体的质量意识,坚持问题导向,人人发现问题,人人自我纠偏,人人自我完善,人人追求卓越。营造质量文化氛围,加大宣传、发动、培训力度,转变观念,提升师生员工质量自我控制和保证能力,持续提升技术技能型人才的培养质量。

(二)工作原则

(1)坚持诊断改进与日常工作相结合。内部质量保证体系诊断与改进的工作对象是人才培养过程中的日常工作。要围绕学校发展的战略目标,以日常工作为基础,将诊断与改进工作的要素融入各项日常工作之中。要克服项目建设的情结,并通过持续诊断与改进,建立常态化的诊断与改进工作机制,提升日常工作质量和水平,提高人才培养质量。

(2)坚持系统规划与分步推进相结合。内部质量保证体系的诊断与改进工作是一个庞大的系统工程,应遵循"系统规划,分步推进"的宗旨扎实推进。要做好顶层的规划与设计,按照本规划分别制订学校、专业、课程、教师、学生五大层面和管理信息平台的实施方案,并选择基础较好的专业和课程层面先行推进,最终实现五大层面的扎实推进。在推进过程中,要根据诊改工作的要求,不断优化完善诊改工作机制。

(3)坚持目标导向与问题导向相结合。在推进内部质量保证体系的诊断与改进过程中,要强调师生员工质量行为准则,以目标为导向保证质量生成。在具体工作中,各责任主体需处理好问题导向与目标模式、价值取向之间的关系,始终坚持目标导向下以问题导向为工作路径来处理质量建设中存在的各项具体问题。

（4）坚持正向激励和负向问责相结合。诊改工作人人有责。要注重师生员工积极性的调动，完善考核激励机制，激发内生动力，同时，要坚持教学诊改"重在改进"的工作方针，对工作中多次诊改不达标的责任主体实施问责制，督促其改进到位。

（三）具体实施

1. 学校层面的诊断与改进。

（1）建立学校三级内部质量保证组织机构。加快推进学校、二级学院（职能部门）、专业（教研室）的三级质量保证组织体系的建立，明确各组织机构的工作职责。各组织机构应组织研究落实内部质量管理工作的目标和计划制订、执行、监控与评估，直到反馈和整改，周而复始，持续改进。

（2）梳理和优化学校各项工作的规章制度。各职能部门与二级学院结合部门原有工作内容及"五横五纵"系统分配的任务进行部门工作制度的梳理和优化、完善。学校做好各部门之间工作的统筹协调，做到制度导向一致，工作内容无重叠，不遗漏。

（3）完善和优化岗位标准和工作流程。各部门根据工作任务和要求，加快完善岗位工作标准，做到各项任务分配到人，各项工作人人有责，各司其职，进一步优化工作流程，做到流程规范，工作有序，工作高效。

（4）建立常态的质量评价工作机制。各质量主体依据各项工作任务要求，建立常态的质量年度报告制度，周期性（三年一次）开展专业的内部评估和外部评价，落实每年一次的二级学院、专业、管理部门质量保证工作评审，查漏补缺，改进提升。

2. 专业层面的诊断与改进。

（1）定期开展专业目标评估。各专业按照经济社会和产业发展、学校发展、专业发展的需要，开展常态的专业调研。并根据调研结果动态完善与修正人才培养目标和规格,建立专业建设目标链,编制专业具体标准,确保质量控制重点,做到人才培养的标准对接社会需要、行业需求和学生个人发展需要。

(2)持续强化专业资源建设。各专业根据专业发展现状和培养目标定位,持续强化专业教学资源建设。一要优化课程体系,规划课程地图,强化课程数字化教学资源建设;二要加强专兼职教师队伍建设,保证人才培养的智力支撑;三要加强校企合作,全面推动校企双方在"产、教、学、研"等方面的深度合作;四要优化实验实训条件建设,保证实践教学和创新创业环境支持。

(3)有序推进专业诊改标准更新。各专业根据本专业核心质量生成能力(育人、研发、服务、技术技能积累和合作交流等五大能力),进行SWOT分析。参照最新标准(国际认证、国内一流,省内品牌等),对照关键要素(课程建设、教师发展、学生成长、校企合作、对外交流等),明确本专业近年诊改标准和工作重点。在实施过程中,做好阶段性的对标检查和评估,以确保诊改工作与时俱进。

(4)稳步落实多方诊断评价。各专业根据专业发展不同阶段的需要,常态开展自我评价和阶段开展外部评估或论证。在人才培养过程中,通过主动开展阶段性学生学习效果调查、与预设培养目标和不断更新的行业用人标准需求对比,及时解决培养过程中出现的方向性偏离和质量上偏差问题。对于优质专业,鼓励开展面向第三方的专业论证,不断提升专业培养标准。专业需每年都开展就业市场分析、同行标杆分析、毕业生跟踪调研、用人单位满意度调查、学生能力测评情况分析、课程教学与学生岗位能力培养达成度分析、学生学业情况分析,撰写调查分析报告和基于数据分析的专业质量分析年度自评报告。

3.课程层面的诊断与改进。

(1)开展课程需求评估。开展面向课程的需求评估,明确设置的课程能够满足劳动力市场对课程的需求,人的全面发展对课程的需求及学校人才培养定位对课程的需求,论证课程能够有效实现课程标准与职业岗位标准的对接,确保开设课程有效支撑人才培养目标实现。

(2)优化课程结构设计。优化与完善专业的课程结构体系,论证其与工作结构的吻合度和实现人才培养目标的完整度,保证其能有效支撑学生知识、技能和态度的培养。评价各课程之间是否边界清晰、前后关联,顶点课程(如大三的综合性方向课程)是否能综合基础课程所学知识和技能、支持学生深层次学习、帮助学生从学校走向职场;审核与完善课程的内容组织模式,确保内容体系逻辑性和连贯性。

(3)落实课程内容建设。开展课程的自我评估和外部评估,检查所选择的课程内容与课程目标的吻合度,分析课程内容与工作任务的关联度、精准度及内容本身的逻辑水平和内容表达的准确性、严谨性,评判课程内容是否体现现代职教新理念(团队协作、问题解决、创新创业等)、是否具有高职教育特性。

(4)加强课程条件建设。加强师资建设,确保师资队伍在数量、专业对口率,实践操作能力,教学水平上满足课程实施要求;加强实训条件建设,确保课程教学实验实训设备够用、能用,满足实践教学需要;加快资源建设,确保课程教学资源丰富、优质,能支撑教学有效开展;推进产学合作,确保合作保质保量,满足支撑学生就业、课程资源共享与课程开发的需要。

(5)推进课程多方评价。通过检查教学材料(课程标准、教学标准、考核标准、课程教案等教学基本材料)、开展课堂听课观察和学生学习反馈,监测教师课程教学的有效性;通过信息技术手段收集和反馈学生到课率、作业完成率、考试合格率,检测学生学习达标率。通过第三方测评,检查课程的有效性、重要度,内容的满足度,课程情境、项目与实际岗位结合的紧密度,并将评价结果反馈到课程的设计与开发中,进一步完善课程设计。

4.教师层面的诊断与改进。

（1）教师发展标准，系统设计激励提升机制。以学校制定的阶梯式教师发展路线为依据，系统设计薪酬—生涯—培训激励提升机制，将教师职称晋升，骨干教师、专业带头人聘任，教学名师称号与教师发展标准融为一体，科学设计教师成长发展体系。

（2）着力推进教师千万培养，切实搭建教师专业成长平台。依托教师培养工程，进一步优化培养体系和培养方式设计。着力建设学校教师发展中心，建立教师成长档案、开展教师教学培训、搭建教学观摩平台，进行教学资源共享等措施，不断促进教师专业发展水平提高。优化教师行业企业挂职锻炼、国内外访学交流、读博等提升路径的政策支持。

（3）完善绩效考核机制，提升质量主体外部推动力。完善教职员工绩效考核机制，通过运用学生学业结果、课程测评、部门履职测评等量化指标和教师学期考核报告等形式汇报个人工作绩效，作为自我诊改、激励、问责依据。同时，建立与教师发展标准契合，包括薪酬分配、职称晋升在内的激励制度和质量保证问责机制，有效提升教师质量意识，提高教师质量行为。

5.学生层面的诊断与改进。

（1）优化学习发展标准。结合《中国学生发展核心素养》和专业发展能力标准，编制学生千日成长素质提升实施方案和专业学习发展实施方案，明确各阶段的学习目标、学习路径和应达到的素质、能力、态度等要求。

（2）提供学习支持服务。根据学习发展标准，从"教"的层面提供各种学习支持服务。提供入学指导，让学生尽快适应大学学习生活，掌握大学阶段学习方法；提供学（职）业发展指导，辅助设立学习目标和学习规划，营造职业化、社会化的学习氛围；提供课程学习监测，及时消除学习障碍，提升学习成就感，保证学习的有效性和持续性。

（3）完善学生全过程评估。落实以学生入学到毕业的"千日"为诊改周期，建立起"入学水平评估、在校学习过程监测、毕业认定评价、校友（社会）反馈"的学生成长评估体系。结合新生自助报到系统数据与入学成绩,开展新生入学水平评估;结合每学期每门课学业成绩与个人表现,定期开展学生过程监测,学生心理健康、职业生涯、创业特质等测评,及时跟踪指导学生学业生涯和职业生涯规划,在对数据统计、分析的基础上,监测学生发展状态,保证反馈与改进及时、有效。

6.平台层面的诊断与改进。

(1)完善和优化业务平台建设。研究诊改工作"五纵五横"的信息业务需求,以学校、专业、课程、教师、学生为数据来源主体,梳理学校现有各业务平台中的已有数据,完善现有平台数据字段属性。按照全要素覆盖原则,针对未建有平台采集的数据或职能部门,建立与需求相匹配的业务平台。同时,结合实际工作,为各业务平台设立信息专员岗位,确保数据采集和反馈及时有效。

(2)健全学校教学大数据中心。明确学校质量生成和监督管理核心数据属性及其来源,分析现有数据中心的元数据数量和质量,明确所需采集的数据标准。探索教学质量业务流程,着力实现各业务系统中数据互联互通,做到数据内容一致、时间同步。借助数据中心数据的互联互通,进一步优化和再造相关部门工作流程。

(3)打造学校质量监控智能平台。建立融人才培养状态数据采集、教学质量监控与预警功能为一体的质量监控智能平台,建立健全专业建设规划与发展,学生千日成长发展,教师专业发展,课程建设与发展等业务平台功能,做到人才培养各状态数据的实时统计和智能反馈。

(4)探索源头数据采集和反馈新方式。在常态化推进数据采集进程中,信息化部门积极探索如何利用视频跟踪识别、RFID等技术实现无感知采集方式。在数据采集后,根据数据使用权限智能会推送到相应责任主体,并采用更为图表化的形式进行数据的呈现。

(四)强化保障

1.组织保障。成立由党政一把手为主任委员的学校人才培养质量保证委员会,负责学校内部质量保证体系建设与运行总体框架的顶层设计和组织实施;学校质量管理办公室作为质量保证委员会的秘书处,为各层面内部质量保证建设与运行提供指导服务,并对诊断与改进机制建设实施监控。成立由各二级学院、相关职能部门组成的质量保证工作组、各专业(教研室)质量保证小组,对应决策指挥、质量生成、资源建设、支持服务、监督控制等纵向五系统,明确人员组成和职责分工,并且细化工作内容、优化工作流程,为建立和完善内部质量保证体系诊改工作提供坚强的组织保证。

2.制度保障。学校将内部质量保证体系诊断与改进工作纳入学校"十三五"事业发展规划,并作为重要内容之一进行建设实施。在与学校人才培养工作相关的管理制度中,要为建立内部质量保证体系诊断与改进工作提供制度保障。要制定质量保证诊改工作的激励政策,激发教职员工对落实内部质量保证体系诊改工作的内生动力,并与部门考核、教师履职、职称评审、职务晋升等挂钩,提升各部门和每一位员工的积极性、主动性。

3.信息保障。依托学校质量管理办公室和信息中心,成立学校数据中心,负责管理信息平台的建设,以及组织数据采集、数据汇入和数据分析等日常工作,为学校内部质量保障体系的建立与运行、诊断和改进机制的建立与完善提供信息保障。

4.条件保障。学校根据诊改方案确定的目标任务,科学分析实现目标任务所需的资源条件,提供必要的人、财、物支持。尤其是保证校本质量监控智能平台等信息化教学管理平台的投入建设,确保本方案实施具有独立的预算经费保证,专款专用,为目标任务完成提供经费保障。

（执笔人：章安平、张国民）

附录一　21位高职院校党委书记校长对优质高职院校建设的阐述

关注高职优质校建设 1

陕西工业职业技术学院：
创新发展，智造梦想挺起工业脊梁

崔　岩

　　教育部印发《高等职业教育创新发展行动计划(2015—2018年)》，对高职教育未来几年发展进行顶层设计和路径指导。与此同时，陕西省启动实施的高职教育"一流学院、一流专业"建设，将占据陕西高等教育"半壁江山"的高职教育拉进统筹推进一流大学建设的阵营。

　　陕西工业职业技术学院根据陕西省贯彻落实《行动计划》的部署举措，预计投入2亿元，以启动实施4项具体计划为主线，以细化45项任务和 16 个项目为抓手,力推内涵建设、现代治理、开放服务、质量保障再提升,实现省内引领发展、国内铸就卓越、国际打造品牌,铿锵回应"示范永远在路上、质量永远无止境"的时代命题。

内涵提升推动率先发展

坚定不移地以提质增效为基调,启动实施教育教学综合改革计划,着力推进四大战略,全面推进从注重规模速度的粗放式发展向注重质量内涵的集约式发展转型,从硬指标的显性增长向软实力的隐形提升转型。

推进一流学院战略。培育招牌名师、培养名片学生、催生优质成果、铸就卓越品牌,力促核心竞争力提档升级,跻身全国优质高职和全省一流高职行列,力争教育教学成果的数量和等级名列全省首位,综合实力位居全国示范高职院校第一方阵前列。

推进一流专业战略。按照对接产业、聚焦内涵、分类指导、凸显优势、重点突破、引领发展的思路,以跨界融合为特征重塑制造业价值链,培育产业发展新动能,促进智能型制造类专业做优做强、稳定发展,高端型制造类专业做新做好、优先发展,服务型制造类专业做精做特、扶持发展。

推进文化引领战略。进一步凝练具有自身特质的大学精神,持续加强"一院一品"建设工程,倾力塑造体现现代工业元素的工匠文化精品,打造省级校园文化建设成果、国家级校园文化建设成果,有效发挥以文化人、以文养心的育人功能,全面提升人才人文素养和道德情操。

推进"互联网+"战略。加快智慧校园、先进教室、未来教育建设步伐,建成基于 IPV6、网宽 10G、资源 100T 的网络条件和以大数据、云服务为核心的信息环境,深植数字化于校园各个系统、工作过程和基础设施之中,着力推动教学效果、管理效率和服务效能的同步提升。

现代治理推动创新发展

锲而不舍地加大改革攻坚力度,启动实施机制体制革新计划,深化管理体制和运行机制创新,借助制度创新激发创造活力,切实增强自主发展能力。

以"一章八制"为统领,推进现代大学制度建设。健全完善大学章程和党委领导下的校长负责制、教职工代表大会制度、学术委员会制度、理事会制度、教师申诉制度、学生申诉制度、财经委员会制度、信息公开制度,理顺明晰党委、行政、学术、民主监督四者相互独立、支撑、制衡的体制格局和二级管理模式的组织构架,建立责权利划分合理的运行机制,形成事前有标准、事中有监督、事后有考核的闭合制度体系和规程标准,让依法治校成为管理的新常态。

以陕西装备制造业职教集团为平台,打造百校千企集结的职教航母。将陕西装备制造业职教集团升级建设为国家级骨干职教集团,创建辐射全国的材料成型职教集团,突出资源整合与集成创新有机结合,面上提升与局部超越有机结合,重构校企合作、产教融合的良好生态,创新校校联合、校政联手、校企联姻及向国外教育机构延伸的协同互助模式,探索多元化办学新机制,实现集团化办学全要素、多领域、高效益的新突破。

以西咸新区职教改革试验区为契机,创设高职教育创新发展试验田。利用学院牵头省内高职与西咸新区共建的职教改革试验区,在构建产教合作协同创新职教联盟、建立陕西特色的现代职业教育体系、现代学徒制试点、股份制或混合所有制改革、高新技术成果推广应用、产教信息互通平台建设、校企"双主体"职教改革、国际职业教育交流合作等 8 个方面先行先试,为破除机制体制障碍进行有益探索实践,树立起全国职教领域综合改革的新典范。

开放服务推动协同发展

持之以恒地遵循大职教理念,启动实施社会服务互惠计划,以开放共享汇聚多元主体和创造发展机遇,以优化服务寻求广泛支持和拓展生存空间。

服务"中国制造 2025"战略。依托陕西装备制造业职教集团,发挥跨行业、跨地域合作的校企战略联合体作用,多方联合进行人才培养、开展技术攻关、承担重大课题、建立研发平台,积极创建全国机械行业高素质技能人才培养中心、应用技术协同创新中心、先进制造技术促进与服务中心、校企共建生产性实训中心,切实增强服务产业优化升级和地方经济发展的能力。

服务"大众创业、万众创新"战略。依托省级大学生创新创业试点院校,校企携手基于分类指导构建"播种子、闻花香、摘果实"三层培养机制,基于认知规律搭建"小舞台、操练场、大熔炉"三大实践平台,基于课程、组织、服务构筑三大保障体系,建设校内外学生创业创新示范基地,建成陕西省众创空间孵化基地,扶持创业先锋,打造创客品牌。

服务国家终身学习建设战略。依托省职业教育学会,发挥改革发展利益统一体的作用,引领带动各兄弟院校利用相对优势,开展开放性继续教育教学,打造特色服务品牌,建立健全个性化、网络化教学服务体系,满足社会多样化学习和人的全面发展需要。

服务国家"一带一路"战略。依托国际合作项目,发挥优质教育资源共享体的作用,加快推进人才培养国际化建设,从堆数量、求增量的交流活动向强调质量、注重实效的合作项目转变,开展与英国、新西兰、俄罗斯、韩国高校合作的师生互换交流项目等。

质量保障推动持续发展

矢志不渝地围绕人才培养这一根本任务,启动实施质量保障支撑计划,重点在提振师资水平、构建质量保证体系、提升管理水平方面下功夫,让内部质量保证体系"落地生根"。

以一流师资保障一流质量。坚持能力提升与学历提升并举、教学水平提高与学术水平提高并进,通过教育理念提升、知识技能更新、工程实践轮训、国际视野拓展、名师分层培育等,培育师资团队。

以教学诊断保证一流质量。制订分层分类、全面多维、突出特色的教学诊断与改进试点实施方案,分段推进教学诊断与改进工作。在专业试点基础上,总结学院、专业、课程、教师、学生各个层面的经验,形成学院层面和各相关部门自主诊改流程,并在全院各层级质量保证机构逐步拓展。

以一流管理支撑一流质量。探索实施分类管理、分类评价的人事管理制度,能上能下、能进能出的聘用机制,以岗定薪、奖优罚劣的分配制度,充分激发人力潜能。突出教学环节管理,制定人才培养过程中关键要素的质量标准,实现教育教学质量标志性数据易采集、可量化。

未来3年,在《行动计划》的有力促进下,学院定会以内涵品质的新提升谋求创新发展,以服务现代制造的新振兴支撑强国之基,以无愧于时代的满意答卷挺起中国工业的脊梁。

(来源:2016年11月22日《中国教育报》,作者崔岩系陕西工业职业技术学院党委书记)

关注高职优质校建设 2

杨凌职业技术学院：构建质量体系，推进产教融合创新发展

王周锁

教育部《高等职业教育创新发展行动计划（2015—2018 年）》是继"国家示范性高等职业院校建设计划"项目完成后的又一项战略工程，是引领高职院校创新发展的行动指南，是提升人才培养质量的重要举措。作为首批国家示范性高职院校，杨凌职业技术学院计划用 3 年时间，投入 3 亿元，积极承担实施任务（项目），推动学院创新发展。

围绕四个一流　建设优质学院

面对高职教育转型发展和陕西高职"双一流"建设，杨凌职院提出在"十三五"期间，以"内涵建设，质量提升"为核心，以构建一流的人才培养、一流的专业发展、一流的人才和人事管理、一流的支撑和保障等体系为支柱的发展举措，推动优质院校建设。

推进人才培养改革，构建一流人才培养体系。坚持回归教育本位，推进实施"通识课（含行为养成课）＋专业课＋个性发展课＋创新创业课"的人才培养方案，促进学生全面发展、成人成才。深化"百县千企"联姻工程和集团化办学，创新协同育人平台。实施以产业技术进步为驱动的课程和教学改革，推进以学分为导向的因材施教、分类教学改革，施行教考分离、学分制和弹性学制改革。

提升专业核心竞争力，构建一流专业发展体系。按照立足自我、摸

清家底、寻找标杆、争创一流的思路,推进优质院校和骨干专业建设。紧贴产业行业,实施以产业结构调整为驱动的专业设置和改革。校企深度合作,共建专业及课程标准。持续推进专业服务产业能力项目、专业综合改革试点项目和国家、省、院三级专业教学资源库建设项目。引企入校,共建实训基地和协同创新中心。

实施人才强校战略,推进人事制度改革,构建一流人才和人事管理体系。实施高素质(高技能)人才引进计划、名师引领计划、教师能力提升计划、专业带头人和骨干教师选拔培养计划,建设高水平专业教学团队。投入 1000 万元设立人才基金,招聘、引进高素质(高技能)人才。实施岗位管理、全员聘用制度,以及教师分类管理、分类评价和绩效考核等制度改革。

强化保障能力,建设一流支撑和保障体系。改革管理体制和运行机制,创新组织建设和思想政治教育方式。创新以"十大节庆"为主题的学生素质养成教育活动载体。构建融教育文化、职业文化、企业文化和行业文化于一体的新型校园文化。每年投入 3000 万元加强实验实训条件建设;3 年投入 4000 万元,推进信息化校园建设。"十三五"末,建成智慧校园、生态文明校园。

发挥职教优势 服务国家战略

紧紧瞄准"一带一路""中国制造 2025""互联网＋""精准扶贫"等国家重大战略,发挥职业教育和产学研结合优势,精准施策,服务国家战略。

培养国际化人才。举办建筑工程国际班,培养具有专业技能和国际视野、通晓国际规则,服务中水、中建、中铁等"走出去"企业所需的技术技能人才和企业海外生产经营需要的本土人才。依托杨凌示范区,举办面向中亚国家农技人员的农业实用技术培训班。

服务产业创新发展。运用"互联网＋农业"技术,与中兴通讯公司联合创立智慧农业协同创新中心。围绕西部农业产业升级,发展壮大杨凌现代农业职教集团,建设杨凌现代农业职教改革试验区。

促进区域农业发展。继续建设好彬县、凤县、杨凌等农科教、产学研推广服务基地,扩大服务面向,提升服务能力。开展职业农民培训,开设职业农民学历教育及村干部学历班,服务农业现代化、新型城镇化。未来3年,再建县级职业农民培育学院10所,建成产学研合作基地6个。

探索精准扶贫路径。贯彻国家与陕西省扶贫精神,创新教育和科技扶贫模式,实施建档立卡贫困户子女上学减免学费政策。支持甘肃、青海两省职业教育发展,办好青海玉树州水利、环保专业人才培养订单班,构建贫困地区订单(委托)培养技术技能型人才的教育精准扶贫长效机制。

推动三项融合　加强创新创业

推动创新创业教育与专业教学相融合、与大学生社团活动相融合、与校企校政创新创业基地建设相融合,培养具有创新意识和创业能力的技术技能人才。

创新专业教育方式。开放专业实训室和校内农林综合实训基地,供学生创新实验和创业训练。实行教师科研项目学生助手制度,鼓励学生参与教师科研课题研究。改革课堂教学方法,启发学生批判性思维。建立学生创新实验、论文、专利、创业成果等折算学分制度。建立创新创业导师制度,强化专任教师培养。

依托学生社团,活跃学生创新创业实践。鼓励在学生社团下组建兴趣小组,实行教师帮扶、学院资助、企业赞助等形式,支持学生开展创新创业实践。按照三校区的功能,建成工艺创新园区、现代农业创新创业园区、电商贸易创业园区,为学生创新创业搭建平台。设立200万元大学生创新创业基金,支持600个创新创业孵化项目。

校企校政共建创新创业基地,培育创新创业新秀。进一步合作办好杨凌示范区大学生创新创业基地,建设 3 个示范性大学生众创空间,新建 15 个校政校企合作创新创业孵化基地。

健全诊改机制　增强内生动力

主动健全教学诊改机制,是培植学院内生动力,实现质量自我保证、学院自主发展的关键。按照"以诊促改、以改促升"的思路,建成与优质学院相匹配的学院内部质量保证体系,形成学院良性循环发展机制。

落实内部质量主体责任。确立符合学校自身实际的办学定位与质量目标,把质量提升作为师生员工的共同追求,构建质量保证制度和运行机制;建立人才培养质量三级监测和第三方评价体系,实行二级分院关键要素评价制度。

以专业诊改为突破口,带动全面诊改。专业是学校办学的核心,将诊改工作与专业核心竞争力提升、骨干专业建设同步推进。全面疏理学院专业建设的成功经验和产业发展背景下专业建设存在的薄弱环节,制订诊改方案,带动学院全要素诊改。

健全质量监控机制。进一步健全质量保证信息发布与监控系统,完善人才培养数据平台,加大量化力度,实行院内两级教学质量年度报告和就业年度报告制度。

未来 3 年是高职教育落实国家创新发展行动计划的关键时期。学院力争盘活校内与校外两种资源,群策群力,转变观念,坚持以提升教育教学质量为核心,以服务产业发展为使命,以创新创业教育为突破,以全面提升办学水平为目标,把学院建成国内一流、具有一定国际影响力的优质学院。

(来源:2016 年 11 月 29 日《中国教育报》,作者王周锁系杨凌职业技术学院院长)

关注高职优质校建设 3

西安航空职业技术学院：创新驱动，融合助推航空产业腾飞

赵居礼

《高等职业教育创新发展行动计划（2015—2018 年）》，是指导和推进高等职业教育创新发展的总纲领。陕西省启动实施一流学院、一流专业建设，为陕西高职教育发展做出具体部署。西安航空职业技术学院以《行动计划》和"双一流"建设为指引，筹集资金 2.5 亿元，主动适应航空产业发展，服务"富裕陕西、和谐陕西、美丽陕西"建设大局，加快融合发展，实施创新驱动，扩大开放办学，全面推动学院从"示范"到"优质"升级转型。

融合发展，创新办学体制机制

以完善内部治理体系为核心，完善质量保证机制，加快航空产教融合，创建特色学院，打造产教融合发展的升级版。

完善治理体系，提升治理能力。坚持党委领导、院长负责、教授治学、民主管理，健全现代大学治理结构，推进理事会制度建立；优化内部机构设置，深化两级管理改革，建立运转高效、富有活力的校院两级管理机制，建立绩效导向的全员考核激励机制，整体提升学校管理效能。

推进诊断与改进，完善质量保证机制。以"目标、标准、设计、组织、实施、诊断、创新、改进"质量螺旋为主线，以人才培养工作状态数据采集与管理平台为基础，建立健全自我质量保证体系；强化人才培养质

量年报和就业质量年报制度,完善监督保障机制。

加快航空产教融合,构建校企合作平台。坚持与航空产业融合发展,牵头成立飞机机载设备专指委和通用航空专指委,校企共建"汽车制造工程中心"等8个生产性实训基地;建成"航空零部件再制造协同创新中心"等3个应用技术协同创新中心;健全陕西航空职教集团运行机制,积极推进国家示范职教集团建设,搭建校企长效合作平台。

创建特色学院,创新育人体制。系统推进校企合作,创建特色学院,突出二级学院的人才培养主体地位。扩大现代学徒制试点规模,成立具有现代学徒制特点的二级学院;紧跟通航产业发展,成立通航学院;落实军民融合发展战略,成立士官学院;坚持"人才共育、过程共管、责任共担、成果共享"原则,改革组建具有混合所有制特征的电子工程学院。

聚集内涵,优质资源扩容升级

优化专业布局和结构,深化教育教学改革,提升师资水平,提升专业服务能力,探索多样的人才培养模式,推动办学水平全面提升。

打造航空专业体系,创新人才培养模式。坚持专业设置对接产业需求,紧跟航空产业升级步伐,对照航空产业链上下延伸,动态优化专业设置和专业结构,优先支持紧贴航空产业发展的11个骨干专业建设。按照培养高素质技术技能人才的要求,大力推进专业创新人才培养模式实践,探索实践本科层次职业教育实现形式和培养模式。

加快信息技术应用,促进课堂教学改革。加快推进信息化建设和应用,投入资金2400万元,成立全国航空职业院校移动云教学大数据研究中心,按照省级标准,建设5门高职专业教学资源库、10门精品在线开放课程、1个虚拟仿真实训中心;发挥课堂云教学中的先行先试作用,推行泛在、移动、个性化的学习方式。

优化人才队伍结构,加强师资队伍建设。健全职称制度体系,完善品德、能力、业绩导向的职称评价标准;完善以老带新的青年教师培养机制,建立教师轮训制度;建成焊接技能大师工作室和汽车维修知名大师阚有波工作室;实施教学名师引领计划,培育国家级教学名师。

打造五大服务平台,提高社会服务能力。投资1.3亿元,建成航空机务大楼和航空产业基地产教融合培训大楼,搭建社会服务载体;建成陕西省专业技术人员继续教育省级示范基地,开展专业技术人员继续教育培训;升级改造航空科技馆,开发集航空科普教育、爱国主义教育、航空博览旅游为一体的社会服务功能;建成现代航空制造工程中心,开发生产、教学、实训、培训一体化功能;建成国家"双师型"教师培养培训基地,提高教师职业教育教学能力。

创新驱动,加强技术技能积累

坚持创新驱动,利用航空专业人才资源优势和区位优势,完善技能大赛制度,重视文化育人与技术技能积累的有机融合,使学院成为区域技术技能资源的聚集地。

打通区域内技术技能人才成长通道。实施职业教育改革试验区建设工程,发挥学院示范带头作用,搭建区域内9所中高职院校校际"立交桥",建立"中职—高职—本科"技术技能人才成长通道,构建适应航空城发展的现代职业教育体系。

建立和完善技能大赛制度。持续发挥学院在全国技能大赛、数学建模大赛、电子设计大赛中的优势,形成"校级—省级—国家"梯队培养的竞争机制,以赛促学、以赛促教、以赛促改,全面提高技术技能水平。

提高技术积累和转化能力。建成4个以上具有持续发展能力的工程技术或协同创新中心,打造4个以上具有持续创新创造能力的科研创新与科技服务团队,提高学院技术技能的积累与转化能力。各级各类科研经费到款额年均增长15%以上,新增注册职务专利40个以上。

促进文化育人与技术技能积累的融合发展。持续加强校园文化建设,彰显"专注、执着、向善"的工业精神,统筹开展人文素质教育实践活动,在文化传承创新中提高育人水平,在文化育人实践中推动技术技能积累。

开放办学,推进对外交流合作

加强对口交流、支援和合作,持续推进学生对外交流,加强师资培训国际化水平,积极跟进国家"一带一路"战略,支持航空装备"走出去"战略,扩大学院对外交流与合作。

智力支持贫困地区和革命老区。支持云南玉溪发展通用航空所需要的技术技能人才;扶持铜川职业技术学院、米脂县职教中心等集中连片扶贫开发地区、革命老区的职业院校,派遣专家和骨干教师进行对口部门和对口专业"点对点"传帮带智力支持。

持续推进学生对外交流。依托"中美高端技能型、应用型人才联合培养百千万交流计划"平台,引进优质航空工程教育资源,扩大学生交流,实施联合培养;持续推进大学生赴美带薪社会实践项目,扩大规模,提高质量。

依托平台提升师资培训国际化水平。发挥学院中德培训中心平台作用,提升师资培训的国际化水平;选拔重点专业教师和优秀管理人员有针对性地开展境外培训。

支持航空装备"走出去"战略。加大与"一带一路"沿线国家的合作和交流,实施中航国际加蓬职教项目,援助加蓬建立职业院校,在航空维修、航空物流等方面开展培训,支持我国航空装备"走出去"战略,提升学院国际影响力。

"十三五"开局之年,学院将进一步转变理念,实施优质院校引领计划,加强技术技能积累,助推地方经济发展和国家航空产业腾飞。

（来源:2016 年 12 月 6 日《中国教育报》,作者赵居礼系西安航空职业技术学院院长）

关注高职优质校建设 4

浙江金融职业学院：示范引领，
推进中国特色高职教育创新前行

周建松

高等职业教育作为中国高等教育的"半壁江山"，在新的历史发展时期如何定位、如何发展，不仅关系到国家整个教育结构和体系的优化，更关系到经济社会发展和青年成长成才。基于此，国家在"十一五"时期实施示范高职院校建设计划，"十二五"时期又实施了骨干高职院校建设计划，"十三五"时期《高等职业教育创新发展行动计划（2015—2018 年）》启动优质学校建设，旨在通过项目推动，促进高职院校合理定位、创新发展，从而不断迸发生机和活力。浙江金融职业学院作为一所有责任感的高职院校，在强化自身、重视内涵、提高质量的同时，通过项目设计和实际行动，切实承担起服务战线、引领发展，进而推动中国特色高职教育创新前行的使命。

理念引领，系统总结高职教育理论和经验

一所优质的高职院校必须践行特色鲜明、人民满意、师生幸福的办学宗旨，贯彻好以生为本的办学理念，实施"以学生为中心"的教育教学和管理，切实抓好专业课程建设、师资队伍建设，提高院校治理水平和社会服务能力，并注重投入产出绩效，同时注重对高职院校办学治校进行顶层设计和系统化构建。

一要系统总结办学历史和经验，回顾高职 18 年和新高职 18 年两

个时期的政策体制和办学实践，总结形成具有规律性的成果，探索形成高职教育文化和理念。

二要系统梳理不同时期、不同类型高职教育办学模式，发现和总结实践证明是行之有效的做法和可行的模式，在学习借鉴的基础上进行梳理归纳，形成可传承的经验。

三要系统归纳各种类型和层次专业的人才培养模式，围绕面向市场、服务发展和促进就业的目标，探索形成行之有效、富有高职教育特点的人才培养模式，供整个战线学习借鉴和推广应用。

服务引领，凝炼形成优质校创新发展样本

作为一所有培养质量和办学水准的高职院校，必须回答好为谁服务、怎样服务的问题，真正以自己的服务质量和贡献，推动学校自身的发展、战线的进步和社会的繁荣。

要把服务学生成才成长放在首位。学院始终坚持学生第一、以生为本的理念，始终牢记教书育人、立德树人的责任，努力做到关爱学生进步、关注学生困难、关心学生就业，实施"学生千日成长工程"，引导学生品德优化、专业深化、技能强化、形象美化、首岗适应、转岗顺达、长期发展，职业发展可持续。

要把服务区域和行业作为基本任务。学院紧紧围绕浙江万亿金融产业、杭州打造互联网金融创新中心城市、钱塘江金融港湾建设，以大金融视野、新金融理念和互联网金融思维，重点建好5—6个重点专业和相关优势骨干专业，并通过校政行企合作和订单式人才培养，为区域经济和行业发展培养好职业化专业人才。同时，以协同创新理念，建设好浙江地方金融发展研究中心，力争成为推动浙江省金融发展的高端智库。

要把服务引领战线整体发展作为自身职责。在示范建设时期，学院就坚持"创建高职教育百花园、引领高职教育千花盛开"的理念。围绕优质重点校建设目标,学院将充分利用全国高职教育研究会会长单位等众多平台,发挥对全省和全国高职教育的示范、引领、带动和推动作用,真正输送出可复制的宝贵经验和优质样本。

品质引领,以卓越业绩彰显高职教育魅力

当前,高职教育虽已是高等教育"半壁江山",但整个战线尚缺乏足够自信,全社会对高职院校还在观望,不少人认为它仍是低水平、低质量的代名词。因此,优质学校的建设目标,首先要提升自己的品质,以此来彰显高职教育的特色、生命力和强大魅力,增强高职教育的模式自信、类型自信和文化自信。

学院着力抓好高职毕业生的优质就业和优岗发展,坚持就业导向,积极推动毕业生顺利就业、对口就业、优质就业,提前落实就业,批量实现就业,巩固金融系统大面积订单式人才培养的银领学院建设成果,并进一步完善机制、提高质量,增强在校内外、业内外、全社会的影响力。

学院积极探索素质教育与专业教育相融合的培养机制,在突出以专业建设为龙头,落实办好专业、注重学业、强化职业、重视就业、鼓励创业、成就事业"六业贯通"理念的同时,抓好系统化素质教育体系构建,即重视思想政治教育,解决好做人高度;重视业务素质教育,解决好做人深度;重视文化素质教育,解决好做人厚度;重视心理健康教育,解决好做人宽度;重视身体生命教育,解决好做人长度;重视创新创业教育,解决好做人强度。

学院努力打造教师、学生、校友发展共同体,持续推进学校品质建设。坚持学生是第一主体、教师是最重要主体、校友是最广泛主体理念,在着力抓好学生培养的同时,重视教师队伍建设,全力建设青年教师培养成长的"金翅膀机制"、中年教师稳定发展的"金台阶机制"、老年教师幸福安康的"金降落伞机制",切实提高师资队伍的水平和质量。

与此同时，重视和加强校友会工作，关爱每一位校友，探索形成校友"会同学、看老师、回母校、共发展"的机制，推动高品质幸福金院的实现。

文化引领，探索高职可持续发展新机制

一种类型的教育要生生不息，必须探索形成自身的文化。学院以培育优质银领、服务区域经济、打造百年品牌为目标，致力于在文化上自信与自强。

学院把推动高职文化建设作为自己的使命和责任，办好全国高职教育文化建设与可持续发展论坛，持续做好高职教育文化建设理论研究和交流推广工作。继续构建和完善以诚信文化、金融文化、校友文化为主题的三维文化体系建设，创建更多的文化品牌，开展更丰富的文化活动，推动文化育人有效实施，培养有文化底蕴的技术技能人才。

学院围绕"诚信校园、精神家园、成长名园、生活乐园"目标，景观、设施和故事一起抓，将校园美化、绿化、文化融为一体，真正实现陶冶情操、愉悦生活、促进和谐的境界，打造高职院校文化校园建设样本。

浙江金融职业学院在办学 41 年间为社会培养了 5 万余名动手能力强、岗位适应快、实践水平高的优秀毕业生，创造了"5000 行长同一个母校"的传奇和神话，在国家示范院校建设时期获得了 128 项成果和优秀等级评价。在新一轮优质高职学校创建和建设过程中，浙江金融职业学院将以理念引领、服务引领、品质引领、文化引领的特殊贡献，推动中国特色高职教育创新先行，做名副其实的探索者、引领者。

（来源：2016 年 12 月 13 日《中国教育报》，作者周建松系浙江金融职业学院党委书记、全国高职教育研究会会长）

关注高职优质校建设 5

兰州资源环境职业技术学院：
提质增效，打造丝路优质高职

时宁国

《高等职业教育创新发展行动计划（2015—2018年）》出台后，甘肃省公布了《统筹推进高水平大学和一流学科建设实施方案》，同步启动高职教育与本科教育的提质工程。作为甘肃省重点支持的国内一流高职院校项目建设单位，兰州资源环境职业技术学院以行动计划为引领，将深化产教融合、提升培养质量、积累技术技能、扩大开放办学列为学院创新发展的核心工作，打造国内一流的优质高职院校。

提升能力 增强活力 走产教融合之路

学院建立了10个具有现代学徒制特点的企业冠名学院，围绕区域产业发展，加大投入，提高10个技术研发中心的产出率。探索具有混合所有制特点的二级单位运行方式，盘活6个生产经营性实体。提高职教资源输出质量，做实做强甘肃资源环境职教集团，争创国家骨干职教集团。

学院建立健全了三级联系企业、四类行家里手讲台、专业建设咨询委员会、专业群紧靠规模企业等校企互动机制。三级联系企业，指分层次联系企业，学院领导每人联系一个以上大型集团公司，部门领导每人联系一个以上二级企业，专业教师每人联系一个以上车间、区队或项目部；四类行家里手讲台，指的是以专业群为单位，每月开展一期行家里手进校园活动，邀请行业企业高管讲企业文化、技术能手讲工匠精神、创业成功者讲创业历程、优秀毕业生讲成长经历;学院建立以企业专家为主体的专业建设咨询委员会,每年审定一次专业人才培养方案,探讨专业改革发展中的突出问题;每个专业群紧靠一个规模以上企业,开展现代学徒培养和技术服务。

深化改革 优化结构 落实质量主体责任

学院将学生综合素质教育放在和职业能力培养同等重要的地位,按照"道德素质强、职业技能强、吃苦精神强、创新意识强"的人才培养目标要求,践行全员、全程、全面、全景的"四全育人"。开展覆盖课堂教学、顶岗实习、课外活动、假期社会实践的"四维推进"体验式人才培养,在课堂教学和顶岗实习中设置"素质教育五分钟"育人环节,实施过程化评价方式。建立以学生为中心的教学模式,60%以上的课程实现翻转课堂或体验式教学,各专业群生企比控制在50∶1以下、现代学徒制培养规模30%以上。

在专业建设方面,采取"错位设置、非均衡建设、星级管理、专业群发展"的建设策略。探索建立专业竞争力综合评价体系,将用人单位满意度、毕业生满意度、在校生满意度、毕业生就业情况及产教融合情况作为5个关键绩效指标,每学年定期评定、反馈、诊改,每3年调整专业星级,调配资源投入。计划到2020年,形成气象、采矿、民族工艺、珠宝加工等15个专业群,实现国家级骨干专业占比15%左右、省级骨干专业占比35%左右的目标。

在内部质量保证方面,以课堂教学和实习实训为突破口,完善质量标准,优化各类管理平台和信息采集方式,平稳推进诊断与改进工作。学院构建"两线监控、三级管理、五个系统、六维评议"的教学质量诊改体系,对接人才培养状态数据采集平台,开发院级质量监控信息平台,固化数据分析和预警反馈流程,形成全员、全过程、全方位的内部质量保证机制。

企校协同 双创并进 加快技术积累转化

学院按照"企校协同、项目导向、双创并进"的思路,加强技术技能积累和转化。

设立专项调研经费,围绕区域产业技术发展与转型升级的关键词,开展企业生产实际专项调研,更新教学内容,确定应用技术研究方向;加大协同创新中心的建设力度,在现有的应用气象、采矿技术等5个协同创新中心基础上,新建智能制造、现代服务等5个协同创新中心。

与企业协同实行教师年度轮训制,针对不同层次教师,开展国外、国内和校内培训。计划培育10名以上省级教学名师、10名以上行业技能大师和10个省级以上专业教学团队,建立10个大师工作室。

将创新创业工作纳入人才培养和科研工作中。建立大学生创新创业孵化基地和创新创业商务中心,设立大学生科技创新基金,每年30万元,为大学生创业项目转化提供服务和支持。

面向社会 对外合作 提高服务附加值

学院按照"开放办学、长短并重、多维服务"的思路,面向区域建设开放型服务基地,共享学院场地、设施、师资等教育资源。

发挥甘肃省安全生产培训学院(与甘肃省安全生产监督管理局共建)、中国气象局干部培训学院甘肃分院(与甘肃省气象局共建)、甘肃省退伍军人培训基地以及甘肃省第八国家职业技能鉴定所等社会服务平台的作用,开展面向管理人员、普通职工的各类培训;建立社区联席会议制度,面向社区开展民主法治、文明礼仪等教育活动,面向全市大中小学生开展科技知识普及教育活动;发挥骨干专业优势,积极承办全国和甘肃省职业院校职业技能大赛。

发挥地处丝绸之路黄金段的地理优势,服务国家"一带一路"战略。

依托学院气象、环保、采矿、地质、冶金等专业,办好甘肃省商务厅支持的大学生海外就业服务中心,建设甘肃省教育厅支持的中亚五国资源环境类技术技能人才交流培训中心。与中亚国家职业院校及教育机构开展师资共培和技术攻关项目,同时实施学生交流计划和面向当地企业员工的技术技能培训。服务企业"走出去"战略,在提升学生专业技能的同时,开设语言、文化类专项课程,提升其海外就业的适应能力。引进国际职业标准、专业课程、教材体系和数字化教育资源,选择类型相同、专业相近的境外高水平院校联合开发课程,探索建立教师交流、学生交换、学分互认等合作机制。

新的征程,新的起点,"资环人"将围绕质量、开放、融合这几个关键词,打造丝路优质高职院校,为全面建成小康社会提供技术技能人才支撑。

(来源:2016 年 12 月 20 日《中国教育报》,作者时宁国系兰州资源环境职业技术学院院长)

关注高职优质校建设 6

中山职业技术学院:释放办学活力
做服务发展的高职引领者

吴建新

《高等职业教育创新发展行动计划(2015—2018 年)》,是指导和推进高等职业教育创新发展的总纲领。广东省启动实施一流高职院校建设计划,全面落实行动计划要求。作为广东省一流高职院校建设单位之一,中山职业技术学院将在建设期内投入 2.3 亿元,围绕办学体制机制创新、一流教师队伍建设、高水平专业建设、自主创新能力提升、国际合作与交流等五大领域,完成 12 个项目,努力建设成为特色鲜明、国内一流、世界有影响力的现代化高职院校。

以专业镇产业学院推进产教深度融合

学校依托优势专业和专业群建设了 4 个专业镇产业学院,形成专业镇政府、学校、行业企业、境外机构、其他社会组织或个人等多种力量参与办学的多元办学体制机制,统筹规划专业镇产业学院发展。"主体学校＋特色学院"两级管理体制,实现了产教联动、产学研结合、镇校企共赢。

混合所有制的产权制度是专业镇产业学院的特色。专业镇产业学院与行业内大型企业合作,以商会基金会为平台吸收企业注资,与中国香港职业训练局合作共建培训学院,吸纳社会个体投入,以《产业学院章程》明确投资主体的权益关系。

专业镇产业学院实行管、办、评分离的管理模式和董事会(理事会)

治理制度,调整董事会结构,设置监事或监事会,面向社会公开选聘产业学院院长,调整产业学院内部机构设置治理制度,以《董事会章程》明确各方权责利。

专业镇产业学院形成"产学研一体"的运行格局。成立中山市智能制造协同创新中心等多元协同创新机构,构建多元投资主体高度协同、深度参与、广泛合作的专业共建长效机制,建立集行业企业生产性教学资源、学校教学性生产资源、境外机构国际优质教学资源于一体的多元主体全程参与的人才共育机制。

以内部管理体制改革提升治理能力

学校以大学章程为统领,深化内部管理体制改革,提升治理体系和治理能力现代化水平,推进现代大学制度建设,增强发展动力,释放办学活力。

实行以学生发展为核心的学分制改革。形成双导师指导下的以学生自主选择专业、自主选择课程、自主安排学业进程、自主建构知识体系为显著特征的学习模式;制定适应学分制改革的人才培养方案,优化课程体系;形成"按学年注册、按学分选课、按学分毕业"的开放灵活、科学规范的学分制教学管理模式。

实行以激发活力为方向的人事制度改革。建立岗位分类分层管理模式和动态调整机制、岗位与业绩相结合的人才评价机制、评聘双轨运行的人才良性循环系统、绩效工资分配模型和经费总额动态包干运行机制等,探索更加开放、灵活的人才引进、培养和使用机制。

实行以简政放权为重点的二级学院管理制度改革。建立健全权责明确、规范有序、运转高效的校院二级管理制度,推进以下放人、财、事权为核心的二级学院改革试点,形成二级学院自我发展、自我约束、自我激励的良性机制。

实行以教授治学为主导的学术权力运行机制。完善学术权力与行政权力既相对分离又相互支撑的制度体系,创新学术组织体系,改革学术事务管理方式、学术资源整合方式,建立科学的运行机制。

以一流专业建设铸造现代大国工匠

学校改革人才培养模式,全面提高学生专业素养和实践创新能力,培养多规格、个性化、高素质的现代大国工匠。

完善校企共同创新、专业共建、人才共育、师资共培、资源共享、实习就业共担的合作制度,形成行业、企业全面参与人才培养的管理与质量监控体系。

实施“1234”师资水平提升计划——成立 1 个教师发展中心;推动岗位聘任改革、评价办法改革等 2 项人事制度改革;实施校企人员结对提升计划、双师工作室建设计划、专业主任负责制计划等 3 项教学团队建设计划;落实高层次人才柔性引进工程、专业领军人才培育工程、卓越教师培养工程、高水平专兼结合教师团队建设工程等 4 项名师培育工程。师资提升计划造就了一批行业内地位高、国内外有影响、能把握世界前沿技术的技能大师、专业带头人和教学名师。

深化“一镇一品一专业”专业建设布局,打造一批国内一流、省内领先专业。创建 15 个左右省级及以上品牌专业,建设电梯工程技术等 6 个全国领先、与国际接轨的省级一类品牌专业,力争成为全国一流、世界有影响力的国家级骨干专业。

依托现有大师、名师、企业、教师、学生五位一体工作室,加强技术技能积累,构建“校企合作、工学结合”人才培养课程体系。加强多类型工作室之间的合作,合作完成企业大项目,推动项目化教学成果转化。

依托创业教育学院、产学研园、中山市大学生创业孵化基地,为学生科技创新、创意设计、创业计划和科技成果提供转化平台。依托校内外实训基地,建设一批高水平学生科技创新基地,促进专业教育与创新创业教育有机融合。

与中职学校合作开展中高职一体化工作,与师范学院等探索高职本科协同人才培养,打造"中职—高职—本科"人才培养立交桥,建立技术技能人才成长通道。

与马来西亚国家电梯协会等合作建立东南亚电梯行业人才培训基地;与日本、德国知名电梯企业合作建立海外师资培训基地;与我国台湾、香港合作打造亚太地区专业教育与培训机构;引入国际职业标准和国际认证,争取1—2个专业加入"悉尼协议"。

以开放的科研服务支撑国家发展战略

学校以专业镇和中小微企业为服务对象,改革科研管理机制,打造产学研协同创新格局,提升服务国家战略和区域发展能力。

依托产学研园协同创新环境,形成"政府支持、学校主导、产学合作、项目驱动"的园区运作机制,实现"创新在院校、创业在中心、实业在镇区"的"总部＋基地"协同创新格局。

以产学研园为平台,建设技术研发、技术服务、多样化学习三大社会服务平台。建设期内,专利申请量达到1000项,政府购买服务、技术性服务和培训服务收入总额达到1亿元,继续教育与培训人数共15万人次。

引进中山市生产力促进中心和台湾(中国)生产力中心,探索"政校企行四方联动"的科研合作机制,共建技术转移中心、合作研究基地、产学研联盟,形成信息互通、资源共享、经费共担、成果共享的互利互惠科研合作模式。

建立健全以高地项目为点、应用研发项目为面的科研工作体系,重点扶持面向中小企业、提高本地区创新能力的产业共性与关键性技术研究。

(来源:2016年12月27日《中国教育报》,作者吴建新系中山职业技术学院院长)

关注高职优质校建设 7

宁波职业技术学院:打造区域技术技能人才培养高地

张慧波

作为一所地方高职院校,宁波职业技术学院紧紧扎根于地方、服务于地方,办学 17 年来为社会培养了大批优秀技术技能人才,有力推动了区域经济社会发展。面对新的发展形势,学院结合国内外职业教育发展趋势和学院发展现状,将服务区域经济社会发展需求和服务学生成长成才作为学院发展的根本宗旨,打造高职教育的"宁职品牌",全面提升学院办学品质。

明确学院发展重点。学院提出"十三五"事业发展规划的 10 大工程、48 项任务,其中加强创新创业教育、提升专业建设水平、加强教师队伍建设、推进信息技术应用、深化校企合作发展、扩大职业教育国际影响是 6 个发展重点。

加强创新创业教育。未来 5 年,将依托学院工程训练中心、管理素养中心、素质拓展中心等平台,搭建结构完整、运行顺畅的创新创业人才培养体系。探索建立跨院系、跨专业交叉培养创新创业人才的新机制。通过开展弹性化的创新创业教育改革,遴选一批具有发展潜质和创业意愿的学生,在完成两年专业学习的基础上,转入创业学院进行为期一年的集中学习培养,加强创新创业意识培养,提升创新创业能力。

提升专业建设水平。以优化专业布局与结构为突破口,面向国家和区域产业发展新布局,对接高端装备制造业、信息经济产业、新兴文化产业、港口服务业、环保产业,打造智能装备制造技术类专业群、电子信息类专业群、文化传媒类专业群、电商物流类专业群、绿色化工类专业群，推动学院专业由对接和服务产业向提升和引领产业发展。到2020年，学院将打造紧贴产业发展、校企深度合作、国内有影响的品牌专业2—3个、品牌培育专业2—3个，省内有影响的优势专业5—7个、特色专业3—5个；建成1—2个市级特色学院、3—4个校级特色学院。

加强教师队伍建设。加强高水平"双师双能"队伍建设，健全企业兼职教师聘请与培训制度。完善教师国内访学、访问、培训、顶岗和社会实践制度，鼓励并支持教师在职学历提升和职业技能培训，提升教师"双师"能力；创新兼职教师聘用机制，开展职业教育教学法等岗前培训，提升兼职教师教学能力。

推进信息技术应用。构建服务"学生成长、教师发展、学校改革"的综合信息化服务体系，消除信息资源孤岛，建成数据共享、服务融合、基于移动的智慧校园平台，为学院教育质量诊断与改进提供准确的信息和数据。推动"互联网＋"课堂教学，加强信息化优质课堂教学资源建设与共享，以国家级教学资源库建设为引领，力争每个品牌专业建设一门省级精品资源共享课程和一个省级专业教学资源库，每个重点专业建设一个校级专业教学资源库；开发数字化图书馆、精品共享课程、专业教学资源库等在线教学资源库功能，进一步提高数字图书资源的建设利用水平；每个专业打造5—10门线上线下混合式教学课程，引入优质在线课程300门，注册学生达2万人次；整合优化网络教学平台，集成现有的在线学习资源，建成统一的在线学习门户；加强信息化教学环境改造和建设，完成10个集混合式教学、探究式学习、分组分层教学、翻转课堂等多种教学模式于一体的新型智慧教室建设。

深化校企合作发展。积极探索多种形式的校企合作，以深入推进现代学徒制试点为契机，深化校企合作，推进"院园融合"的人才培养模式改革。进一步完善校企合作管理制度，创新校企合作的运行与保障机制，实现校企合作办学、合作育人、合作就业、合作发展的新格局，提升校企合作的有效性。"十三五"期间,实现累计孵化企业 400 家、服务企业 600 家。

扩大职业教育国际影响。积极对接国际化专业标准,引进国际化技术技能实训、实践课程,深化拓展中外合作办学项目。在加强援外培训规模、类型与内涵建设基础上,积极推进海外办学项目,组建"一带一路"职教联盟,助力区域企业"走出去"。加大教师海(境)外 3 个月以上访学、进修力度,提高教师国际化能力;严把质量关,加大语言类和专业类外籍教师的引进力度;培养学生国际化视野,积极推进学生海(境)外交流计划;加强留学生招生与管理工作。2020 年,专任教师海(境)外 3 个月以上留(访)学、进修数累计达到 20%;国(境)外文教专家占专任教师总数的 5%;外派交换生、交流生人数占全校学生总数的 0.8%;外国留学(交流)生人数达到 400 人。

学院将从组织、制度、经费以及监测执行等 4 个方面系统加强规划执行的保障。成立由党政主要领导和各院系、各部门主要负责人组成的学校规划实施工作领导小组,建立二级学院专业评估与绩效考核制度,建立课堂教学效率分类测评认证制度。加强经费投入,优先保障教学投入,按照学院重点发展战略和任务,加大对内涵建设的投入。分解落实工作任务,根据规划的发展目标与主要任务,落实各部门工作责任,成立项目监测执行办公室,考核各部门完成规划情况。

创新发展的蓝图已经绘制,宁波职院将推进校企合作有效化、教育信息化和办学国际化,"跨境、跨界、跨专业"协同发展,将学院打造成为区域技术技能人才培养、科技创新、技术服务和文化传承创新的高地,将学院建成综合办学水平高、服务发展能力强、师生满意度高、国内一流、国际知名的优质示范高职院校。

(来源:2017 年 1 月 3 日《中国教育报》,作者张慧波系宁波职业技术学院校长)

关注高职优质校建设 8

浙江建设职业技术学院：精优强深特
念好优质校"五字经"

何　辉

《高等职业教育创新发展行动计划（2015—2018 年）》是高职院校"十三五"发展的总纲和指引。浙江建设职业技术学院以开展优质高职建设计划为契机，念好"五字经"，全面提高整体办学实力与人才培养质量，将学院建成具有鲜明建筑特色的"浙江引领、国内一流、国际知名"高水平高职院校。

做精体制，成为现代院校治理领跑者

创新一元多体办学体制。重点开展混合所有制改革，试点成立一家股份制二级学院。探索"3 年校企双主体交替系统培养＋3 年行业执业工程师跟踪认定"的基于行业联合学院的现代学徒制实践。

创新四层协调发展机制。完善实施行业主管部门牵头的建设行业促进学院发展委员会、学院牵头的校企合作理事会、二级学院牵头的校企合作部、专业牵头的专业建设委员会等四层组织架构协调运作机制。

推进学院现代治理行动。以学院章程为依托，健全学院内部管理体系，完善党委领导下的校长负责制、教职工代表大会制度、学术委员会制度、校企合作理事会章程、学院内部控制等制度。以二级学院建设标准为重点，明确二级学院责权利，激发二级学院活力。

推进创新创业教育行动。构建"广撒种子抓启蒙、导师启航训技能、帮助扶持一对一三阶段""自主学习、生涯教育、专业学习三课堂""大学生创新创业竞赛、二课堂创新创业评价、创业园与梦工场孵化三平台""制度队伍服务三保障"培养体系。

深化教育教学管理改革。以质量为核心优化中高职衔接人才培养;以因材施教为目标完善"文化素质＋职业技能"招生模式;以生为本细化学分获取认定标准、完善学分获取认定制度、探索跨校学分积累转化等学分制改革;以浙江省高职院校"诊改"试点工作为依托,积极开展诊断实施工作。

做优专业,成为建筑品牌专业领军者

实施专业强身健体计划。实施品牌化战略,将建筑工程技术等 4 个优势专业打造成在全国同领域具有影响力和竞争力的品牌专业;做深做精特色专业,将建设工程监理等具有鲜明行业特色的专业建设成为特色鲜明的全省一流品牌专业。

实施集群内涵提升计划。在原有"1＋1"校企合作学院基础上,实践"1＋1＋X"行业联合学院、"1＋1＋1"中高职一体合作体、"1＋X"产学研协同专业发展联盟、"1＋2＋X"国际建筑产业技术应用联盟等校企合作模式。推进核心课程、素质教学课、专业能力支撑课、专业能力拓展课的岗位化课程标准开发,分批推进四大专业群专业核心课程的数字化建设,建成 4 个共享型教学资源库、4 个校内生产性实训基地、2 个职业能力培养虚拟仿真实训中心、160 个紧密型校外实习基地。

实施魅力课堂创新计划。开展"构建和谐师生关系,打造满意魅力课堂"活动,根据课程内容与职业资格标准对接要求,优化人才培养方案;通过学院专任教师与行业能工巧匠对接,开展校企合作课程建设;实施课堂教学与工程实境对接,打造空中课堂、数字课堂等魅力课堂。

组建产学一体专业发展联盟。以优质专业集群为基点,协同中高

职院校、行业协会、同类企业、科研院所等,共建建筑工程技术等 4 个专业发展联盟,开展课程、师资、信息等共享合作。

做强服务,成为高职社会服务领航者

服务"中国制造 2025 战略"。面向建筑业产业重点发展方向,政校行企共建产教协同中心,建设城乡规划等 6 个科技创新研究所,打造绿色建筑技术、美丽乡村建设、现代建筑产业化、海绵城市建设、地下空间技术等 9 个建筑科技创新工作坊。

服务国家终身教育战略。整合中德建筑新技术实训中心、产教协同中心、建筑技艺传承创新中心,政校行企共建全国一流的浙江省建筑产业公共实训基地;打造建筑业行业培训服务中心,开展企业职工培训和继续教育,服务国家终身教育战略。

服务建筑强省发展战略。搭建对外技术服务平台,建设 15 个技术研发中心、重点培育 2 个省级技术研发中心、建设 7 个企业流动图书馆,提高专业技术协同创新能力;主动服务区域经济社会创新发展,针对浙江省美丽乡村等中心工作开展专题服务。

服务国家精准扶贫战略。精选 5 所以上欠发达地区建设类职业院校,在专业建设、师资培养、实训基地建设等方面重点开展对口援助,服务国家扶贫战略,发挥示范辐射效应。

做深合作,成为职教国际合作领先者

成立国际合作学院。完善与美国贝茨技术学院合作的建筑设计技术专业高等专科教育项目;满足建设行业对国际化人才的需求,与美国、加拿大等国外院校开展建筑电气工程技术、建筑工程技术(国际施工方向)等合作办学项目。

创建中德建筑职教联盟。建立中德建筑职教联盟,引进国际高水平优质教育资源,对接国际先进技术标准,开发专业标准和课程体系,

合作开展建筑类技术技能国际人才培养;成立中德建筑新技术中心,建设完成中德合作被动式房屋示范工程以及建设5—6个先进实训室,形成国际新技术实训基地。

建立国际资源中心。建立建设行业新技术国际资源中心,围绕企业自主创新、产业结构调整、产业技术升级、产业政策制定等开展技术咨询与服务;建立中国古建筑数字信息资源库,与合作国家和地区高校机构进行文献信息资源交流。

做特校园,成为现代鲁班成长领路者

打造建筑人文校园。建成1.4万平方米的建筑博物馆,集古代建筑技术与文化教育实践区、当代建筑技术与文化教育实践区、智能建筑技术与文化教育实践区、建筑产业与企业发展创新实践区、建筑科技大师陈列展览区于一体,推动校园文化建设再上新台阶,软硬件建设取得标志性成果。

打造服务智慧校园。以打造服务感知型智慧校园为目标,以全国职业院校数字校园实验校建设为契机,实施"智慧管理服务""智慧魅力课堂""智慧建筑工场""智慧自主学习""智慧成长社区"五大工程,构建新型智慧教育生态系统。

打造绿色生态校园。建成国内外建筑节能技术和建筑节能设备的示范中心。深化金都绿色大课堂,办好金都绿色建筑联合学院。实施绿色校园升级工程,把校园建成绿色建筑、人居生态示范基地。

(来源:2017年1月10日《中国教育报》,作者何辉系浙江建设职业技术学院院长)

关注高职优质校建设 9

湖南铁道职业技术学院：瞄准"五个一流"
推动卓越校建设

钟建宁

《高等职业教育创新发展行动计划（2015—2018 年）》为高等职业教育创新发展指明了方向，湖南省"卓越职业院校建设计划"对打造湖南职教品牌作出了具体部署。湖南铁道职业技术学院筹集资金 3000 万元，按照"继承与创新并重、技术与人文融通、'卓越校'与'十三五'同步规划"的建设思路，全面推进卓越校各项建设任务。

服务轨道交通发展，建设一流专业

学院主动适应轨道交通行业和区域经济发展方式转变，迎合产业升级新要求，优化专业结构布局，调整人才培养规格，拓展特色专业群建设。

建立专业动态调整机制。对接轨道交通产业需求，制定专业预警监控指标体系。收集政府、企业、行业、咨询公司等数据，建立专业人才需求数据库；记录学院近 3 年各专业的新生报到人数和报到率、毕业生就业率和就业质量、企业对学生的满意度等数据，建立专业人才供给数据库；定期进行比对分析和综合评价，动态调整专业布局及人才培养规格。

建设轨道交通特色专业群。重点建设轨道交通装备制造、轨道交通运输、电子信息、轨道交通管理与服务等 4 个特色专业群。到 2018 年，将 3 个省级重点建设专业群建设成轨道交通行业"三高人才"培训中心和技术技能积累基地；将轨道交通综合实训基地建设成集技术服务、产品开发、产业孵化、实习实训等功能于一体的示范基地。

创新产教融合机制。分步推进校企合作，初级阶段开展社会实践、顶岗实习，建立就业合作关系；中级阶段校企双方共同开展订单班培养、员工专项培训等合作；高级阶段实现校企双方共同开展人才培养、员工培训、基地建设、技术合作的双向嵌入全方位合作。

实施人才强校战略，打造一流师资

健全考核机制，加强内培外引，打造师德高尚、业务精湛、国际视野、结构合理的教师队伍。

构建教师道德素质模型。从履行职责、诚实守信、勇担责任、乐于奉献、热爱学生、为人师表、教书育人等7个维度，构建立体化教师道德素质模型，细化师德标准，量化考核指标，完善师德档案，健全长效机制。

内培外引名师大师。柔性引进行业、职教领域领军人物和企业技术技能大师，打造大师引领的"教练型"教师团队和"专家型"教师研究群体。通过"国内培训＋国外培训""专题培训＋项目实战""师德培训＋技能培训＋课程开发培训"以及访学、进修等途径，加强骨干教师队伍建设。建设期内，实现重点专业群具有副高以上专业技术职称的骨干教师达50％以上，校级特色专业群具有副高以上专业技术职称的骨干教师达45％以上。

深化综合改革，实现一流治理

构建依法办学、自主管理、民主监督、社会参与多元评价的现代大学治理结构，为学院人才培养和改革发展提供有力支撑。

完善现代大学治理结构。修订体现职业教育办学特色的学院章程；按照省企共建的办学模式，加强与中国中车及所属企业的联系和资源共享;建立基于职教集团平台的学院理事会,完善办学多方评价机制,促进学院开放、与社会融合。

健全质量保证体系。按照 ISO9000 质量管理标准,推进制度、标准和流程建设,完善办学多元评价制度、质量诊改机制和质量年度报告制度,将常态化与专项性检查相结合、过程性评价与结果性评估相结合。

突破关键领域改革。推进分配制度改革,建立公平与绩效结合、体现岗位差异和贡献度的考核与激励制度。探索社会力量参与学院办学,开展混合所有制试点项目 1—2 个。

深化人才培养模式改革,铸就一流质量

提升人才培养质量,提高毕业生就业竞争力,整体就业率保持 95% 以上,毕业生起薪高于全国示范校平均水平 400 元以上。

推进系统化人才培养改革。系统设计专业、课程、教育教学活动,深化理实一体教学模式改革,推行基于移动终端的空间教学法,完善优质数字资源开发、应用、服务机制,100% 的专业和教师采用信息化教学;实施"学生网格化管理实施方案",实现学生管理精细化。

推进校企协同育人。完善"校企双向嵌入、双主体"专业人才培养模式,在电子信息专业群开展现代学徒制,实施"三明治"式工学交替人才培养模式;实行"3+"导师带学生模式,即企业兼职教师为实践技能导师、学院专任教师为理实一体化导师、辅导员为职业生涯导师。

完善创业实践和服务体系。以学生创业需求和服务为集结点,建立与学生创业规划、设计、验证、孵化、运营、发展路径全程契合的创业实践和服务体系。每年举办校内学生模拟创业大赛,推动校园创业模拟市场常态化,启动学生创业孵化园建设,建成两条校内创业街、20 个门店型学生创业实体、5 个公司(工作室)型学生创业实体、5 个校企合作型创业实践基地。

实施文化育人工程,建设一流学校文化

坚持立德树人,将企业文化融入人才培养方案,渗透到学生日常的学习生活和校园文化活动中,不断升华"以学习者为中心"的办学理念、"和、搏、乐"价值观等学院核心文化。

汇融企业文化。积极引进 ISO 质量管理、精细化管理、6S 管理等企业管理方法、理念,将企业管理的精粹融入教学和管理。推进轨道交通产业文化、铁路优秀企业文化进校园、进教材、进课堂,在广大学生中大力倡导精益求精、严谨、专注、敬业的工匠精神。结合制度体系建设,促进科学规范、特色鲜明、执行有力的制度文化建设,推进行为管理向文化管理的转变,提高学院文化软实力。

打造学生文化品牌。打造"5+5"校院两级文化活动品牌,校级层面开展社团文化节、寝室文化节、心理健康节等活动,院级层面开展牵引之星文化艺术节、黛蓝电脑信息文化节、南峰文化艺术节、运管文化艺术节、启航科技文化节等活动,将创先争优、跑在前头、勇往直前、负重前行,崇尚严实、严守规矩的"火车头精神"融入学院文化之中,推动活动育人。

卓越校建设的号角已经吹响,湖南铁道职院将不断提高办学效益、增强服务能力,努力把学院建成特色鲜明、国内一流、国际知名的高职院校,为国家建设世界轨道交通装备强国和湖南省千亿轨道交通产业集群发展提供优质技术服务和人才支撑。

(来源:2017 年 1 月 17 日《中国教育报》,作者钟建宁系湖南铁道职业技术学院党委书记)

关注高职优质校建设 10

南京工业职业技术学院："双创"引领，
迈向"高职高原上的高峰"

孙爱武

《高等职业教育创新发展行动计划(2015—2018年)》描绘了高职教育创新发展的蓝图。南京工业职业技术学院将贯彻落实行动计划与"十三五"规划相结合，着力培养高素质的"双创型"技术技能人才，力争到2020年成为"国内一流、国际知名"的应用技术型高职名校。

"双创"精神融入校园文化

学院将"双创"精神融入校园文化，以传承创新"敬业乐群"校训文化为主导，以建设优良校风为抓手，逐步形成体现历史传承、时代特征和学校特色的校园文化建设新格局。

通过深入开展中国特色社会主义和"中国梦"教育，在广大师生中积极培育和践行社会主义核心价值观，深入挖掘弘扬黄炎培职业教育思想，积极打造体现学院特色的师生精神文化。坚持依法治校，完善内部治理体系，形成具有高职特点的现代大学治理制度文化。加强校园环境的整体规划，形成具有统一主题的校园文化景观，提升丰富校园环境文化。加强以"敬业乐群"校训文化为核心的文化素质教育，支持学生开展各类科创社团活动，不断培育师生行为文化。深入企业调研专业文化，将企业文化因素转变为专业文化元素，在教学互动中融入专业理念和专业精神，形成独具特色的专业文化。

"双创"人才培养彰显特色

学院以推进创新创业教育为动力、以服务教育教学为宗旨,在强化内涵、做优品牌、彰显特色上下功夫,力争将学校打造成为"高职高原上的高峰"。

培养个性化创新型人才。围绕"一流学生培养"的目标,进一步明确"创新、创业、创优"个性化人才培养的方向。完善精英人才常态化选拔和培育机制,打破班级、年级、专业的常规建制,设立"创新精英班""创业先锋班"等,开展个性化的创新创业能力训练,每年不少于 200人。开设创新创业教育专门课程群,推动创新创业教育与专业教育有机融合。搭建多种"众创空间",开展普惠式学生科技创新活动,营造浓厚的校园科创氛围。加强创新创业类社团的指导,优化指导教师的考评体系,完善学生创新发明和专利转化奖励办法。

打造教练型师资队伍。积极打造"明师德、乐教学、懂行业、能科研、精技能、通市场"的教练型师资队伍。依托高素质提升、高水平发展、高技能培训、高质量监控和高层次交流等五大平台,实施"师德工程""高智工程""双高工程""质量工程""国际化人才工程"等五大工程,优化教师学历和职称结构。目前,学院硕士及以上学位教师占比达85%,"双师"素质教师占比达 90%,专任教师中具有 3 个月及以上国(境)外留学和研修经历的达 20%。

优化一流品牌专业布局。形成"一流专业引领、特色专业带动、试点专业促进、其他专业联动发展"的专业建设格局。完善专业设置与动态调整机制,100%的专业对应江苏省两大支柱产业,40%左右的专业对应江苏"十三五"十大新兴战略产业。深入实施"2468"一流专业建设行动计划,即建成 2 个国际水准、4 个特色新兴、6 个全国一流和 8 个全省一流专业。发挥一流专业的示范效应,促进专业水平整体提升,形成以机电一体化技术、机械制造与自动化、电气自动化技术等专业为主干,航空、轨道交通、汽车等专业为特色,计算机、艺术设计、人文社科类专业协调发展的专业建设格局。

提升国际合作水平。培养具有国际视野、具备国际化职业素质和就业竞争力的技术技能型人才,初步实现国际知名的发展目标。积极构建"学校主导、学院主体、师生主角、专业载体、平台支撑、项目牵引"的国际化工作机制。引入国际通用资格证书,引入优秀课程资源和教学标准。推进专业团队海外研修,发展基于学分互认、文凭互授的校际交流项目。鼓励学生参与国际技能和创新创业大赛。拓展留学生招生,打造"留学南工院"品牌。服务国家"一带一路"战略,依托行指委开展境外办学。

"双创"平台助推质量升级

学院以打造"双创"实践平台为重点,以提升科技服务平台和数字化校园平台为支撑,以完善内部质量监控平台为保障,通过平台协同发力,服务人才培养质量提升,服务区域经济社会发展。

打造创新创业实践平台。牵头建好全国高职院校创新创业教育联盟,积极发挥中国高校创新创业教育联盟的优势资源,引领带动高职创新创业教育发展。培育一批科技创新团队,塑造一批创新创业典型,推动一批科创成果转化,为个性化创新型人才的培养提供平台保障。依托创业模拟平台、大学生创业园、大学科技园和校外创新创业实践基地,探索建立学校与政府、社会、行业企业协同合作的"模拟—苗圃—孵化—转化"四位一体的创新创业实践平台。

深化科技服务平台。积极推进校企合作、产教融合,发挥科技服务平台优势,打造区域和行业的科技服务基地和技术创新基地。依托"风力发电"等三个省级工程技术中心项目,推进"政校企行所"合作。探索混合所有制模式,打造技术创新载体。围绕南京市高端装备制造等新兴产业战略,建设服务中小微企业的技术研发中心和成果转化中心。

加强全国现代机电技术职教集团、江苏机电职教集团建设,增强自身造血功能。

升级数字化校园平台。进一步发挥信息技术服务教育教学的作用,建立完善适应学校发展需要的信息化服务平台,实现从"应用管理信息化"向"应用服务信息化"的转变。升级现有应用系统,打通各个平台间的信息孤岛,形成信息门户平台,实现统一身份认证。建设人才培养工作状态数据管理系统,形成全校的"数据中心",实现即时抽取目标数据,自动进行数据有效性检验和分析,及时掌握学校人才培养的状态。

完善内部质量监控平台。以诊断与改进为手段,在学校、专业、课程、教师、学生不同层面建立起完整且相对独立的自我质量保证机制,形成全要素网络化的内部质量保证体系。进一步拓展质量监控平台的功能,积极构建多元化、多层次、全覆盖的开放性质量监控与评价体系。合理运用高等职业院校适应社会需求能力评估结果,推进办学质量整体提升。健全质量年度报告制度,进一步提高年度质量报告的量化程度、对比性和可读性,接受社会的监督。

（来源:2017 年 2 月 5 日《中国教育报》,作者孙爱武系南京工业职业技术学院党委书记）

关注高职优质校建设 11

陕西铁路工程职业技术学院：加强技术
技能积累　服务铁路高速发展

王　津

《高等职业教育创新发展行动计划（2015—2018 年）》，以提升质量为主线，为高职院校创新发展绘制了精确的路线图。陕西铁路工程职业技术学院结合铁路行业发展需求，承担了 44 项任务和 16 个项目，逐项制定建设计划书，扎实推进任务和项目建设工作，瞄准专业建设、创新创业教育、教学诊改、国际交流合作等方面重点突破，助推学院"十三五"时期新跨越。

强化专业对接产业，提升发展内涵

以骨干专业建设为抓手，围绕铁路行业与陕西区域经济发展需求，调整优化专业结构，校企合作推进专业建设，创新专业人才培养模式，培养适应铁路行业企业需要的技术技能人才。

对接铁路产业优化专业结构。构建以交通土建类专业为主干，铁路运输类、装备制造类为两翼，服务区域经济类专业为延伸的专业发展格局，扎实推进 15 个专业综合改革项目建设，力争建成国家级骨干专业 8 个，提升专业服务产业发展能力。

创新校企合作办学体制机制。以陕西铁路建筑职教集团为基础，创建国家骨干职教集团，构建学院对接集团公司、系部对接分公司、教研室对接项目、教师对接技术人员的校企合作机制，探索建立基于产权制度和利益共享机制的集团运行机制,建立基于学分转换的集团内部教学管理模式,扎实推进建筑工程系混合所有制二级院系建设。

以需求为导向创新人才培养模式。深化"学分制、菜单式、模块化、开放型"人才培养模式改革,与企业共同制定专业人才培养方案,把企业精神、企业文化和岗位对员工的能力素质要求融入课程之中。从校企联合招生、联合教学、联合管理、联合就业方面开展铁道工程技术等专业现代学徒制试点,校企共建铁道综合实训工区等生产性实训基地和虚拟仿真实训中心,遴选行业人才需求量大、受众面广的专业和课程,建设8个专业教学资源库和23门精品在线开放课程,推进信息化教学改革。

完善质量保证体系,提升办学水平

完善质量标准和制度,引入知识管理和知识生命周期理论,构建内部质量保证体系,树立质量文化,开展自主诊改,促进质量提升。

着力构建质量保证体系。在专业与课程建设、师资队伍建设、学生全面发展建设、行政管理服务、后勤管理服务等5个层面建立内部质量保证机制,构建发展规划、质量标准与制度、过程诊断与改进、绩效评价与考核、质量文化塑造、质量管理信息化应用等6个体系,形成质量保证体系主框架;加强人才培养工作状态数据采集平台的应用,建立基于平台数据的预警机制。

完善自主诊改工作机制。依据标准,依托校本数据平台,坚持问题导向,对照质量保证体系文件,查找5个层面存在的问题与不足,进行深入、具体的反思和剖析,围绕问题制定对策,开展各层面的自主诊改,建立常态化、周期性的质量改进螺旋,持续创新诊断改进理论,形成学院质量特色。

全面推行人才培养质量多元评价制度。深入开展毕业生跟踪调查,引入第三方评价,将毕业生就业率、就业质量、企业满意度、创业成效等作为衡量人才培养质量的重要指标,完善人才培养质量监测体系。实施人才培养质量年度报告发布制度,加强对各专业年度质量报告的监督管理,提高质量报告的量化程度、可比性和可读性。

深化创新创业教育,提升培养质量

基于"课程教学＋实践载体＋发展平台"的创新创业教育模式,完善教学资源,丰富实践载体,搭建发展平台,加大项目扶持,提高创新创业与专业教育融合度,促进学生全面发展。

构建创新创业教育体系。以学生创新意识培养和创新思维养成为重点,将创新创业教育融入校风和学风,营造创新创业文化氛围;融入培养方案,培养学生创新创业知识;融入第二课堂,打造创新创业活动载体;完善创新创业学分认定办法,实施弹性学制,为学生创新创业营造良好环境;融入技术服务和顶岗实习,搭建学生创新发展平台,实现学生创新创业知识、能力、意识的提升。

打造创新创业实践平台。以道桥工程系、轨道工程系为创新创业试点,优化专业课程体系,改革教学方法、考核内容和形式,突出创新创业意识培养;继续举办"互联网＋"创新创业大赛、科技作品竞赛等活动,激发创新创业兴趣;整合学院资源,建设创新创业孵化基地,吸纳优秀项目入驻,每年设立 50 万元创新创业扶持基金;建设应用技术协同创新中心,导师带徒组建创新团队,通过创新试验、科技研发等形式,让学生实践创新。

开发创新创业教学资源。加强创新创业教研室建设,聘请行业专家、创业成功者担任创新创业指导教师,组建专兼结合的创新创业教师团队,建设窦铁成、叱培洲等技能大师工作室;编写具有科学性、先进性、适用性的创新创业教材,开发创新创业在线开放课程。

扩大境外合作办学，提升国际影响

加强与职教发达国家的战略对话，引入铁路行业职业标准和优质资源，开发国际培训项目，积极开展国际职业教育合作。

加强与职业教育发达国家的交流。引进国际先进成熟的职业标准、专业课程、教材体系和数字化教育资源，聘请外籍教师来院任教，选派优秀教师和管理人员赴境外进修 90 人次以上，组织学生到境外修学、游学 120 人次以上。

积极探索合作办学。利用中俄交通大学校长联盟、中国—东盟轨道交通教育培训联盟等平台，发挥学院铁路行业教学资源优势，探索与俄罗斯迪拉芙沃斯托克国立经济与服务大学的交流合作，面向柬埔寨、印尼、老挝等东盟国家开展合作办学项目，联合培养外国留学生。

未来 3 年，学院将投入 1.5 亿元保障任务（项目）建设，使学院核心发展力、综合竞争力、改革创新力、社会影响力显著增强，办学特色更加鲜明，成为"省内示范、行业领先、国内一流、国际知名"的优质高职院校。

（来源：2017 年 2 月 14 日《中国教育报》，作者王津系陕西铁路工程职业技术学院院长）

关注高职优质校建设 12

湖南汽车工程职业学院：从服务产业迈向引领产业

邓志革

湖南汽车工程职业学院以湖南省卓越高职院校建设项目为契机，主动适应湖南经济和汽车产业发展新要求，实现由"对接汽车产业、服务汽车产业"向"提升汽车产业、引领汽车产业"转型。

立足三个围绕　创新办学理念

围绕汽车产业办出特色。按照"立足汽车行业、服务汽车产业、培养汽车人才、打造汽车品牌"的办学思路，学院主动服务湖南汽车产业转型升级发展，深度融入汽车产业来建设特色专业体系，培养汽车高素质技术技能人才。

围绕前沿技术打造品牌。学院紧跟新能源汽车、智能汽车、车联网、汽车精密制造等汽车产业最新业态，抢占汽车技术技能人才培养制高点，打造高素质人才培养高地、高水平师资培训高地和汽车产学研新成果孵化高地。

围绕文化治理注入活力。为激发每位教职工创新创造激情，释放每一位学习者学习的原动力，学院决策层、执行层、监督层相对独立又相互合作，"政行企校"多方联动，增强学生就业竞争力的同时塑造美好的心灵。

强化三个坚持　创新建设思路

坚持系统推进、重点突破。学院从政策、人力、经费等方面加大卓越校项目建设的投入力度,整体推进各项任务;以产教融合、校企合作为主线,在特色专业群、教师队伍、治理能力建设等重点领域取得突破性进展,形成一系列具有示范辐射效应的标志性建设成果。

坚持创新驱动、成果导向。学院以"政行企校四轮驱动"的体制机制激发办学活力和合力,提高办学水平;卓越职业院校建设过程可监控、成果可考核、经验可推广。

坚持示范引领、整体提升。学院推进全面内涵建设和科学发展,提升核心竞争力、社会影响力、办学吸引力和对产业的服务贡献力;带动其他职业院校协同创新、共同发展。

推进五项建设　创新发展举措

推进"覆盖前后市场、兼顾新旧能源",突出智能化和车联网的汽车专业集群建设。完善专业动态调整机制,形成以汽车专业群为主体,电子信息和财经商贸专业群为补充的"一体两翼"专业格局;依托"长株潭国家自主创新示范区""长株潭城市群国家新能源汽车推广应用示范区域",密切跟踪汽车产业最新发展态势,带动汽车专业群结构优化升级;全面对接和深度融入汽车产业链,以汽车新技术为引领,新增智能交通技术运用等汽车类新专业,重点建设新能源与智能汽车、整车与零部件制造、汽车营销与服务三个特色专业群,汽车产业链专业占专业总数的一半以上,在校生规模占60%以上。

推进"名师(大师)引领、双师主体、专兼结合"的高水平教学团队建设。按照职业身份、职业素养、职业成长三个维度,通过引、转、培、练、赛、研六条途径,完善评聘分离、能上能下、动态管理的教师管理机制;健全教师绩效考核、"双师"标准及教学团队建设、兼职教师聘任与管理等制度;"双师比"达 90% 以上,兼职教师承担专业课时比例达 50%,实习指导教师及兼职教师全部具备高级职业资格或中级专技职务;每个汽车特色专业群建设 3 个以上"名师(大师)工作室",培养 5 名以上正高职称、双师素质的专业带头人,副高以上职称、"双师"素质的骨干教师达 50% 以上。

推进"德育首位、教学中心、科研先导"的发展格局建设。实施大学生思想道德素质提升工程,完善德育工作序列化方案,强化思想素质、文明素质、心理素质、人文素质、职业素质五种素质,职业礼仪规范、职业行为规范、职业道德规范三种规范,忠诚敬业、客户至上、团队协作、精益高效、学习创新五种品格;深化现代学徒制等工学结合人才培养模式改革,推进现代化教学模式和学分制改革,以宝马、保时捷等校企合作基地为平台,共同培养具有国际视野、通晓国际规则的技术技能人才;加强科研基地、队伍和机制建设,联合行业企业打造汽车科研成果展示的窗口、应用推广的试验田和示范引领的先行区。建设期内主持省级以上课题及技术服务项目 100 项以上,每年推广新技术应用项目 5 项以上,技术服务收入 100 万元以上,为企业创造经济效益 500 万元以上。

推进"依法治校、自主管理、民主监督、社会参与"的治理体系建设。坚持和完善党委领导下的校长负责制,完善以学校《章程》为核心的制度体系,形成干部依法管理、教师依法施教、学生遵纪守法的良好育人环境。推行大部制改革,形成运行高效的大教学、大思政、大服务工作格局。开展"掌上校园"建设,形成咨询机构、决策机构、执行机构、监督机构相互制衡、执行有力、运转高效的治理结构。探索"多元参与、共同治理"的现代高职院校治理模式,建设北京汽车(中南地区)技术服务中心等混合所有制服务共同体。

推进"多维度、全过程、常态化"的教学质量诊断与改进机制建设。聚焦专业、教师、课程、课堂等人才培养工作要素,建立教学工作诊断与改进制度。强化教学过程监控,建立健全学生到课率和听课率考评、教师课堂教学评价及教学运行管理等制度;建立健全学生专业技能考核、毕业设计评价、毕业生综合素质评价等监控制度;建立以学生作品为载体,以职业知识、职业技能与职业素养为评价核心,过程考核和结果考核相结合的课程考核评价体系;构建政府、学校、行业、企业和第三方评价机构共同参与的多元化教学质量评价机制,促进教育教学质量不断提升。

（来源:2017年2月21日《中国教育报》,作者邓志革系湖南汽车工程职业学院校长）

关注高职优质校建设 14

深圳信息职业技术学院：突出信息特色，
实现社会服务能力新跨越

孙 涌

《高等职业教育创新发展行动计划（2015—2018 年）》是高职教育创新发展的路线图和总纲领。深圳信息职业技术学院以广东省一流高职院校建设为契机，深化产教融合，扩大国际合作，提升人才培养质量，争创全国优质高职院校，为深圳及珠三角区域经济发展和产业转型升级提供坚实的信息技术人才保障和有力的技术支撑。

建设可持续发展办学机制

优化学校治理机制。推进学校法人治理能力现代化，优化学校管理体制，实现行政权力与学术权力相对分离，保障学术权力按照学术规律相对独立行使；进一步理顺学校与各二级教学（科研）部门关系，建立健全校院两级管理体制，管理重心下移，试点以人、财、事权下放为核心的二级学院管理体制综合改革；实施职称评聘机制改革，建立健全教职员工绩效考核制度，制定并实施以业绩贡献为基础、以目标管理和目标考核为重点、符合高职教育特点的评价考核与绩效工资制度。

完善校企合作制度。借鉴国内外先进办学经验，充分发挥企业在人才培养中的重要作用，创新校企合作办学模式与运行机制，深化校企协同育人，激发办学活力。积极探索集团化办学模式，创新职教集团内部治理结构和运行机制，以深圳信息职业教育集团为依托，将办学的重点工作落地,落实集团成员单位的责权利。

推进产教融合工程。以学校品牌专业建设为契机,积极探索与国内外知名企业、行业组织协同共建二级学院,选择与先进制造业、现代服务业紧密联系的专业,开展现代学徒制试点。探索成立集生产、教学和研发等功能于一体的股份制、混合所有制工程服务中心、技术创新中心,搭建协同育人平台,促进产教融合,激发行企参与专业人才培养积极性,实现校企合作共赢。

促进质量引领内涵发展

对接产业建设高水平专业。契合珠三角和深圳经济社会发展需要,按照"服务发展、精致育人、强化特色、争创一流"的要求,优化专业布局,形成"信息技术"专业特色,重点建设计算机信息管理等 9 个全国领先、与国际接轨的高水平专业,培养具有国际视野的高素质技术技能型人才。

推动人才培养机制创新。实施学分制和弹性学制,建立开放型课程体系,促进学生自主构建知识体系,优化学生知识、能力、素质结构;因材施教,促进学生个性化发展与创新创业能力培养,培养多类型、多规格、多层次的应用型、复合型、技能型人才,满足经济建设和社会发展对人才的多样化需求;促进学校管理现代化和信息化,优化教育教学资源配置,提高办学效益。

建设高职品牌课程。以有效教学为重点,加快专业教学资源建设,提升信息化教学水平。建设国家级、省级、校级专业教学资源库,建设一批与国际标准接轨的国家级和省级精品在线开放课程。创新信息化教学与学习方式,开展个性化教学,让每个学生都有成功成才的机会。

打造高职特色师资团队

加快"双师型"教师队伍建设。调动教师工作的积极性、主动性和创造性,强化教师队伍约束监督机制,加强师德师风建设,制定学术道德规范,建立教师培养提升体系,完善教师管理制度,全面提高教师队伍素质。构建结对互补机制,加强兼职教师培训与管理,以兼职教师牵头参与教学研究项目为驱动,打造一支专兼结合、能力突出的高层次"双师型"教师队伍。

实施高层次人才引进工程。开辟多渠道揽才模式,进一步优化教师专业结构与学缘结构,使人才层次、类型等分布更加合理。推行高端人才引进计划,提供灵活多样用人方式,按照聘用类型和服务期限,建立有吸引力的聘用薪酬制度。实施专业领军人才和高技能人才引进计划,加大高水平人才引进力度。

搭建教师培养平台。设立教师发展中心,整合校内师资培养、培训职能与资源,创新教师服务模式,提升教师教学、科研能力和管理人员业务水平,打通教师职业发展通道和专业发展通道,增强师资队伍的可持续发展能力。拓展骨干教师成长渠道,创新骨干教师培养工作机制,重点提升骨干教师教学能力,积累企业实践经历,拓宽骨干教师的国际视野。

提升科技创新与社会服务能力

建设科技创新服务平台。围绕深圳"加快建设国际科技、产业创新中心",建立教师开展科学研究和社会服务长效机制。以科技创新平台、成果转化平台、技术转移平台、国际合作平台为建设抓手,提升社会服务质量,培育科技创新团队多方协同发展,协同推进。

开展小微企业培训服务。利用"计算机网络技术"和"数字媒体技术"国家教学资源库的优质教学资源,面向深圳中小微企业、事业单位、兄弟院校,积极开展社会培训服务。

创新对口支援模式。加强与"一带一路"沿线国家地区信息类职业院校的交流与合作,组建"一带一路"职业教育创新联盟,探索对口合作、多方互利共赢的良性机制。面向省内高职院校积极开展定点对口扶贫计划,面向西部欠发达地区院校开展人才培养、专业建设、课程建设等多方位对口支援工作。

提升国际交流合作能力和水平

建设"中德学院"。参照德国"双元制"办学模式,对照德国教育教学标准,与德国应用科技大学或其他本科高校合作,开展学历教育,引进德国技术员证书,创新职业人才培养模式。搭建中职、高职与应用型本科人才培养体系,积极构建深度产业化、高度国际化、技能高端化、专本体系化的现代职业教育模式,为深圳产业发展提供高素质的技术技能型人才支撑。

完善国际人才培养体系。拓展与境外高校的学分互认工作,建立相应激励政策制度,探索设置学生职业教育深造奖励资助基金,实现学位互授、联授,实现部分专业联合培养。与国家"一带一路"发展战略相结合,探索建立职业教育国际人才培养和就业体系,以开放、多元、融合的国际化合作与交流模式,打造国际化人才培养基地。

输出优势特色教学资源。引进职业教育发达国家职业标准、技术标准和优质教学资源,结合深圳产业特点进行本土化改造,探索建立职业教育 IT 类人才培养国际标准。面向东南亚国家开展"走出去"职业教育培训,探索境外技能证书培训、境外试点学历教育,拓宽学校境外发展空间,提升 IT 职业教育的国际辐射能力。

深圳信息职院将结合广东省创新强校工程、一流高职院校建设项目和学校"十三五"发展规划,凝聚共识,形成合力,实现学校办学水平和社会服务能力的新跨越。

(来源:2017 年 2 月 28 日《中国教育报》,作者孙湧系深圳信息职业技术学院校长)

关注高职优质校建设 15

长沙航空职业技术学院:激发活力, 引领航空职教创新发展

朱厚望

教育部印发《高等职业教育创新发展行动计划(2015—2018 年)》,为高职战线树立起创新改革的"新标杆"。

作为湖南省首批卓越高职院校建设单位,长沙航空职业技术学院坚持"对接产业、产教融合、校企合作、协同创新"的办学理念,以及"立足军队航空修理、面向地方航空产业、服务湖南经济建设"的办学定位,以办学体制机制创新、教育教学改革与建设、教师队伍建设等十大项目为主线,139 项任务为抓手,全面激发活力、凝聚战力、提升创力,开启挑战与探索的创新之旅。

激发活力:创新体制机制

创新产教融合新机制。持续推进全国首个航空职业教育与技术协同创新中心、湖南省通用航空协会、全国航空工业职业技术教育飞行器维修专业指导委员会等产教融合、校企合作战略平台建设,探索多元化办学模式,拓展协同创新领域。争取地方政府和行业企业支持,与地方航空企业组建湖南航空职业教育集团;以特色专业群为载体,以校企共建专业为纽带,与深度合作的地方航空企业共同组建"产权明晰、利益共享、合作共赢"的混合制二级学院;巩固和深化人才培养、产学研基地共建、课程体系开发等领域的校企合作,积极拓展产业孵化、科技创新等领域,丰富协同创新内涵,提升协同创新能力。

健全内部质量诊断与改进机制。以全面质量观为先导,以办学质量、教师和学生个人发展、利益相关方满意度同步提高为出发点和落脚点,系统设计、统筹谋划,精准推进内部质量保证体系建设与诊改工作;系统梳理现有的内部质量保证体系,分析、解构各层级质量保证要素,完善基于"互联网+"的内部质量保证体系;以质量标准、管理制度和长效机制为重点,健全以质量方针为指导,以质量目标为统领,遵循质量生成规律、符合学院发展实际的质量标准和工作标准体系,创新学校、企业、教师、学生、家长等利益相关方全员参与、全程监控、全方位保障的"诊改"新机制;以专业国际化认证、课堂教学形态转变、教师和学生个人发展为突破口,以人才培养状态数据平台为支撑,通过大数据分析,精准查找各层面存在的问题,立知立行、对症下药,追根溯源、标本兼治,确保人才培养质量稳步提升。

凝聚战力:深化内涵建设

以专业群建设为核心。完善专业随产业发展持续改进、动态调整机制,优化专业结构。新增特种加工技术等专业,调整、改造、撤销与航空产业发展不相适应的专业,专业数稳定在 25 个左右。全面推进专业集群发展,构建航空机电设备维修、航空电子设备维修、航空机械制造、航空服务与管理等四大特色专业群,形成覆盖航空全产业链的专业体系。加强课程建设,健全产业技术进步驱动课程改革机制,引入国际先进职业标准、行业标准,校企联合开发课程;全面推行基于 6S 的职业院校实践教学星级评价,将职业精神与职业技能的培养深度融合,培育学生"爱岗敬业、严谨专注、精益求精"的工匠精神。

以教师队伍建设为重点。实施教师队伍管理机制优化工程、以"双师"素质为重点的教师素质提升工程、以大师名师为引领的团队建设工程。实施"筑巢引凤"计划和卓越教师培养计划,推进专业教学团队和社会服务团队建设。着力培养、引进校内专业带头人,面向企业、科研院所聘请具有创新性构想和战略思维的专业带头人。

以治理能力建设为关键。以文化建设为核心、作风建设为重点、制度建设为保障,推进治理能力建设。以章程为统领,建立党委统一领导、主管分工负责、教授专家治学、民主监督管理、行业企业参与的治理结构,健全群众参与、专家咨询和集体决策相结合的决策机制。以文化为引领,打造航空文化育人体系,将"敬仰航空、敬重装备、敬畏生命"的航修精神和"零缺陷、无差错"的职业素养融入教育教学全过程。实现管理到治理、制度到文化、单一到多元的转变,打造良好政治生态系统。

提升创力:促进技术技能积累

提升科研和服务能力。创新驱动,持续提升科研和服务能力,是高职院校实现自身可持续发展的必然选择。学院将建设航空装备数字化修理技术中心、智能制造技术研究中心、航空装备修理技术研究所等科研实体平台,打造科研创新团队,实现技术积累和转化能力的不断提升。优化培训管理,探索军队士官、飞行器驾驶员、无人机操控手等项目培训。

提升创新创业能力。完善创新创业教育与专业教育有机融合机制,推进课程建设,建成省级以上创新创业课程4门。组建专兼结合、校企共享的创新创业师资队伍,加快创新创业教育信息化建设。强化创新创业实践,各专业至少设置两个创新训练项目,实现创新创业教育全覆盖。建设专业学院创新创业工作站和学院创业孵化基地,举办创新创业竞赛、论坛等系列活动,组建大学生创业协会,促进学生自主创业,成功孵化一批创业项目。

提升开放办学水平。坚持开放发展,牵头成立湖南省职业院校卓越建设论坛、专业建设联盟、大学生创新创业教育联盟,推广、应用成功经验与做法。结对帮扶湖南芷江民族职业中专,发挥高职带动中职共同发展的辐射作用。走出国门,服务国家"一带一路"战略,支持航空装备"走出去"战略。深入推进与加拿大、德国的合作项目，积极拓展与俄罗斯、美国、澳大利亚等国家的交流与合作，在教师互派互访、学生互换、学分互认等领域实现全面突破，推进人才培养国际化。

　　站在职业教育蓬勃发展的新起点上，长沙航空职院将全面实施创新行动计划，持续激发活力推进体制机制创新，凝聚战斗力强化内涵建设，提升创造力促进技术技能积累，努力建成军地融合、特色鲜明、省内引领、国内一流、国际知名的高职学院。

　　（来源：2017 年 3 月 7 日《中国教育报》，作者朱厚望系湖南省长沙航空职业技术学院院长）

关注高职优质校建设 16

滨州职业学院：深耕内涵，打造地方高职跨越发展新标杆

石　忠

滨州职业学院以服务黄河三角洲高效生态经济区和山东半岛蓝色经济区建设为己任，深化校企合作，提升对经济社会发展的贡献度和支撑力；深耕内涵，提升人才培养质量，打造山东高等职业教育新标杆。

重点突破，强化办学基础能力

完善多主体办学格局。探索股份制、混合所有制、集团化办学的体制机制和现代学徒制、订单培养等多种形式办学模式，建设中兴学院、中德合心国际交流学院等混合所有制二级学院，牵头成立国际护理教育集团。推动二级学院人权自主、财权自主和事权自主，实现二级学院从教学主体到办学主体的转变。

通过"校企互聘互兼"建设高水平师资队伍。完善"双师型"教师认定和考核管理办法，规定各重点建设专业有企业兼职经历的教师不少于40％。实施教师全员培训，每年选派20％教师参加国家级和省级培训。加大人才引进力度，选拔院级教学名师、专业带头人和骨干教师，培养造就一批社会知名度高、行业影响力大的"教练型"教学名师和专业带头人。

完善"一中心两平台四支撑系统"智能校园建设。全面提升教学、实训、科研、管理、服务信息化应用水平。重点推进信息技术与教育教

学深度融合，推行线上线下混合式教学，形成课堂教学新形态，目前采用混合式教学的课程达到 80％。

深耕内涵，强化人才培养能力

构建"面向市场、优胜劣汰"的专业调整机制。增加机电一体化技术等传统工科专业"智能"含量及管理服务类专业"新职业"形态，增设高档数控机床、老年护理等专业方向，开发云计算技术等新兴专业，促进专业向"中国智造""互联网＋""现代服务业"转型。对接滨州市重点发展的高端铝产业、汽车轮毂及轻量化材料等高端产业、港航交通及生活性服务业发展，重点建设护理、机电一体化、航海技术等专业群。

构建"厚基强技、全面发展"的人才培养体系。建立"平台＋模块"专业课程体系，由通识平台课程、专业群平台课程等组成平台课程，由专业核心课程、专业拓展课程、第二课堂等组成岗位能力模块。完善"能力进阶＋实习实训"实践教学体系，建立"职业通用能力实训、专业基础能力实训、专业综合能力实训"和"认识实习、跟岗实习、顶岗实习"校内外实践教学体系。完善"通识教育＋综合实践"素质教育体系，形成"课内课外相结合、校内校外相结合、养成与渗透教育相结合"的素质教育体系。

构建"纵横联动"的质量管理与保证体系。实现"五纵五横一平台"网络化覆盖、"8 字形"纵横联动、"机制与文化"双引擎助推的常态化自主诊改工作机制，履行教育质量保证主体责任。

构建"崇德尚能，责承天下"的大学育人文化。实施物质文化提升工程、精神文化培育工程、行为文化养成工程、品牌文化凝练工程，培养师生的责任意识和精益求精的工匠精神。开展"一院一品牌，一院一特色"文化特色创建活动，打造与专业建设契合度高、与历史文化接续性好、与地域文化融合性强的校园文化品牌。围绕黄河三角洲文化元素，融合孙子文化、忧乐文化、革命老区文化、黄河三角洲民俗文化和非遗文化,打造黄河三角洲文化研究传承中心。

服务区域,强化支撑发展能力

加强技术技能积累,引领区域科技创新。把开展应用类技术开发研究作为主要科研方向,把科技服务的重点放在为地方经济服务和解决行业、企业共性技术问题上。建设重点实验室、技能大师工作室等校企融合的科研平台,组建棉花育种、油莎豆综合开发等"师企生"一体的科研团队,打造具有鲜明区域性和行业性特征的科技创新中心、成果转化中心、公共实训中心。

拓展技术技能培训,助力经济转型升级。服务魏桥创业、华润纺织等龙头企业,送教进企、引训入校,与行业企业共同开发培训项目,开展企业员工技术技能教育培训。面向中小微企业和"三农",开展低收入人群、转岗人员、失业人员技能培训,推进农村劳动力转移培训,发展公益性的继续教育,服务精准扶贫。

建设大学科技园,带动"大众创业,万众创新"。与滨州高新区"滨州众创园"和滨州经济开发区"众创空间"合作,创建省级大学生创业孵化示范基地,建设4000平方米的大学生科技园。大学生科技园集学生创新创业孵化、教师科技研发、校企合作、成果转化于一体,建设知识产权学院、众创空间和孵化中心,组织师生开展科技创新、初始创业。同时面向社会公众开放服务,推进科研仪器设备、企业注册管理、知识产权服务、孵化与投资服务的资源共享,为小微创新企业成长和个人创业提供低成本、便利化、全要素的开放式综合服务平台。

深化国际合作交流,服务地方企业"走出去"。围绕装备制造、纺织等优势企业"走出去"战略,与区域重点企业开展合作,紧贴企业海外用人需求和人才规格,优化课程内容,引进、开展有关国际职业资格认证,培养具有国际视野、通晓国际规则的技术技能人才和适应中国企业海外生产经营需要的本土人才。积极参与中国—东盟自贸区升级版建设,合作共建柬埔寨海事学院,按照中国标准开发适应柬埔寨的教学标准与内容。

　　(来源:2017 年 3 月 21 日《中国教育报》,作者石忠系山东省滨州职业学院院长)

关注高职优质校建设 17

杭州职业技术学院：创新体制机制
探索高职发展"杭州方案"

贾文胜

杭州职业技术学院在总结固化国家骨干校建设成果的基础上，以创新为引领，以体制机制改革为抓手，以提质增效为基调，以产教融合为主线，全面推进学校内涵建设，力争把学院建设成为"国内一流、国际上有一定影响力"的优质高职院校，打造地方高职发展新样本。

试水二级学院混合所有制，推进办学模式改革

按照混合共建、委托共管、发展共赢的原则，整合行、企、校三方资源，由杭职院、省特检院和电梯企业按照"行校企资产混合""产学研协同发展""投资方共同治理"的原则，共同出资组建企业法人性质的混合所有制公司，按照《公司法》相关规定设立和运行，按照公司章程约定由股东会推选董事会成员和经营班子（含财务负责人），实行董事会领导下的总经理负责制，公司成为三方共育新"生命体"，受托管理特种设备学院日常工作，试水混合所有制二级学院办学。

以创建特种设备学院为抓手，开发"学训合一"的课程体系，打造"市场化特征明显、设备实时更新"的实训基地，建设"身份合一、统一管理"的高水平师资队伍，持续提升服务特种设备行业的能力。依托混合所有制优势，实现可持续发展，把特种设备学院建成全国一流的特种设备技术技能人才培养基地。

完善运行机制,推进校企合作模式改革

从 2008 年开始,学院引进区域主导行业的主流企业建设"校企共同体",相继建立 7 个"人财物融通、产学研一体、师徒生互动"的新型二级学院实体。下一步将进一步完善"校企共同体"的六大运行机制,即在产学对接上,创新管理共同体领导机制、产学研共同体融合机制、专业共同体建设机制;在工学结合上,创新资源共同体互助机制、文化共同体交融机制;在双师共育上,创新师资共同体互补机制。完善以"共同规划、共构组织、共同建设、共同管理、共享成果、共担风险"为主要特征的校企合作治理结构。

探索构建"校企共同体"多元发展模式,以杭州动漫游戏学院建设为重点,探索"政行企校"合作模式;以西子航空工业学院、安恒信息学院建设为重点,探索"专企融合"模式;以彩虹鱼康复护理学院建设为重点,探索"企业托管"模式;以特种设备学院建设为重点,探索"行企校"合作模式。

实践现代学徒制,推进人才培养模式改革

以教育部重大攻关课题"高职院校现代学徒制运行机制研究"为抓手,联合全国同类高职院校,集聚研究和实践资源,建立现代学徒制研究中心,深入开展相关理论研究。在实践层面,寻求各方利益契合,构建利益驱动机制;搭建联合管理平台,构建沟通协商机制;组建"双师"结构团队,构建教师合作机制;校企协同课程开发,构建课程开发机制;建立多方评价体系,构建质量保障机制。

培养高层次现代学徒制的研究与实践专家,重点推进学校电梯工程技术、数控技术、服装设计、信息安全与管理、电子商务等专业现代学徒制人才培养模式改革,完善校企融合、协同育人、同伴互助、创新发展的长效机制,促进学校内涵发展和人才培养质量提升。

构建创新创业教育体系，推进教学改革

面向全体学生、结合专业教育将创新创业教育融入人才培养全过程，构建创新创业教育体系。在教育过程中践行"规划成长，兴趣为本""能力提升，创新为要""创业发展，实战为上"理念；整合国家和省市的政策资源，以及中科创大、浙大全球创业研究中心等理论和实践资源；组建通识教育教师团队、专家团队（包括专业人士、大师名师、能工巧匠等）、导师团队（包括企业家、创业成功人士、专家学者等）；搭建通识教育、创新实训、专门化教育、创业实践四大平台。

制定"创新创业教育融于专业教育实施指南"，修订各专业人才培养方案；制定"课程改革与教学创新实施方案"，推进各专业教学和课程改革，实现创新创业教育面向全体学生、融于人才培养全过程。

深耕文化梯度育人，推进文化育人改革

以"融惟职道、善举业德"的校训精神为内核，通过融入区域文化、融合大学文化、融通企业文化，从公民素养、学生素养和职业素养三个维度，依据学生成长规律，进一步分级、分层梯度式推进文化育人，落实立德树人。在内容上，注意从学生素养、职场素养和公民素养三个培养梯度逐步推进；在载体上，注意从可视文化（校园环境）、制度文化、精神文化三个培养梯度循序推进；在重点上，注意按照职业价值观、通用职业素养和专业职业素养三个培养梯度渐进推进；在主体上，从学校总体推动、二级学院为主、广大教师为重三个层面共同推进。通过分步实施、循序渐进、梯度登高、重点提升，努力形成具有鲜明杭职院特色的文化梯度育人理论体系、实施操作模式、运行考核机制，形成一批有影响力的活动品牌和文化作品，实现自然景观与人文景观和谐统一，文化育人与技术技能提升高度融合。

302

拓展公共实训基地,推进社会服务改革

公共实训基地"杭州模式"是"多元主体、多元治理、多元共享、多元服务"的公共实训基地建设与管理模式。以学院和杭州市共建的杭州市公共实训基地为依托,在现有"杭州模式"成果的基础上,进一步深化产教融合,优化科研管理和社会服务机制,提升师生科技研发创新的积极性。构建应用技术协同创新中心,打造"教师—师傅"团队和校内研发团队等技术技能积累载体,提升应用研发水平和成果转化率;全方位开放学校优质资源,反哺基础教育;把杭职院建设成为杭州市公共实训基地,全面增强社会服务能力。

(来源:2017 年 3 月 28 日《中国教育报》,作者贾文胜系浙江省杭州职业技术学院院长)

关注高职优质校建设 18

日照职业技术学院:植根区域经济在支撑产业中创新发展

冯新广

根植区域,面向市场,围绕产业发展这个"能量极"向心"公转";深化内涵,围绕人才培养这个"核心轴"持续"自转",日照职业技术学院以优质校建设为契机,努力建成人民满意、国内一流、国际知名的优质高职院校,铸就产教融合校企合作的典范、面向职场培养人才的典范、服务区域发展的典范。

深化产教融合,构建校企协同育人新生态

以混合办学推动创新发展。探索混合所有制办学模式、管理体制和运行机制,发挥企业办学主体作用,充分释放办学活力。与山东豪迈集团在潍坊高密共建日照职院豪迈分院,整合汇聚优质资源,培养企业升级发展和县域经济发展急需的机电、数控类专业技术技能人才。以章程为基础,建立与多元产权结构相适应的治理结构,健全资产管理、收益分配、质量监控及风险防范等制度,形成产权明晰、权责明确、科学高效的运行机制。

以跨界整合促进协同发展。政行企校多元联动、资源共享、优势互补,推进技术技能人才培养与产业转型升级衔接配套,促进教育链与产业链有机融合。牵头建设日照市建设职教集团、创意设计职教集团,以利益链为纽带,围绕招生就业、专业建设、课程开发、技术研发、技能培训等,成立专门机构和合作平台,共建生产性实训基地和技术创新

平台,实现集团成员间的深度合作和协同发展。

以互利共赢实现融合发展。实施校企协同育人,使人才培养融入企业生产服务流程和价值创造过程。创新产教园区模式,建设校内文化创意产教园区和电子商务产教园区,实现学生培养、产品研发、创新实践、创业项目孵化等功能,企业生产经营和学校人才培养融为一体。探索"1＋1＋N"研培基地模式,每个二级学院联合1个行业、携手多家企业,跨专业融合、多团队协作,搭建科技研发和人才培养培训基地,提升专业服务产业能力。

聚焦内涵建设,形成面向职场人才培养新常态

对接产业建设一流专业。专业设置随区域产业发展动态调整,专业方向根据产业升级适时更新,确保专业建设与产业升级同步协调,有效提升人才培养与产业发展的契合度。建设智能制造、汽车服务、创意设计三个专业群,服务山东省全国先进制造业基地建设,助推日照高端装备制造、汽车及零部件和文化创意产业发展;建设水产养殖技术、旅游管理两个特色专业,服务山东省"海上粮仓"和日照市"旅游富市"发展战略。

面向职场优化课程体系。从职场要求出发,从学生成长入手,建立对接产业发展中高端水平、适应学生全面发展需求课程体系。以"基础通用、专业平台、岗位导向"专业课程为主体,把通识教育和创新创业教育融入专业教学全过程,形成面向职场课程体系。建立学分积累与转换机制,扩大学生的专业选择权、教师选择权、课程选择权和岗位(发展方向)选择权,为学生提供个性化学习支持。

人才强校推动教师成长。坚持人才强校战略,深化实施教师成长工程,优化教师成长发展机制,建设高水平教师队伍。构建"校本培训、企业锻炼、国内访学、海外研修"立体多元培养培训体系,探索"教产岗位互通、专兼教师协作"双师型教师培养模式,提升教师队伍整体素质;

实施"教练型"名师带动计划、高层次人才引进计划和高技能人才柔性引进计划,培养名师、大师和精英团队。

立德树人构建长效育人机制。以立德树人为根本,以理想信念教育为核心,把思想政治工作贯穿教育教学全过程和各环节。以社会主义核心价值观为引领,通过目标引领、主体带动、平台打造、内容融入、项目管理的途径,搭建课堂教学、社会实践、校园文化、专业实践、组团发展和学校治理等育人平台,形成课上课下有机衔接、校内校外相互补充、学校企业联合互动的长效育人机制,增强思想政治工作时代感和实效性。

强化需求导向,生成服务区域发展新势态

提升科技研发能力。建立技术技能积累创新机制,提升技术服务含金量,助推产业转型升级。依托专业优势,建设日照航空院士工作站、日照智慧城市研究中心、鲁南智能制造协同创新中心,开展新技术研发、科技成果转化、应用技术推广和社会服务,引领日照通用航空产业、鲁南智能装备制造业发展和日照智慧城市建设。建设校企协同、师生联合的研发团队,解决企业生产一线技术难题。

搭建创新创业平台。拓展创新创业教育教学和实践平台,校企协同获取外部资源,营造创新创业氛围。搭建文化创意中心、众创空间和创业学院等创新创业平台,以开展创新创业教育为重点,开发包含研究方法、学科前沿、创业基础和就业创业指导类系列创新创业课程,开展创新创业项目实践与孵化,打造日照创意设计人才和电子商务人才集聚区、大学生创新创业培养实践高地、小微企业孵化基地等。

拓展社会服务功能。发挥场地、设施、师资、教学实训设备、网络及教育资源优势,向行业企业和社区开放服务,成为企业职工培训和社区教育中心。搭建日照市技能培训鉴定基地,面向行业和区域内企业员工、农民工等开展技能培训和技能鉴定。充分发挥数控技术、建筑技

术等日照市公共实训中心功能,面向区域内中高职院校师生开展实训
教学和技能培训,面向行业企业员工开展技术交流服务。

（来源:2017 年 4 月 4 日《中国教育报》,作者冯新广系山东省日照
职业技术学院院长）

关注高职优质校建设 19

云南机电职业技术学院：创新发展，
服务云南"辐射中心"建设

李善华

云南机电职业技术学院以"创新发展，构建一流，辐射南亚、东南亚，服务'一带一路'"为指导思想，结合云南省行业转型升级发展需求，系统规划学院"十三五"发展目标和任务，预计投入 3.27 亿元，建设优质教育资源，健全创新创业体系，提升社会服务能力，全面提高教育教学水平，服务云南建设"面向南亚、东南亚辐射中心"。

集聚优质职教资源　打造一流品牌专业

建设一流装备制造类专业。按照"对接产业、优势带动、课程改革、信息化建设、网络化开发"的骨干专业建设思路，重点对接云南先进制造、民用航空、轨道交通等产业发展，优化学院专业设置和专业结构。在已建成的装备制造类优势专业基础上，围绕先进制造服务业建设飞机机电维修、动车机电维修类专业及专业群，引领带动其他专业发展；加强信息化建设，开发网络课程资源库，以"互联网＋制造"模式，实现优质教学资源共享，推动教育教学改革。

建设一流生产性实训基地。对接产业链和生产流程，整合、优化现有校中厂、实验实训室，加大投入和引进力度，建设国家级综合型生产性实训基地和省级"政校企"共建实训基地。健全教材开发、真实环境技能培训、产学研一体的生产性实训基地运行机制，服务骨干专业群技能培训。建立以虚拟仿真系统为支撑的实训中心，搭建开放性、扩展性、兼容性、前瞻性的虚拟仿真实验、实训教学管理和资源共享平台,满足多专业、多学校和多区域开展虚拟仿真实验、实训教学的需要。

打造一流"双师型"教师队伍。深化职称评聘制度改革,完善培训机制,通过"学历教育＋企业顶岗实训""老中青传帮带""教产轮训""校企互聘"等方式,提高教师综合素质;以校企共建为纽带,优化专兼职教师资源库,建成先进装备制造技术技能师资培养培训基地,完成骨干教师国外培训100人次、国内培训400人次,打造一支优质"双师型"教师队伍。

引进一流校外教学资源。主动对接国内东、中部高职院校,通过搭建师资培训、人才培养、信息资源共享等合作平台,建立校校协同机制,与国内一流高职院校携手发展。引进先进国家职业教育经验和国际先进企业的技术标准,重点建设机电设备维修与管理(中德合作)、机电一体化(中德合作)等国际合作专业。引进美国德州仪器高阶微控制器国际能力认证等智能制造行业国际职业资格证书,将学院打造为区域性国际职业资格培训和认证中心,辐射南亚、东南亚。

以创新创业为抓手　提高教育教学水平

建立创新创业教育的多方联动机制。建立报告联动机制,发挥行业办学优势,用好行业和第三方研究机构的人才供需报告。建立专业预警和退出管理机制,实施需求导向的专业结构和创业就业导向的人才培养规格调整。建立符合学校实际的创新创业激励机制,设立创新创业奖学金,开展创新创业分类培养,启动创新创业优先培养计划。健全学分积累与转换制度,实施弹性学制,将学生参与院级以上活动认定为课堂学习。

把创新创业教育融入人才培养全过程。以教育部高职专业教学标准为基础,将创新精神、创业意识和创新创业能力作为评价人才培养质量的重要指标,使其融入专业教学质量标准和人才培养方案,贯穿人才培养全过程。根据学院人才培养定位和创新创业教育目标要求,以骨干专业为重点,调整、优化专业课程设置,开发创新创业教育专门课程(群),各专业有至少 6 门课程融入创新创业内容。在基于工作过程的项目化教学中,使专业知识与创新创业教育有机融合。

搭建创新创业实践服务平台。搭建跨系、跨专业交叉培养、融合培养的创新创业人才服务平台,培养一支多行业组成的创新创业师资队伍,促进人才培养由单一技能型向多技能融合型转变。整合校内资源,建设大学生创业孵化基地和小微企业创业基地,建立院内生产性实训基地、虚拟仿真实训中心、实验实训室面向在校学生开放制度。借力行业资源,在 103 个校外实训基地探索建立大学生创业平台。

产教融合教研相长　提高社会服务能力

打造高新技术应用科研团队。依托校内生产性实训基地、虚拟仿真实训中心等实验实训平台,建立科学管用的内培外引机制,组成"云岭学者""云岭产业技术领军人才""省中青年学术和技术带头人""省技术创新人才"等高水平科技人才队伍,发挥"名师""名匠"的骨干作用。建立应用技术服务团队遴选与培养机制,在大数据、"互联网+"、先进装备制造、航空设备产业等方面形成技术人才品牌。

开展应用技术研发和职业教育研究。依托学院"云南省高校复杂制造技术研究与应用工程研究中心"开展应用技术研究,促进应用技术的产出与转化。发挥云南机电职教集团作用,整合行业协会、企业、科研单位、学校等多方资源,开展云南重点产业发展与人才需求、国际先进职业标准及证书体系等职业教育前瞻与应用研究,助推云南特色现代职业教育体系构建。

推动科研资源与服务共享。与云南省高校科技成果孵化转化示范园、云南省高校知识产权管理与服务中心等平台合作,共享学院科研设施、专业团队,服务实体经济发展。依托学院"云南省机电加工省级科普教育基地",开展现代制造技术科普体验活动,组建青少年制造技术兴趣班,创办"一线制造大讲坛",提高公众科学素质和人文素质。针对云南产业及"一带一路"沿边国家产业对职业人才培养培训的需求,提供高质量、互动开放式的培训教学,提升服务社会及地方产业的能力。

（来源:2017 年 4 月 11 日《中国教育报》,作者李善华系云南机电职业技术学院院长）

关注高职优质校建设 20

武汉铁路职业技术学院：促进内涵升级　培养高铁工匠

程时兴

武汉铁路职业技术学院从深化教学改革、培养杰出人才、创新技术技能、打造国际品牌等方面明确未来创新发展行动的目标、内容、路径和举措，与"一带一路"国家战略同步，与欣欣向荣高职发展同步，与世界一流高铁建设同步，高举特色旗帜，培养高铁工匠，服务铁路发展。

凝聚"提档共识"，突出内涵升级，深化教学改革

主动适应国家经济建设和社会发展提档升级需求，持续深化教育教学改革，促进内涵升级，实现学院沿着现代职业教育的轨道全面提档加速、创新发展。

适应高铁需求，升级专业品质。按照做特、做精、做强的原则，对接高铁产业链，升级高铁专业群，重点建设 15 个骨干专业。推进高铁专业现代学徒制国家试点，构建校企招生与招工、培养与需求、教学与生产、教师与师傅、监控与督导、教学运行与生产调度、毕业与就业等一体化育人模式，形成校企"双主体"育人长效机制。

对接职业标准，升级课程体系。以高铁岗位群任职要求和职业资格标准为依据，优化课程体系，更新课程内容；引入实际案例，建设立体化专业教学资源库；深化双证书制度改革，探索将课程考核与职业资格鉴定有机结合的评价模式。建设精品在线开放课程、创新创业教育课程；建设高铁专业课程国际化标准，引领国际高铁职业教育发展。

融入生产要素,升级实训基地。完善国家高速铁路实训基地建设,形成服务高铁专业布局的全功能实习实训基地。投入 800 万元,与武汉铁路局等企业合作,共建既能满足学校教学需要又能满足企业职工培训需要的高速动车组检修职业能力培养等 5 个虚拟仿真实训中心;投入 400 万元,在武汉铁路局动车段等企业,建设高速动车组检修等 8 个生产性实训基地。

强化技术技能,升级师资水平。实施优秀教学团队、教练型教学名师、青年岗位能手、教学名师工作室、技能大师工作室等建设工程。建成"双师型"教师培养基地,高铁专业师生比达到 1︰16,双师素质教师占专业教师总数的 95%,企业一线专兼职技术骨干占专业教师总数60%以上,培养省级以上名师,建设教学名师工作室、技能大师工作室。

坚持"轮轨模式",突出需求导向,培养杰出人才

坚持突出企业需求导向,形成学校与企业"轮轨匹配"办学模式,培养具备工匠精神的杰出技术技能人才。

培养学生严谨守纪的工作作风。针对铁路运输安全正点的岗位需要,推行半军事化校园管理,实施实训室 6S 现场管理,将安全意识和职业素养培养贯穿于学生日常管理全过程,培养学生严谨守纪的工作作风;落实顶岗实习精细化管理,突出学生实习安全管理、纪律监督管理、岗位职责考评管理,通过协议明确师徒职责,传承和弘扬职业精神;发挥楚天技能名师、技能大师工作室的引领和示范作用,言传身教,培育学生工匠精神。

培养学生善学会学的学习能力。针对高铁技术持续快速更新的特点,不断优化人才培养方案,改革教学方法与学业评价方式,引导学生课前预习、课堂参与、课后巩固练习,将学习过程状态纳入课程考核;引导教师指导学生充分利用网络课程资源开展自主学习;探索线上教学与线下辅导相结合的课程教学改革。

培养学生善断精准的卓越技能。针对高铁装备尖端复杂的岗位难点,确定专业卓越技能培养目标,制定学生卓越技能个性化培养方案,推行实训室开放管理,加强职业技能大赛的政策和经费扶持,实现技能大赛项目化、课程化和常态化,引导学生掌握"一招鲜""杀手锏"等卓越技能。

强化"接轨思维",突出校企协同,创新技术技能

突破关门搞科研的传统思维禁锢,依托湖北轨道交通职业教育集团,强化与高铁企业技术升级需求接轨,校企协同创新高铁技术技能。

强化科研与需求接轨,建立校企协同创新机制。完善教授企业驻站制度、技术问题校企联合分析会议制度,面向高铁工艺流程、设备改造、服务标准等领域,及时发现和解决关键技术和共性技术难题;校企联合组建协同创新团队,共同开展技术研发和应用推广,及时将科研成果转化为教学内容,促进技术技能积累创新与人才培养同步发展。

强化学术与技术接轨,巩固校企协同创新平台。以市场为导向,与企业共建高速铁路病害整治技术等协同创新中心;做强铁道机车车辆、轨道交通运营管理、铁道工程技术、轨道交通控制、电气自动化等研究中心,将学校打造成为高铁应用技术协同创新基地。

强化纵向与横向接轨,催生校企协同创新成果。积极开展新产品、新技术、新工艺、新装备、新标准研发,完成省级及以上应用技术纵向研究课题 5 项和市厅级 50 项、企业横向应用技术研发 20 项、新技术成果应用推广 5 项等。

紧跟"高铁步伐",突出走出国门,打造国际品牌

秉承"高铁到哪儿,服务就到哪儿"理念,紧跟中国高铁"走出去"步伐,服务"一带一路"战略,按照"引进留学生、输出教学资源、建立海外基地"的三步走规划,为"一带一路"沿线国家培养高铁工匠。

引进留学生,走稳第一步。在总结前期中泰联合培养高铁技术人才合作项目基础上,继续落实与泰国班派工业社区教育学院合作协议,接收由泰国教育部从泰国 14 所院校选拔的 40 名留学生,按照学校、孔子学院、泰方学校"三位一体"模式,三方共同确定留学生培养目标,实行分段培养、学分互认,培养高铁技术技能人才,走稳"三步走"战略第一步。

输出优质资源,迈出第二步。在全面总结向印度、肯尼亚等国家输出优质教学资源成功经验基础上,进一步拓展"一带一路"沿线国家高铁技术技能人才培养合作领域,主动介入,完成两种铁路专业教材在印度出版、全球发行的教材输出项目,完成铁道机车等 5 个专业教学标准和实训室建设标准向泰国输出项目,迈出"三步走"战略的第二步。

建立海外基地,走好第三步。按照与泰国等"一带一路"沿线国家的合作意向,统筹布局,稳妥推进,加快规划建设高速铁路技术技能人才海外培养基地,与泰国职业院校共建两个高铁技术人才培养实训基地,探索在泰国建立以学校为主体、以培养泰国高铁技术人才为主要任务的驻泰国高铁技术技能人才培养基地,走好"三步走"战略的第三步。

(来源:2017 年 4 月 18 日《中国教育报》,作者程时兴系湖北省武汉铁路职业技术学院院长)

关注高职优质校建设 21

江苏农林职业技术学院:紧扣产教融合 培育农业农村发展新动能

俞卫东

江苏农林职业技术学院以行业产业发展对高素质技术技能型人才的需求为导向,围绕人才培养、科学研究、服务社会、文化传承创新四大职能,坚持创新发展理念,深入推进产教融合,不断提高办学效益,切实增强为"三农"服务能力,努力为培育农业农村发展新动能,为农业增效、农民增收、农村增绿提供优质技术服务和人才支撑。

创新体制机制 推动产教融合

学院和袁隆平农业高科技股份有限公司牵头组建中国现代农业职教集团,以"人才链、产业链、师资链、信息链和成果转化链"为纽带,通过产业驱动、校企联动、平台带动、项目推动,实现资源共享、优势互补、互惠互赢,开创了"产学研创"深度融合的职业教育办学新生态。职教集团成员单位共同筹建混合所有制隆平学院,试点多元投入主体的办学体制改革,探索建立基于产权制度和利益共享机制的集团治理结构和运行机制。

学院与地方政府合作,校地共建占地 2653 亩的省级科技示范园区——江苏农博园和江苏茶博园,将两大园区建设成为集实训、科研、成果示范推广和科普教育为一体的综合性平台,服务"三农",致富百姓。学院还依托中国现代农业职教集团,在江苏乃至全国推广"太仓班"办学模式,探索校地联合培养、定向就业的合作机制,为农业现代化培养"新农人"。

学院优化产学研协同创新机制,围绕学院草业、茶业、种业、彩叶苗木、生态循环、药用植物等特色产业,利用落户学院的江苏现代园艺工程技术中心、江苏省现代农业装备工程中心、江苏现代种业发展研究院、江苏茶业研究所、江苏草业研究所、江苏食用菌研究所、院士工作站等省部级科研平台,与境内外高等院校、科研院所开展联合科技攻关。在此基础上,学院将力争立项国家级项目 6 个以上、省部级以上科研项目超过 50 项、获得授权发明专利 100 项以上、主持制定国家标准和省级地方标准 10 项以上、培育动植物新品种 30 个以上,争取获得国家级科技成果奖 1—2 项、省部级科技成果奖 5 项以上。

聚焦人才培养　深化教学改革

作为农业部"国家新型职业农民培育基地"和"国家青年农场主创业孵化基地",学院承担着培育新型农业经营主体的责任。学院通过理实融合、教学做合一的培养模式,开展网络教学、远程田间病虫诊断,给农民提供生产指导;依托新禾创业学院,"导创业于教学,成论文于大地",构建"项目训练、大赛模拟、创业孵化、创业实战"四级实践模式,培育现代农业创新创业人才;依托"农业职业教育云平台",将职教集团的教育资源以及其他社会化、多元化的教育资源与企业的产业资源相结合,进行模块设计,为"新农人"提供全面而持续的教育。

学院是世界技能大赛国家集训基地和全国职业院校技能大赛农业类赛项比赛和训练基地。通过承办世赛、国赛、省赛、院赛等四级赛事,学院对接世界一流技能标准,建立起基于生产过程和工作过程的实践教学体系。学院建有四级技能大赛项目库,以 80 个院级比赛项目为基础,对接 24 个世赛项目、30 个国赛项目、30 个省赛项目,形成学生专业核心技能项目库,并健全核心技能抽考机制、专业核心技能操作规程、技能竞赛常态化机制、技能竞赛激励制度等，真正实现"以赛促学""以赛促练"。

学院鼓励专业教师参加各级技能大赛，实施"教师＋"行动计划，切实提高教育教学技巧与水平。"教师＋创新"，选派教师以蹲点锻炼、承包管理等方式，到生产一线培训实训技能；选派骨干教师以挂职锻炼、顶岗训练的方式，到基层锻炼科研开发能力；选派教师以经营承包、技术承包等方式，到学院控股公司培训经营管理能力。"教师＋服务"，每年组织 20 名左右的专业技术人员到以"三农"为主体的生产、管理、服务一线开展社会服务，培养一支科技服务能力强、社会影响力大、服务成效显著的科技服务团队。

依托技术优势　引领区域经济发展

学院做强做特科研平台，组建"种业院士工作站"和"新农村建设研究院"，集聚高层次人才，提升学院科技创新平台层次，提高科研支撑力。围绕地方主导产业，学院加速培育技术创新团队，依托"挂县强农富民工程"联系的沭阳县、泗洪县、溧阳市、句容市四县市，探索服务新农村建设的新模式与新机制。

根据江苏各地现代农业特色优势产业发展需要，特别是新型农业经营主体的需求，学院利用自身技术、人才等优势，依托江苏省政府确定的草业、应时果蔬、茶业、彩叶苗木、种业等五大丘陵地区优势主导产业，有针对性地打造科技含量高、基础设施完善、推广能力强的示范推广基地，引领地方农业产业调结构、转方式。

学院创办的实体产业——江苏中江种业股份有限公司已在新三板上市。学院将依托这一优势，提升现代种业自主创新能力，推进"育、繁、推"一体化，并力争再培育可产业化的科技项目 3—5 项、孵化高新技术成果 30 个。学院建立"专家—基地—示范户—辐射带动户"的技术服务网络，成立讲师团、科技特派员、专家工作站、科技服务队，通过集中培训、现场观摩指导、进村指导、网上"专家在线"和"科技富民热线电话"等方式,让科研成果更好地促进农村经济发展。

深化国际合作　激发办学发展新动能

围绕国家"一带一路"战略,学院援建了中肯现代农业科技示范园。通过与肯尼亚埃格顿大学合作,示范园将建设成中国现代农业产业示范的窗口和教师锻炼的基地。

学院依托中法农业培训中心、中法校企合作联盟等平台,通过师资互派、学员交流、新型职业农民联合培训、共同开发农民培训教材,加强中法双方的交流与合作。

学院与中航国际成套设备有限公司的合作,依托中航国际在肯尼亚、加蓬等国援建的职业学校项目,为非洲地区培养高层次农林类人才。

（来源:2017年5月2日《中国教育报》,作者俞卫东系江苏农林职业技术学院党委书记）

附录二 三个典型省份优质高职院校政策文件

广东省教育厅 广东省财政厅
关于实施广东省一流高职院校建设计划的通知

粤教高函〔2016〕155 号

各高等职业院校：

为贯彻落实《国务院关于加快发展现代职业教育的决定》（国发〔2014〕19 号）、《高等职业教育创新发展行动计划（2015—2018 年）》（教职成〔2015〕9 号）、《广东省人民政府关于创建现代职业教育综合改革试点省的意见》（粤府〔2015〕12 号）等文件精神，经研究，拟实施广东省一流高职院校建设计划。现将有关事宜通知如下：

一、指导思想

以邓小平理论、"三个代表"重要思想、科学发展观为指导，贯彻落实习近平总书记重要指示精神,服务"五位一体"总体布局和"四个全面"战略布局,以立德树人为根本,以服务发展为宗旨,以促进就业为导向,以打造广东高职教育品牌为目标,以综合改革、教师队伍建设、高水平专业建设、加强科学研究和社会服务为重点,建设 15 所左右全国一流、世界有影响的高职院校,推动我省高职院校全面提升办学水平、人才培养质量和服务发展能力,为我省实现"三个定位、两个率先"总目标提供坚实的技术技能人才保障和强有力的智力支持、技术支撑。

二、建设要求

(一)基本原则

1.服务发展。主动面向我省经济社会发展的重点领域,服务我省创新驱动发展战略、智能制造发展规划、广东自贸区建设等重大发展战略,助力产业转型升级。

2.改革驱动。以协同创新、协同育人为引领,以学生受益、学校发展为根本出发点,全面推进综合改革,突破制约学校办学水平提升、人才培养质量提高的体制机制障碍,加快构建充满活力、富有效率、更加开放、有利于学校科学发展的体制机制。

3.争创一流。支持部分办学实力强、社会认可度高的高职院校,汇聚优质资源,打造一流师资,建设一流专业,培养一流人才,产出一流成果,全面增强我省高职教育的国内和国际竞争力,全力创建全国一流、世界有影响的高职院校。

(二)重点建设任务

1.深化重点领域综合改革。深化学校内部管理体制改革,开展试点二级学院改革,推进二级院系管理体制改革,向二级院系下放人、财、事权。深化人事制度改革,建立健全教职工绩效考核制度,制定并实施以业绩贡献为基础、以目标管理和目标考核为重点、符合高职教育特点的绩效工资制度,将教职工的工资收入与岗位职责、工作业绩、实际贡献等直接挂钩,将专业建设、课程改革、担任学生导师、应用技术研发与社会服务等纳入教师教育教学工作量,多劳多得、优绩优酬,避免唯职称、唯学历等倾向。深化人才培养机制改革,建立健全选课制、导师制、学分计量制、学分绩点制、补考重修制、主辅修制、学分互认制等,实施学分制管理改革,实行弹性学制。

2.教师队伍建设。完善教师激励和约束机制,促进专业带头人提升专业水平、扩大行业影响力,支持普通教师开展课堂教学改革、提高课堂教学质量,支持专业骨干教师积累企业工作经历、提高实践教学能力,支持行业企业兼职教师提高教学能力、牵头教学研究项目、组织实施教学改革。建立教师发展中心,构建促进教师专业发展的支持系统。加强教研室等基层教学组织创新与改革。

3.高水平专业建设。根据区域经济社会发展需要,大力调整优化专业结构,积极建设优势专业群、特色专业群。深入推进产教融合、校企合作。探索本科层次的职业教育实现形式。按照"服务发展、精致育人、强化特色、争创一流"的要求,重点建设若干个全国领先、与国际接轨的高水平专业。深入实施创新创业教育。加快以发展型、创新型、复合型技术技能人才培养为核心的教育教学改革,开展卓越技术技能人才培养试点。促进现代信息技术与教育教学深度融合。大力开展重大科研平台建设,主动面向行业企业开展科学研究、技术服务、成果转化、企业员工培训。学习引进国际先进、成熟适用的职业标准、人才培养标准,探索开展专业国际认证,加强与境外高水平院校师生互访互换和学分互认,培养具有国际视野的高素质技术技能人才。

4.加强科学研究和社会服务。建立支持专任教师开展科学研究、社会服务的长效机制。搭建产学研结合的技术应用开发、推广服务平台,主动面向行业企业开展应用技术服务、科技成果转化、技术转移。搭建多样化学习平台,主动面向相关行业企业开展企业员工和行业从业人员的新技术、新知识培训和学历提升。

三、建设经费

项目建设所需资金按学校原有经费渠道筹措解决。同时,学校可以根据有关文件规定,申报省财政专项资金项目。

四、项目申报

(一)申报条件

申报院校应为已接受过评估的独立设置高职院校,具有良好的办学条件,办学理念先进,人才培养质量高,科研和社会服务能力突出,办学实力强,社会认可度高,原则上应符合以下条件之一:(1)近三届国家级教学成果奖,作为第一完成单位获得过奖项;(2)2013—2015年全国职业院校技能大赛高职组比赛中,学生获得过国赛一等奖或二等奖。

(二)工作程序

1.学校申报。学校按照申报条件、建设要求、建设方案制定要求(附件1)等做好申报准备工作,并按要求提交申报材料。

2.形式审查。省教育厅根据申报条件要求对学校提交的申报材料,进行形式审查。

3.项目评审。省教育厅、省财政厅联合组织专家开展网络评审,视情况需要开展实地考察、答辩论证及会议评审等。

4.审议公示。在专家评审的基础上,省教育厅、省财政厅联合审议,确定立项建设院校并公示。

5.发文公布。省教育厅、省财政厅公布立项建设院校名单。建设期一般为4年。项目建设完成后,省教育厅和省财政厅将组织专家验收。

五、工作要求

（一）申报学校应于 7 月 15 日前以正式公文形式将以下材料一份纸质报送至省教育厅高教处，并将电子版材料发至 gaojiaochuzhuanye@163.com。材料要求：1.广东省一流高职院校建设方案；2.广东省一流高职院校建设计划申报书（附件 2）；3.学校"十三五"发展规划（含校园建设规划、专业建设规划、师资队伍建设规划、实训基地建设规划等）；4.2013—2015 年高等职业院校人才培养质量报告；5.申报联系人表（附件 3）。

（二）申报学校应于 7 月 15 日前在学校网站主页建立申报工作网站，将申报材料及其相应的支撑、佐证材料等上网并面向社会公开，所有材料不得设置用户名和密码。

省教育厅高教处联系人：齐攀、张坚雄，电话：（020）37627703、37627715；省教育厅基财处联系人：李洁雯，电话：（020）37629582；省财政厅教科文处联系人：陈允，电话：（020）83170832。

附件：1.广东省一流高职院校建设方案编制要求（略）
　　　2.广东省一流高职院校建设计划申报书（略）
　　　3.申报联系人表（略）

广东省教育厅　广东省财政厅

2016 年 6 月 16 日

浙江省教育厅　浙江省财政厅
关于在高职院校实施优质暨重点校建设计划的通知

浙教高教〔2016〕144 号

各高职院校：

为深入贯彻全省高等教育工作会议和职业教育工作会议精神,全面落实《浙江省人民政府关于推进我省高等教育新一轮提升发展的若干意见》(浙政发〔2015〕12 号)和《浙江省人民政府关于加快发展现代职业教育的实施意见》(浙政发〔2015〕16 号)确定的"重点高校建设计划"、高职教育"三名工程",结合教育部《高等职业教育创新发展行动计划(2015—2018 年)》提出的"优质高职院校"建设要求,决定在我省高职院校实施优质暨重点校建设计划。现将有关事项通知如下：

一、指导思想

全面贯彻国家和省对高职教育的工作部署,根据浙江经济社会发展对技术技能人才培养和技术创新服务 新需求,结合我省高职教育建设发展实际,在以往国家"示范校""骨干校"和省"示范校"建设成果的基础上,新遴选支持一批高职院校继续开展新一轮改革创新和项目建设,提升全省高职教育办学水平和综合竞争力,增强高职院校服务全省经济社会发展能力,加快推进浙江现代职业教育体系建设,协同创建高等教育强省。

二、建设目标

按照"强化特色、培育优势"的要求,支持一批办学基础好、服务能力强、与地方发展需要契合度高、行业优势明显的学校进行优质高职院校建设,重点是深入开展育人模式创新,加强优势特色专业和高素质人才队伍建设,增强人才培养质量和技术创新服务能力。在此基础上,选择若干所办学基础扎实、优势特色鲜明、改革意愿强烈且有明显成效的院校进行重点建设,打造具有较大国内外影响力的高职教育"名校",引领和促进全省高职院校提升办学实力和综合竞争力,力争有若干所高职院校跻身全国前 30 位,有一批学校跻身全国 200 所"优质高职院校"行列,确保浙江高职教育在全国的领先地位,为全省经济社会发展提供更强大的综合服务能力。

三、建设原则

(一)学校为主、多方支持。从全省经济社会发展需要出发,加强对全省高职教育发展的顶层设计,协同相关行业部门和地方政府,统筹资源要素配置,强化政策导向,共同推进院校建设。各建设院校要履行建设主体责任,立足于为全省经济社会发展提供人才保证、智力支持和科技支撑,结合自身发展实际,认真制订项目建设规划,确定重点改革领域、重点建设任务,大力推进院校建设。

(二)竞争择优、动态管理。对实施优质校建设的高职院校,要综合比较学校现有办学条件、优势特色、发展潜力等因素,实行公平竞争、择优遴选。要以提升办学质量和水平为根本,强化目标导向和过程管理。列入重点建设的高职院校要实施中期建设评估考核,优胜劣汰,对考核实绩不佳的院校予以淘汰,空缺出的名额将以适当方式增补。

(三)分类建设、重点突破。加强分类指导,引导不同办学类型、不同隶属关系的高职院校科学定位、错位发展、办出特色、办出水平。列入优质校建设的院校要对照建设目标,找准制约自身发展的关键问题,集中资源和力量,以重点领域的有效突破促进内涵建设,努力培育扩大建设成果,提升办学水平,更好地为经济转型升级和社会发展服务。

四、建设内容

(一)推进管理体制创新

完善学校章程建设,健全现代职业院校治理结构,切实提升治理能力。深化办学体制改革,健全校企、产学深度合作机制,探索二级学院混合所有制改革。完善"文化素质＋职业技能"的考试招生办法,建立学分积累与转换制度。积极推行现代学徒制试点,改革人才培养模式。加强创新创业教育,促进专业教育与创新创业教育有机融合。建立教学工作诊断和改进制度,积极应用第三方评价,健全人才培养质量内部质量保障体系。

(二)加强优势特色专业群建设

围绕我省主导与优势产业布局,重点选择若干个专业集群,以学校优势特色专业为骨干,集聚一批相关专业,进一步改善集群专业办学条件,深化专业教学改革,加快建设形成一批适应需求、优势特色鲜明、效益显著的专业集群,形成与区域产业分布形态相适应的专业布局,进一步优化全省高职教育专业结构。同时,推进高水平校内生产性实训基地建设,联合行业企业开发优质教学资源,建设共享型专业教学资源库和精品资源共享课,积极推动教学创新,增强课程选择性,加强实习实训教学,改进教学管理,切实提高人才培养质量。

(三)加强双师型教师队伍建设

充分发挥教师发展中心作用,建立体现产业与专业特色的教师分类培养与管理制度。大力提升教师专业技能、实践教学、信息技术应用和教学研究能力,提高"双师双能"专业教师比例。完善契合高职教育类型特征的教师专业技术职务(职称)评聘办法。探索和落实教师全员培训、新招聘教师入职培养、青年教师助讲和教师定期实践等制度,完善教师行业企业"访问工程师"培养制度。积极组织教师参加"国培"

"省培"项目,多渠道多形式开展师资赴国(境)外培训;推进与大中型企业共建"双师型"教师培养培训基地,培养一批学术水平高、业务能力强、师德高尚、行业有影响力的专业带头人、骨干教师和教学名师。

(四)促进技术技能积累与服务

推动与行业企业共建技术工艺和产品研发中心、公共实训平台、技能大师工作室等技术技能积累与创新载体;面向重点发展产业,提高专业的技术协同创新能力;建立和完善教师技术服务的制度与政策,引导教师面向行业企业开展技术研究、产品开发、技术推广;促进科技成果转化,推动行业企业的技术革新与发展,为产业升级服务;积极开展企业职工培训和社区教育,建设一批行业性和区域性的培训服务中心;增强学生的技术创新意识和能力,组织学生服务行业企业技术创新。

(五)提升国际交流与合作水平

加强与信誉良好的国际组织、跨国企业以及职业教育发达国家开展交流与合作,探索中外合作办学的新途径、新模式;学习和引进国际先进成熟适用的职业标准、专业课程、教材体系和教育资源,积极参与制定职业教育国际标准,开发与国际先进标准对接的专业标准和课程体系;选择类型相同、专业相近的国(境)外高水平院校联合开发课程,共建专业、实验室或实训基地,建立教师交流、学生交换、学分互认等合作关系;积极参与"一带一路"建设,配合"走出去"企业面向当地员工开展技术技能培训和学历职业教育,吸收沿线国家学生来浙留学,为沿线国家培养急需的技术技能人才,鼓励跨出国门办学。

五、组织实施

(一)时间和方式

2016年启动,建设周期确定为2016—2020年。2016年11月组织申报,12 月组织遴选评审,公布后开展项目实施。

(二)范围和数量

除拟升本的普通高专和未"摘筹"的高职院校外,原则上所有的高职院校均可通过竞争参与建设计划。参照上一轮省示范性高职校建设规模,一次性遴选认定"优质高职院校"20 所,其中高职教育重点建设院校 5 所。

(三)申报和遴选

以学校为单位自主申报。申报书必须如实填写,一旦发现弄虚作假,取消学校申报资格。学校申报后,省教育厅将组织力量对材料进行资格和形式审核,并会同省财政厅组织专家评议后确定,重点建设高职校报经省政府同意后公布名单。

(四)考核和验收

重点建设高职校实行优胜劣汰的建设机制。建设中期将组织开展检查评估,检查评估不合格的将中止建设计划并取消建设资格。建设期满将组织终期验收。入选院校要围绕建设目标任务,按计划扎实推进各方面工作。

六、建设经费

各校要加大经费投入,根据建设内容足额安排经费预算,确保建设目标如期实现。各有关学校主管行业和部门、地方政府也应加大经费支持力度,助推学校项目建设。

七、材料报送要求

有关高职院校请于 11 月 30 日前将《浙江省高职院校优质暨重点校建设申报表》《浙江省高职院校优质暨重点校建设方案》(各一式 8 份)及学校近三年《教育质量年度报告》、学校《十三五发展规划》(各 1

份）报送至省教育厅高教处，同时发送同版本的电子材料。联系人：傅霞，联系电话：0571-88008976，邮箱：zjjygjc@163.com。

附件：浙江省高职院校优质暨重点校建设申报书样式（略）

浙江省教育厅　浙江省财政厅

2016 年 9 月 25 日

关于实施山东省优质高等职业院校建设工程的通知

鲁教职字〔2017〕4 号

各高等职业院校：

为贯彻落实《国务院关于加快发展现代职业教育的决定》（国发〔2014〕19 号）、教育部《高等职业教育创新发展行动计划（2015—2018 年）》（教职成〔2015〕9 号）和《山东省人民政府关于贯彻国发〔2014〕19 号文件进一步完善现代职业教育政策体系的意见》（鲁政发〔2015〕17 号）的要求，充分发挥优质教育资源的示范引领作用，加快发展现代职业教育，提高我省高等职业教育发展质量，经研究决定，启动实施山东省优质高等职业院校建设工程。现将有关事项通知如下：

一、指导思想

全面贯彻落实党的教育方针，遵循职业教育发展规律，坚持整体设计、重点突破、示范引领、创新发展的原则，以立德树人为根本，以提高质量为核心，以专业建设为重点，建设一批办学定位准确、专业特色鲜明、产教融合紧密、与地方经济社会发展需要契合度高、社会服务能力强、综合办学水平领先的优质高职院校，引领全省高等职业教育改革发展，推动具有山东特点、走在全国前列的现代职业教育体系建设。

二、建设目标

通过实施优质高职院校建设工程，促进项目建设院校持续深化教育教学改革、深入推进产教融合、大幅提升技术创新服务能力、实质性扩大国际交流合作、培养高素质技术技能人才、提升学校对经济社会发展的贡献度,使之具有一流的专业、一流的师资、一流的管理、一流的条件和一流的社会服务。到 2020 年,建设 6 所以上具有国际先进水平和 20 所以上具有国内先进水平的优质高职院校,打造山东高等职业教育优质品牌,提升全省高职院校整体办学实力和综合竞争力,为经济文化强省建设提供坚实的技术技能人才保障。

三、建设内容

(一)体制机制创新

深化产教融合、校企合作,探索股份制、混合所有制合作办学的体制机制和多种形式的职业教育集团化办学模式,推进特色二级学院建设。优化学校内部治理结构,促进学校管理重心下移。改革教师职务(职称)评聘办法,改革教师考核评价办法,建立绩效工资动态调整机制。探索实施学分制管理改革,实行弹性学制。

(二)一流专业建设

加强专业(群)建设,聚焦专业方向、优化资源配置、深化教学改革,整体提升专业发展水平。坚持工学结合、知行合一,创新人才培养模式,推进现代学徒制、校企协同育人,建立创新型、发展型、复合型技术技能人才培养体系,探索高素质技术技能人才培养的有效途径。加强工学结合课程建设,深入推进教学模式改革。建设共享型专业教学资源库和精品资源共享课。建立创新创业教育体系,搭建创新创业实践平台。建设在行业有影响力的双师结构专业教学团队。

(三)高水平师资队伍建设

积极探索高水平"双师型"教师培养模式,提升教师专业能力、实践创新能力、信息技术应用和教学研究能力,提高具备"双师"素质的专业课教师比例。落实五年一周期的教师全员培训制度,实行新任教师先实践、后上岗和教师定期实践制度,培养造就一批社会知名度高、行业影响力大的"教练型"教学名师和专业带头人,建成一支专兼结合的高水平师资队伍。

(四)技术技能积累与社会服务

推动与行业企业共建技术工艺和产品研发中心、公共实训平台、技能大师工作室等技术技能积累与创新载体,提高应用技术的研发和协同创新能力。建立和完善教师技术服务的制度与政策,引导教师面向行业企业开展技术研究、产品开发、技术推广。促进科技成果转化,推动行业企业的技术革新与发展,为产业升级服务。利用院校资源广泛开展企业职工培训和社区教育,提高对区域经济和行业发展的贡献度。

(五)信息化建设与应用

推进智能校园建设,全面提升教学、实训、科研、管理、服务方面的信息化应用水平。推进信息技术与教育教学深度融合,开发优质专业教学资源库、网络课程、模拟仿真实训软件和生产实际教学案例等,应用信息技术改造传统教学,形成课堂教学新形态,有效提升课堂教学质量。广泛开展教师信息化教学能力提升培训,不断提高教师的信息技术素养,将信息技术应用能力作为教师评聘考核的重要依据。

(六)国际合作与交流

引进与利用职业教育发达国家的优质教育资源。开发与国际标准相对应的专业标准和课程体系,鼓励一流专业的课程与发达国家互通互认。拓展国际合作办学项目,扩大师生双向交流规模。服务"一带一路"国家战略,提高技术技能人才输出能力。加强教师出国(境)培训,具有国(境)外研修培训经历的教师达20%以上。

(七)质量管理与保证体系建设

树立先进质量理念,提升质量管理成效。按照教育部关于建立职业院校教学工作诊断与改进制度的有关要求,全面开展教学诊断与改进工作。构建内部质量保证体系,切实发挥学校的教育质量保证主体作用。

(八)特色文化建设

充分发挥学校文化育人的整体功能,营造尊重知识、尊重劳动、尊重技能、尊重创造、尊重学生的校园氛围和有利于技术技能人才成长的人文环境。凝练学校特色和校训、校风、教风、学风等核心文化,弘扬中华优秀传统文化,融入行业企业文化,发扬工匠精神,打造品牌文化,培养学生的职业理想与职业精神。

四、实施管理

优质高职院校建设工程由省教育厅、省财政厅共同组织实施。2017年初,遴选第一批16所左右院校进行优质高职院校立项建设;2018年初,遴选第二批10所左右院校进行优质高职院校立项建设。建设期为3年。2019年底,完成第一批项目建设并进行验收;2020年底,完成第二批项目建设并进行验收。

优质高职院校建设工程建设期间,通过年度绩效考核、中期检查、项目验收等程序,对立项建设院校实行动态管理,对考核、检查、验收不合格的院校,终止立项。

五、申报条件

申报院校应为独立设置的高职院校,具有良好的办学条件,人才培养质量高,社会服务能力突出,办学实力强,社会认可度高,有3届以上毕业生,且近3年毕业生就业率达到85%以上,人才培养工作评估获得通过。

近3年内,经查实存在下列情况之一的院校,不具备申报资格:

(一)基本办学条件有红、黄牌记录的;

（二）在招生中有虚假宣传和违规行为的；

（三）有校园不稳定事件，并已造成较大影响和严重后果的；

（四）在政府资助或奖励项目中有弄虚作假行为的；

（五）有其他严重不诚信行为的。

六、工作程序

（一）项目申报。学校按照申报条件、建设内容、建设方案编写说明（附件2）等进行申报。

（二）项目评审。在资格审查的基础上，省教育厅、省财政厅联合组织专家开展网络评审、答辩论证及会议评审，视情况需要进行实地考察。

（三）项目公示。在专家评审、论证考察的基础上，省教育厅、省财政厅联合审议，确定立项建设院校并进行公示。

（四）发文公布。公示无异议后，省教育厅、省财政厅公布立项建设院校名单。

七、工作要求

（一）申报院校要加强项目整体设计，科学制定建设方案，做好资金筹措与规划。举办方要根据承诺的建设任务提供专项建设资金，省财政将结合中央财政资金情况给予经费支持。

（二）申报院校于2017年3月31日前，以正式公文形式将申报材料（一式15份）报送至省教育厅职业教育处，并上传至山东省职业教育云服务平台（http://zyjy.sdei.edu.cn）——山东省优质高职院校管理系统。

申报材料包括：1.山东省优质高职院校建设项目申报书（附件1）；2.山东省优质高职院校建设方案；3.学校"十三五"发展规划（含专业建设规划、师资队伍建设规划）；4.学校高等职业教育质量年度报告

（2015、2016、2017）；5.2015 年、2016 年专业人才培养状况报告；6.与标杆院校差距分析报告。

（三）申报院校于 2017 年 3 月 31 日前在学校网站主页建立申报工作专栏，将申报材料及相应的支撑、佐证材料等上网并面向社会公开，所有材料不得设置用户名和密码。

省教育厅职业教育处联系人：赵仁玉，电话：0531-81916538；省财政厅教科文处联系人：章亚斌，电话：0531-82669741。

附件：1.山东省优质高等职业院校建设工程申报书（略）
2.山东省优质高职院校建设方案编写说明（略）

山东省教育厅　山东省财政厅

2017 年 2 月 15 日